十二五现代远程教育法学专业系列教材

宪 法 学

主　编◎赵　谦
副主编◎马　涛
撰稿人◎赵　谦　马　涛　李　菊

中国政法大学出版社
2014・北京

声　　明　1. 版权所有，侵权必究。
　　　　　2. 如有缺页、倒装问题，由出版社负责退换。

图书在版编目（CIP）数据

宪法学 / 赵谦主编. --北京：中国政法大学出版社，2014.1
ISBN 978-7-5620-5191-6

Ⅰ. ①宪… Ⅱ. ①赵… Ⅲ. ①宪法学-中国 Ⅳ. ①D921.01

中国版本图书馆CIP数据核字(2013)第305711号

出 版 者　中国政法大学出版社
地　　址　北京市海淀区西土城路25号
邮寄地址　北京100088信箱8034分箱　邮编100088
网　　址　http://www.cuplpress.com (网络实名：中国政法大学出版社)
电　　话　010-58908435(第一编辑部) 58908334(邮购部)
承　　印　北京华正印刷有限公司
开　　本　720mm×960mm　1/16
印　　张　17
字　　数　430千字
版　　次　2014年1月第1版
印　　次　2014年1月第1次印刷
印　　数　1~3000册
定　　价　35.00元

十二五现代远程教育法学专业系列教材

总顾问

李昌麒 我国著名经济法学家、法学教育家

西南政法大学教授、博士生导师

西南大学法学院名誉院长

总主编

张新民 西南大学法学院院长、教授、博士生导师

尹晓东 西南大学党委研究生工作部部长、博士

副总主编

张步文 西南大学法学院副院长、博士、教授、硕士生导师

赵云芬 西南大学法学院教授、博士、硕士生导师

十二五现代远程教育法学专业系列教材编委会

主　任

宋乃庆　国家教学名师
原西南大学常务副校长
教授、博士生导师

副主任

张新民　西南大学法学院院长、教授、博士生导师

刘　林　西南大学网络教育学院院长、研究员

委　员

宋乃庆　刘　林　张新民　李立新　尹晓东　赵云芬　张步文
时显群　汪　力　陶　林　房香荣　段　莉　黄国泽　刘怀川

作者简介

赵　谦　男，（1981.2～），湖北荆州人，西南大学法学院副教授、硕士生导师，法学博士。中国法学会董必武法学思想研究会理事、中国现场统计研究会统计综合评价研究分会理事、重庆市法学会国家安全法学研究会理事。研究方向：宪法学与行政法学、土地法学。公开发表论文50余篇，主持教育部人文社会科学研究一般项目2项、重庆市社会科学规划青年项目1项、重庆市哲学社会科学特别委托项目1项、中央高校基本科研业务费专项资金重点项目1项。

马　涛　男，（1978.11～），河南温县人，西南大学法学院讲师，法学硕士、教育学博士。研究方向：宪法学与行政法学、教育法学。公开发表论文10余篇，主持中央高校基本科研业务费专项资金一般项目2项。

李　菊　女，（1978. 1～），重庆綦江人，重庆市北碚区人民法院三级法官，法学硕士。研究方向：宪法学与行政法学。

出版说明

人类迈进21世纪，全球性的科技革命越来越深刻地影响人类的生活、工作和学习方式，教育领域当然也不例外。随着计算机网络、信息和教育技术的飞速发展，现代远程教育作为一种新型的教育形式，以其鲜明的时代特色、充满希望的生命力，正在逐渐成为我国高等教育和继续教育不可缺少的组成部分。

现代远程教育突破了时间、空间的限制，为一切具有学习热情、学习能力的人敞开了接受教育的大门。学校变得没有了围墙，因此，极大地拓展了教育空间，充分体现了终身教育的先进教育理念，适应了学习化社会里人们个性化学习、多样化学习的需要。与传统的教育形式不同，远程教育以开发教学产品、通过媒介传输的手段来达到教学目的，创造了教与学过程相对分离的模式，在教育过程、教育方式和教育理念上产生了巨大的变革，使高等院校的优秀教育资源冲破校园围墙的限制，让更多的学习者共享，具有开放性、交互性、共享性、协作性、自主性等特点。它通过构造现代远程教育的“学习环境”，提供学生自主构建知识的空间，帮助人们随时随地地学习，实现学生个体与群体的融合，从而满足了人们在校园外接受高等教育的愿望。

作为教育部首批批准举办现代远程教育的高校之一，十多年来，西南大学根据现代远程教育中教与学、成人学生工作与学习矛盾突出等特点，深入研究、不断实践，在教学方式、授课特点、教学内容、教学过程、技术手段、管理机制等方面实行了一系列改革，构建了具有自己特色的现代远程教育体系。同时，对现代远程教育的理论基础也进行了系统、全面的归纳和总结，并以此为基础，结合现代远程教育的实践，构建和提出了现代远程教育的学习模式、管理模式、学习支持服务体系、质量保证体系和质量评价方法等。

经历了十几年的光阴，现代远程教育由萌芽到现在的蓬勃发展，我们也积累了不少经验。为了帮助广大接受现代远程教育的学生顺利实现由传统学习观念和方法向远程学习观念和方法的转变，我院特地组织了多年来在网络教育一线的老师有针对性地编写了专门适用于现代远程教育学生的教材。本套教材力求图文并茂、深入浅出，贴近远程学习者的需求，切实解决他们在学习中遇到的困难。

该套教材在体系设计上，以学习者为中心，把课程中最基本的内容提炼整理出来，以“学习单元”的形式安排学习。在每一章的开始就把本章的学习目的、学习要求、重点难点、知识要点等内容提出来，便于学习者合理制定自己的学习计划。对于难点重点，给出了提示“注意”，引导学习者对抽象复杂的问题加深理解。一般教材都是在各章节后给出大量的复习思考题，本系列教材只是在每个“学习单元”后给出适度、适量的问题让学习者来检验自己对基本问题的掌握情况。

在该系列教材的编写过程中，我们打破传统章节式的设置，内容注重知识的基础性、先进性和实用性，体现了现代远程教育的特色。总的来说，本系列教材具有以下特色：

第一，简明扼要、重点突出，且改变了传统教材以文字叙述为主的编写形式。考虑到现代远程教育大部分学员多为在职工作者，因此，在对内容细致梳理的基础上，在保证知识体系完整、内容准确无误的前提下，文字表述尽量做到简明扼要，并通过多种“教学模块”将学习单元的重点展示出来，并且将一个完整、系统的学习单元的学习时间控制在30分钟左右，以便于自学。

第二，学以致用、活学活用，以多样化的模块单元展示学习内容，浅显易懂。法律是一个实用性、操作性极强的课程。在教材的编写过程中，尽量采用“案例分析模式”、“主题讨论模式”、“虚拟审判模式”等方式，突出教材的适用性和实用性，以提高学员独立思考、分析问题和解决问题的能力。

第三，图文并茂、通俗易懂。通过形式多样的结构图将学习单元中的重点展示出来，另外采用表格形式对概念或制度进行区分或总结，从而使教材内容脉络清晰、易于理解；在内容中有意识地增加了“考考你”、“注意”、“思考”、“小结”、“小窍门”等内容，便于学习者记忆掌握，使学习者能跟随教材的提问、提示重点、学习小窍门、自测等内容达到自助学习的目的。

第四，温故而知新，注重对学生知识的巩固和能力的培养。学习单元后面附有习题和答案，另外根据每个学习单元内容的不同附有“联系实际”、“讨论交流”、“知识延伸”等内容，也有助于教师实现互动教学。

十二五现代远程教育法学专业系列教材编委会

2012年6月

编写说明

本书除导论外，分为宪法基础理论、国家理论、公民理论三个部分。其中，宪法基础理论部分包括宪法原理和宪法的历史发展两章；国家理论部分包括六章，内容涉及国家性质、政权组织形式、国家结构形式、经济文化制度、国家机构和国家标志；公民理论部分包括公民的基本权利与义务和基层群众性自治组织两章。

本书在结构设计上，以学习者为中心，以“学习单元”的形式安排学习内容，简明易懂，强调知识重点。每一章的开始就把本章的学习目的、学习要求、重点难点、知识要点等内容展示出来，便于学习者合理制订自己的学习计划。对于难点重点，给出了“提示”，引导学习者对抽象复杂的问题加深理解。在每个“学习单元”后，通过“我要复习”给出适度、适量的问题让学习者来检验自己对基本问题的掌握情况。

本书编写分工情况如下：

赵谦：导论，第一章，第二章，第三章，第四章，第五章，第六章；

马涛：第七章，第九章，第十章；

李菊：第八章。

编　者

2013 年 12 月 10 日

本书有以下特色……

简明易懂，强调知识重点

结合实际，深入浅出解决身边案例、事例

建议

这里有些有意思的建议，帮助您在学习中掌握知识的精髓，记得更轻松，理解得更容易。

思考

这里有很多导读提示和一些经典的案例、事例，让您可以多看多想，思考真实的答案。

我要复习！

看到这里，还有什么不明确，或是记忆不清晰的知识点吗？请自己检测一下。

实践一下……

学习好了吗？那么，这里有一些实例，运用学过的知识解决一下吧……

我的笔记

每章的结尾都有这部分，您可以写下学习中遇到的问题和在学习中您自己的想法。

目 录

导 论

导 学

1. 宪法学导论部分专门回答“宪法学是什么”这一问题，通过本部分学习产生对宪法学的宏观认知，包括宪法的作用、宪法学与相关学科的关系、宪法学的研究对象、宪法学的理论体系与学科体系、宪法学的教学结构与学习方法。

2. 请先收集《中国人民政治协商会议共同纲领》、《中华人民共和国宪法》、《中华人民共和国立法法》、《中华人民共和国选举法》、《中华人民共和国各级人民代表大会常务委员会监督法》、《中华人民共和国民族区域自治法》、《中华人民共和国香港特别行政区基本法》、《中华人民共和国澳门特别行政区基本法》，做好基础性法条准备。

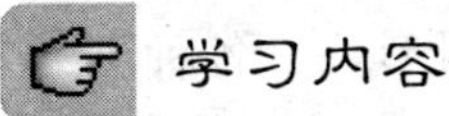

学习内容

学习单元一　宪法的作用

> 在我们生活中调整法律关系的往往是法律、法规和规章。这些法律、法规、规章为什么有效？为什么能调整我们的生活呢？主要是因为它们不违反宪法，它们的效力来源于宪法的授权。如果法律、法规、规章不符合宪法，它们就无效，也就不能成为调整我们生活中各种行为的准则。

一、宪法作用的含义

宪法作用是指在一定的条件下宪法对其他社会现象所产生的影响。宪法作用一般具有三个特征：①宪法作用是宪法价值的体现，并以宪法价值为指向和目的。宪法是国家根本法，自由、平等、民主、人权以及相应的社会秩序是其基本价值。宪法作用的目的就是要把其他社会现象纳入这种价值构造的秩序中。

凡是与这种价值取向相一致的，都受到宪法的保护，否则就受到限制和排斥。②宪法作用以宪法主体对宪法的认同而自觉遵守得到实现。宪法作用虽然以国家政权的强制力为后盾，但宪法规范具有弱制裁性。③宪法作用具有历史性的特点。宪法作用的历史性指的是在不同的历史条件下，对其他社会现象产生影响的方面和程度不一样。

二、影响宪法发挥作用的条件

1. 宪法自身必须完善。这要求宪法的指导思想、基本原则和宪法规范协调一致；要求宪法典、宪法性法律和宪法习惯构成严密的宪法规范体系，将整个基本社会关系纳入宪法调整的范围；还要有完善的宪法监督制度，对各种违宪事件能够进行及时有效的处置。

2. 要有良好的外部社会环境。国内政治稳定，要求宪政体制能有效运作，公民基本权利能被公民正常享有；经济有序，表现为物价稳定、市场繁荣，政府能有效地进行宏观调控；和平的国际环境，即国家不受来自其他国家的威胁而终止宪法秩序进入战时状态；完善的法制也是宪法作用得以有效发展的重要条件。

3. 宪法的切实实施。国家机关、社会团体和公民个人要严格遵守宪法，按照宪法的规定行使权利，履行义务；宪法监督机关要及时有效地解决宪法纠纷，取缔违宪事件。

三、宪法作用的种类

1. 宪法对经济基础的作用。宪法确认生产资料的所有制形式，各种类型、不同时期的宪法都以国家根本法的形式确认与自己性质相适应的生产资料的所有制形式；宪法确认并实行一定的经济体制和经济政策，随着经济的发展和国家对经济干预的增加，一战以后制定的宪法往往对经济管理体制和经济政策作了相应的规定。

2. 宪法对上层建筑其他组成部分的作用。巩固和保护国家政权，宪法直接和间接地规定国家政权的性质和国家机关的组织活动原则；健全法律制度，为立法提供宪法依据，调整各种法律间的关系，促进法制的统一性。资产阶级国家宪法一般不明确规定国家政权的性质，社会主义国家宪法则直接规定国家的性质。

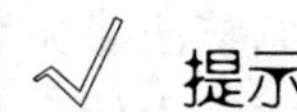

提示

与社会生产力发展相适应时，宪法能有效地促进经济发展；反之，宪法则限制和妨碍经济的发展。

3. 宪法对伦理道德也起着保护作用。现行宪法对精神文明建设的专门规定，促进了我国社会主义道德水平的提高和发展。

我要复习！

好，本单元的基本知识点学习完了，让我们在这里来复习一下吧。

你一定要知道的（如果已掌握请打钩）：

宪法作用的特征 □

影响宪法发挥作用的条件 □

学习单元二 宪法学

宪法学，即宪法科学，是关于宪法之科学，即研究宪法现象及其发展规律的科学。它是一门以宪法为主要研究对象的法律学科，属于社会科学的范畴。宪法学分支学科包括宪法原理、中国宪法学、外国宪法学、比较宪法学和宪法史学等。

一、宪法学与相关学科的关系

（一）宪法学与法学的关系

法学是关于法（法律）现象及其发展规律的科学。一般认为，法学是由理论法学、历史法学、部门法学、国际法学、比较法学等分支学科组成的学科体系。宪法学属于部门法学的一种，部门法学除了宪法学外，还包括民法学、刑法学、经济法学、商法学、诉讼法学、劳动法学、环境法学等。宪法学在法学体系中居于基础地位，尤其是在部门法学科中占据特殊地位，这主要是由宪法学之主要对象宪法是普通法律的根本法、最高法所决定的。

（二）宪法学与法理学、政治学及其他部门法学的关系

1. 宪法学与法理学。法理学是关于法（法律）的一般原理的科学，属于理论法学的范畴，主要回答“法是什么”、“法为什么”之类的问题。宪法学属于部门法学的范畴，主要回答“宪法怎么样”的问题。法理学为宪法学提供认识论和方法论意义上的理论支持，而宪法学在法理学的指导下着重研究作为部门法的宪法及其实际的运行问题。法理学产生于宪法学之前。

2. 宪法学与政治学。政治学，是关于政治现象及其发展规律的科学，即具体研究政治权力、政治结构、政治功能、政治决策、政治文化、政治制度等现象和规律的科学，它着重于权力的研究。在 19 世纪，随着现代法治和宪政国家的出现，宪法学才从政治学中分离出来而成为一门独立学科，它也研究政治权

力问题，与政治学一样具有鲜明的阶级性，但宪法学在权利和权力的关系基础上重在对权利的研究。

3. 宪法学与其他部门法学。宪法学与其他部门法学，尤其与行政法学联系紧密。行政法学是关于规制国家行政权力的法律的科学，只涉及国家权力体系中的行政权及其与公民权利形成的行政法律关系问题。宪法学则研究所有的国家权力与公民权利及其相互关系问题。

二、宪法学的研究对象

（一）主要研究对象

宪法学的主要研究对象是指宪法现象及其发展规律。宪法现象是相对于宪法发展规律而言的，存在于人的主观意识以外的一种法现象。表现为：各国、各个历史时期的成文与不成文宪法（宪法规范、宪法原则、宪法概念）及其形式；宪法的运行制度（宪法的创制、实施、监督制度）；宪法行为（合宪与违宪）；宪法关系；宪法文化传统。

（二）教学实践中的研究对象

1. 宪法的基础理论。关于宪法的概念界定、宪法的本质与分类、宪法的渊源形式与结构、宪法规范概念、宪法的基本原则、宪法价值与作用、宪法与宪政的关系、中外宪法的历史发展等宪法的理论层面问题。

2. 宪法的实体规范。关于国家权力与公民权利及其相互关系的制度性规范与操作性规范的展开，它具体涉及国家性质与国家形式系列问题的宪法确认、公民基本权利体系的维护与国家机关权力体系的规制等宪法的规范层面问题。

3. 宪法的运行程序。涉及宪法的创制（包括宪法的制定、解释和修改）、宪法的实施和实现（包括宪法关系、宪法的适用与遵守、宪法秩序的形成与宪法实现）、宪法实施的监督等宪法的实践层面问题。

> **提示**
>
> 习近平：宪法的生命在于实施，宪法的权威也在于实施。

三、宪法学的理论体系与学科体系

（一）宪法学的理论体系

宪法学的理论体系就是宪法学理论研究的具体内容及其内在结构。它由资产阶级时代的宪法学者最初构建，并在社会主义时代宪法学研究中予以修正、补充与完善而最后形成。在资产阶级时代，宪法学理论研究有两大内容：一是人权；二是国家机构。由此形成了国家政体、国家结构、选举制度、政党制度等内容。在社会主义时代，宪法学家从马克思主义的独特视角出发研究宪法问题，形成了国家性质、经济制度和精神文明建设等内容，形成了现代宪法学的基本理论体系。

（二）宪法学的学科体系

1. 宪法的历史研究，如中国宪法思想史、外国宪法思想史、中国宪政制度史、外国宪政制度史及国别宪法史等学科。

2. 宪法的社会研究，如宪法社会学、宪法政策学和宪法意识、宪法文化、宪法秩序等学科。

3. 宪法的本体研究，如宪法学原理、中国宪法、外国国别宪法、宪法规范学、宪法立法学等学科。

4. 宪法的比较研究，如比较宪法学原理、比较宪法史及宪法规范、宪法制度、宪法权利、宪政环境等分支学科。

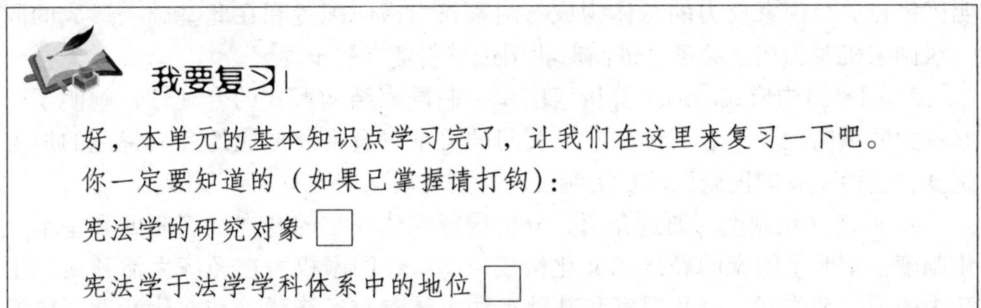

我要复习！

好，本单元的基本知识点学习完了，让我们在这里来复习一下吧。

你一定要知道的（如果已掌握请打钩）：

宪法学的研究对象 ☐

宪法学于法学学科体系中的地位 ☐

学习单元三　宪法学的教学结构与学习方法

强调运用理论联系实际的方法，将有关宪法的理论知识同宪法特别是中国宪法的历史和现状相联系，建立、健全和发展有中国特色的宪法理论。

一、宪法学的教学结构

除导论外，分为宪法原理、宪法的历史发展、国家性质、政权组织形式、国家结构形式、经济文化制度、国家机构、国家标志、公民的基本权利与义务、基层群众性自治组织十章。

（一）宪法基础理论部分

1. 宪法原理。以宪法的内在逻辑和现实运行过程为线索，从阐释近现代宪法概念这一最基本的理论问题出发，对宪法的概念、结构、创制、实施进行介绍和分析，并有针对性地探讨宪法基本原则、宪法监督与宪法意识等问题。

2. 宪法的历史发展。它以宪法产生发展的历史阶段为线索，分析了近现代宪法产生的一般条件和发展阶段，总结了旧中国宪法问题和宪政运动的历史经验和教训，并通过介绍中华人民共和国历部宪法与现行宪法31条修正案，分析新中国宪法的发展进程、一般趋势和未来走向。

（二）国家理论部分

本部分包括国家性质、政权组织形式、国家结构形式、经济文化制度、国家机构和国家标志，共六章。各章主要通过介绍和探讨我国现行宪法的有关规定，以阐明我国的国家构成、国家权力和国家责任。

1. 国家性质。主要通过分析我国现阶段的阶级结构、阶级关系，以阐明国家的阶级构成和由其决定的人民民主专政制度的合理性与科学性，进而对我国政党制度和爱国统一战线制度有初步理解。

2. 政权组织形式。通过介绍、分析人民代表大会制度，从宪法体制层面阐明国家机关与国家权力的总体构成、国家权力横向配置和在此基础上形成的同一级国家机关的相互关系，进而对我国选举制度有初步理解。

3. 国家结构形式。通过分析我国单一制国家结构形式的合理性，阐明了国家权力的纵向配置、上下级国家机关间的关系以及由此形成的各具特色的地方制度，进而对我国民族区域自治制度与特别行政区制度有初步理解。

4. 经济文化制度。通过介绍、分析现行宪法规定的基本经济制度和基本文化制度，阐明了国家的经济和文化构成，国家、国家权力在经济生活和文化生活中的地位和作用，以及国家和其他宪法主体参与经济活动和文化活动所应遵守的基本准则，进而对我国社会主义精神文明建设有初步理解。

5. 国家机构。通过分析和介绍国家机构的概念和我国国家机构的组织与活动原则，阐明了我国国家机构的构成、国家机关的性质、职权和责任。

6. 国家标志。是国家构成的形象表达方式和象征，在国家标志这一章中，通过介绍现行宪法和有关法律规定的国家标志制度，分析和揭示了我国国家标志所表征的国家性质、国家构成。

（三）公民理论部分

1. 公民的基本权利与义务。介绍有关公民基本权利和义务的基本知识，着重分析了我国公民基本权利和义务的内容、特点以及公民基本权利与自由的实现途径，并进一步阐述了现阶段我国公民宪法权利体系的设想和思路及其对于人权保障的意义。

提示

国家与公民在宪法学的领域中孰重孰轻？在当代中国，两者皆重？

2. 基层群众性自治组织。作为公民之集合的居民委员会和村民委员会是地方自治的中国化尝试。通过介绍居民委员会和村民委员会制度，阐明现行宪法设立基层群众性自治组织的必要性和意义。

二、宪法学的学习方法

（一）理论联系实际的方法

要把有关宪法的理论知识同宪法特别是中国宪法的历史和现状相联系，建立、健全和发展有中国特色的宪法理论。要把宪法的规定，尤其是我国现行宪法的规定同我国现阶段的政治、经济、文化以及人们对宪法的要求、评价结合起来，不断完善我国宪法制度，推进我国社会主义民主和法制建设。

（二）阶级分析与经济分析相结合的方法

法是阶级社会特有的现象，宪法作为法的一种极其重要的形式，也是与阶级社会的特定时期相联系的。因此，不对宪法进行阶级分析，就不能认清宪法的阶级本质及其在国家生活和社会生活中的作用。宪法作为一种政治法律现象，是上层建筑的重要组成部分，由特定的经济基础决定并对其产生反作用。不对宪法进行经济分析，就不能认识宪法产生于近代的社会经济原因，也不能真正认识宪法。贯彻阶级分析和经济分析相结合的方法，有助于防止片面阶级分析和纯经济分析的极端倾向。

（三）历史分析与社会学分析相结合的方法

必须对宪法进行历史分析，即在考察宪法现象时要看宪法在历史上怎样产生、在发展过程中经过了哪些阶段，并根据它的这种发展去考察宪法这一事物现在是怎样的。对宪法进行社会学的分析，即将宪法置于特定时期的政治、经济和文化关系中，运用社会学的方法，分析、考察宪法与政治、经济和文化的关联及其对宪法发展和发挥作用的影响。

（四）比较研究的方法

比较研究的方法是研究宪法的传统方法。比较宪法学就是运用比较研究的方法研究宪法所获得的体系化的理论成果。对于中国宪法研究来说，比较研究的方法要求：把中国宪法同外国宪法相比较，吸收外国制宪的经验和成果，进一步丰富和完善我国宪法及其理论；将我国不同历史时期的宪法进行比较，总结我国宪法制定和实施的历史经验，为进一步完善我国宪法及有关制度服务。

空谈误国、实干兴邦
关注现实、立足现实

我要复习！

好，本单元的基本知识点学习完了，让我们在这里来复习一下吧。

你一定要知道的（如果已掌握请打钩）：

宪法学的教学结构 □

理论联系实际的学习方法 □

我的笔记

第一章

宪法原理

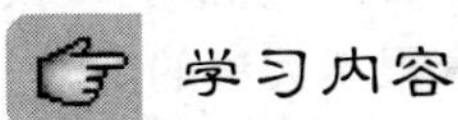

导　学

1. 本章以宪法的内在逻辑和现实运行过程为线索，从阐释近现代宪法概念这一最基本的理论问题出发，对宪法的概念、结构、创制、实施进行介绍和分析，并有针对性地探讨宪法基本原则、宪法监督与宪法意识等问题。

2. 请先收集1776年美国独立宣言、1787年美国宪法、1918年苏俄宪法、1919年德国魏玛宪法、1946年日本宪法、1947年中华民国宪法、1949年联邦德国基本法、1958年法国宪法、1993年俄罗斯宪法，做好扩展性法条准备，并预习《中华人民共和国宪法》、《中华人民共和国立法法》和《中华人民共和国各级人民代表大会常务委员会监督法》后再进入本章的学习。

学习内容

学习单元一　宪法概念

一、宪法的含义

（一）辞源学意义上的宪法含义

1. 西方“宪法”含义的演变。在古希腊，宪法是有关城邦组织和权限的法律，其中主要包括有关公民资格、公民权利和义务的法律和城邦议事机构、行政机构和法官的选任、权限、责任的法律。在古罗马，宪法或宪令是指古罗马皇帝颁布的诏书、谕旨、敕令等，以区别于市民社会通过的法律文件。在中世纪的欧洲，宪法主要用以表示确立国家基本制度的法律，14世纪的法国自然法学家就曾把一些公认的传统和原则等称为国家根本法或组织法或宪法，以便与国王的法律相区别。有时也指制定法，用来表示教会和封建主特权以及他们与国家关系的法律，如12世纪《克拉朗顿宪法》规定了英王与教士的关系、1215

年《自由大宪章》规定了英王与英国贵族、诸侯及僧侣的关系。在日本，宪法长期仅指一般法规或训诫，直到明治十五年为派遣伊藤博文等去欧洲考察的《训条》第1款中正式出现了“宪法”字样，作为现代意义的国家根本法的宪法才在日本确立。18世纪末，北美殖民地脱离英国殖民统治而独立，建立了美利坚合众国，1787年颁布了世界上第一部成文宪法——《美利坚合众国宪法》，“宪法”这个词的近现代意义内涵才最后完全、普遍地确立。

2. 我国“宪法”含义的演变。我国古代典籍中多次出现“宪”与“宪法”，如：《尚书·说命》中的“监于先王成宪，其永无愆”；《周礼·天官·小宰》中的“宪禁于王宫”。其含义大致可归纳为七种：最基本的意义是指法，这既可指除刑律以外的国家典章制度，也可指包括刑律、典章制度在内的整个国家的法律制度；指一般的法律、法令；指法律或禁令的公布；指效法、遵循；指受法律的惩罚和制裁；指御史和监察机关；指具有最高效力的法律、法令，有时指最根本、最重要的法律准则。总体而言，在我国古籍中反复使用的“宪法”并不具有近现代意义。直至1895年中日甲午战争后，以康有为、梁启超为首的资产阶级改良派才在“戊戌变法”中提出“伸民权、争民主、开议院、定宪法”的政治纲领。清廷于1908年颁布了《钦定宪法大纲》。从此，“宪法”在我国确立了近现代意义上国家根本大法的内涵。

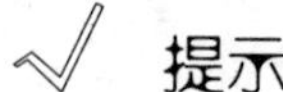

> **提示**
>
> 近现代意义内涵的“宪法”在西方确立的标志是1787年《美利坚合众国宪法》，在我国确立的标志是1908年《钦定宪法大纲》。

（二）法学意义上的宪法含义

1. 作为法学基本概念的“宪法”。除了作为法律渊源形式的“宪法”外，还包括宪法的创制、实施、监督等属于宪法运行制度的内容，和宪法的历史、与宪法制度有关的宪政思想和各种意识形态等。这些是指作为宪法学研究对象的“宪法”，这里的宪法与宪法学的外延完全重合，宪法即宪法学。

2. 作为法律渊源形式的“宪法”。一般指在一国法律体系中与一般法律相区别、具有根本法地位的一切法律规范的总称，包括宪法典、宪法性法律、宪法惯例、宪法判例等；也指成文宪法法典或冠以“宪法”名称的法律规范性文件，被包含于前种定义中。

（三）宪法的定义

从阶级属性上把握，强调宪法是统治阶级意志和利益的集中体现；从法律地位上把握，强调宪法因其规制对象的特殊性而与普通法相比，在制定和效力等方面所体现出的根本法特征；从强调公民个体权利角度把握，认为宪法是调整政府与公民间权利义务关系的根本大法，此种观点较接近西方重视个体权利的主张。综上所述，宪法是一种规定和调整国家权力、公民基本权利和国家、公民之间关系的基本规则。它是根本法，具有最高法律效力以及严格的制定和修改程序。

二、宪法的特征

（一）宪法是法律渊源形式之一

宪法作为一国法律体系中的部门法，与民法、刑法、诉讼法等一样具有法的一般特征和主要特点。宪法也是调整社会关系的行为规范、国家制定或认可的行为规范、以权利和义务为内容的行为规范、司法机关可以适用的行为规范、由国家保证其实施的行为规范。宪法也具有确定性、程序性、公开性、平等性和不溯及既往性等特点。

（二）宪法是国家的根本法

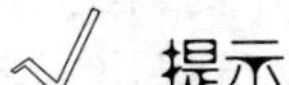

> **提示**
> 比较我国现行《宪法》第12、13条与《刑法》第263条之规定，看看一般法律内容的宪法派生性如何体现出来？

1. 在法律内容上，规定了一国最根本、最重要的制度性内容。首先，宪法的内容涉及一国具有普遍性、全局性的根本问题，如：如何界定主权、如何组织政府、如何设置国家机关、如何调整国家与公民的法律关系、如何确认和保护公民的基本权利等。其次，宪法的内容是对一国最主要问题的制度化安排，是关于如何划分国家权力和公民权利及其相互关系的法律化处置，这些处置和安排不仅反映了一国政治、经济、文化和社会生活的主要内容及其发展方向，还从社会制度和国家制度的根本原则上规范了整个国家、社会和普通公民的活动。最后，一般法律的内容是由宪法的相关规定所派生的而更为具体、富有细节性，它们所涉及的往往只是国家生活、社会生活某些或某一方面、某些或某一领域的内容。

2. 在法律效力上，宪法具有最高的法律效力。所谓法律效力，是指已颁布生效的法律对人、对事、对地所具有的约束力和强制力。在成文宪法国家，宪法在一国法律体系中居于最高的法律地位，享有最高的法律效力。首先，宪法是其他法律的立法依据和立法基础，没有宪法依据和宪法授权不能制定法律。如《中华人民共和国继承法》第1条明文规定："根据《中华人民共和国宪法》规定，为保护公民的私有财产的继承权，制定本法。"宪法与其他法律的这种关系，被形象地喻为母子关系，即宪法为母法，其他法律为子法。其次，其他法律的内容和精神不得与宪法的精神、原则和规范相抵触。如我国现行《宪法》第5条第3款规定："一切法律、行政法规和地方性法规都不得同宪法相抵触。"全国人民代表大会有权撤销与宪法相抵触的法律，全国人民代表大会常务委员会有权撤销与宪法相抵触的行政法规和地方性法规。最后，宪法是一切国家机关、社会团体和公民的最高行为准则，这是宪法具有最高法律效力的间接表现。在一切法治国家，任何国家机关、社会团体和公民都必须严格遵守法律，而法律又是以宪法为依据制定，不得同宪法相抵触。如我国现行《宪法》第5条第4款规定："一切国家机关和武装力量、各政党和各社会团体、各企业事业组织都必须遵守宪法和法律。一切违反宪法和法律的行为，必须予以追究。"

3. 在法律创制上，宪法有其严格而特殊的创制程序。首先，宪法制定和修改的机关往往是依法特别成立或组成的机关。如1787年美国宪法是由55名代表组成的制宪会议制定的；我国现行宪法是由1980年9月成立的宪法修改委员会对1978年宪法修改而制定出来的。其次，往往专门规定了通过或批准宪法及其修正案的特别程序。如美国宪法修正案要经过3/4的州议会或制宪会议批准后，才能发生效力；1958年法国宪法规定，宪法修正案由共和国总统基于内阁总理的建议，或由议会议员提出，经国会两院以相同的措辞表决通过，对宪法的修改需由公民复决通过，才能最后确定。最后，往往就解释宪法的机关和程序作了特别规定。或由最高立法（权力）机关解释，如1982年我国《宪法》第67条规定全国人大常委会有权解释宪法；或由普通法院解释，如美国联邦最高法院1803年首创了违宪司法解释机制；或由专门宪法监督机关予以解释，如联邦德国基本法专门由联邦宪法法院来解释。

4. 在法律的实施与监督上也有特别规定。作为根本法的宪法一般由宪法制定者直接来监督实施。在具体监督宪法实施的实践中，宪法往往将监督宪法实施的权力授予国家最高权力机关或特设的专门监督机关。只有宪法明确授予宪法监督权的国家机关或特定主体才有权监督宪法的实施。其他宪法非授权主体只能在履行自身职责的过程中负有保障宪法实施的义务，而不能代替宪法制定者来行使监督宪法实施的权力。如我国现行《宪法》第62、67条规定只有全国人大及其常委会有权监督宪法实施。

> √ **提示**
>
> 德国《梅耶百科辞典》认为："从社会学的角度和宪法理论的意义上来说，一个国家的宪法是对其政治权力的划分。"你怎么看待这个观点？

（三）宪法是政治法

宪法的具体内容一般皆包括：对权力的规范与制约；对国家体制的规定；对政府机构的职能、活动和政府与公民关系的调整；将宪法视为管理国家的规范。通过这些规定，宪法提供了一个社会稳定运行的基本法律框架；宪法将民主制度法律化，为政治危机的解决提供了法律途径；宪法对国家权力进行分配，以使它们互相制约。

（四）宪法具有民主性

1. 宪法是民主制度的法律化。民主是“大多数人的统治”，民主制度的最直接的表现就是对公民权利和自由的确认和保障，而宪法的目的就在于此，所以宪法是民主制度法律化的基本形式。具体表现：宪法确认已有的民主事实；宪法建立民主的国家制度；宪法确认国家与人民的基本关系及原则；宪法宣布法律面前人人平等、保护公民权利。

2. 宪法是公民权利的保障书。宪法是资产阶级在反封建斗争中，为确认取得的权利、巩固胜利成果而制定出来的。1789年法国的《人权宣言》就明确宣布：凡权利无保障和分权未确立的社会就没有宪法。无产阶级制定的首部社会主义性质的宪法——1918年苏俄宪法，则将《被剥削劳动人民权利宣言》作为第一篇。尽管宪法涉及国家生活的各个方面，但基本内容就两个方面，即国家权力的正确行使和公民权利的有效保障，但落脚点在保障公民权利。

（五）宪法具有阶级性

宪法是由在阶级斗争中取得胜利、掌握了国家政权的统治阶级以国家的名义制定的。统治阶级为了巩固国家政权必然会把以往的阶级斗争的经验教训反映到宪法中。宪法不仅反映统治阶级在国家生活和社会生活中某一方面的利益和意志，而且体现了统治阶级在国家生活和社会生活中涉及各个领域和方面的整体意志和利益。从阶级结构上看，宪法是统治阶级内部各个阶级、阶层利益和意志的集中反映，而不是一个或某几个阶级、阶层利益和意志的反映。当阶级力量对比关系发生质的变化时，必然导致不同类型宪法的出现。阶级斗争力量对比关系的变化改变了统治阶级内部的阶级结构，这时往往要制定同一类型的新宪法。阶级斗争力量对比关系的变化不足以改变统治阶级内部的阶级结构时，宪法的变化往往以修改宪法的方式进行。

三、宪法的本质

（一）各种宪法本质说

1. 神意说。神意说，即认为宪法是神或上帝意志的反映或体现。一些国家宪法存在此类的规定有其历史和宗教的原因，是由各个国家的传统和国情所决定的，有其存在的历史合理性。或明确规定宪法是以上帝或真主的名义制订和颁布的，如《瑞士联邦宪法》规定：“谨以全能上帝的名义，制定联邦宪法。”或明确规定宪法是根据上帝的意志制定的，如《摩纳哥宪法》规定：“摩纳哥君主兰尼埃三

> **提示**
>
> 你信仰神吗？你怎么看待神意说各种规定的历史合理性？“神意”存在于这些国家的宪法，究竟是维护了宪法尊严还是侵犯了宪法尊严？

世亲王，根据上帝的旨意，考虑到公国机制应予完善，以适应顺利治理国家的需要和满足人人自由于社会发展而产生的新需求，兹决定颁布一部新的国家宪法。”或规定国家主权属于真主，如《巴基斯坦联邦宪法》规定：“鉴于全宇宙的主权仅属于全能的真主，而巴基斯坦人民在真主规定的限度下行使的权利是神圣的委托。”或规定圣灵是权力的来源，如《爱尔兰宪法》规定：“圣父、圣子、圣灵三位一体为一切权力的来源，为世人和国家行动的归宿亦即我们的最终目的。”或规定教律是国家立法的源泉，如《巴林宪法》规定：“伊斯兰教为国教，伊斯兰教律为立法之主要源泉。”或直接以伊斯兰教古兰经为其序言，如阿拉伯也门宪法。

2. 全民意志说。全民意志说是将宪法的本质归结为宪法体现或反映全体人民的意志。资产阶级启蒙思想家倡导的社会契约论就是此说的典型。卢梭在《社会契约论》中认为：“国家的主权不外是公意的运用，主权属于人民，不可转让，也不可分割。如果政权侵犯了人民的利益，人民可以废除原来的契约，重新订立新的契约，以组织新政府。”1787年《美国宪法》在序言中明确规定其制宪目的：“我们合众国人民，为建立更完善的联邦，树立正义，保障国内安宁，提供共同防务，促进公共福利，并使我们自己和后代得享自由的幸福，特为美利坚合众国制定本宪法。”

> **提示**
>
> 你怎么看待“理想化”的全民意志说和“现实化”的阶级意志说？如何实现意志调和说中理想与现实之平衡？

3. 阶级意志说。阶级意志论是指宪法的本质在于反映阶级意志，体现阶级利益。苏联学者库德利雅夫采夫主编的《苏联法律辞典》认为：“宪法是国家的根本法，它表现统治阶级的意志，巩固统治阶级的专政，规定社会结构和国家结构的原则、国家机关组织和活动的原则，公民的基本权利和义务。”1982年我国《宪法》第1条第1款规定：“中华人民共和国是工人阶级领导的、以工农联盟为基础的人民民主专政的社会主义国家。”

4. 意志调和说。意志调和说认为宪法是各种意志调和的产物，是各个阶级、阶层和个人意志调和的结果。这种观点引入宪法领域，也是在资产阶级革命时期。社会契约论实际上也是一种意志调和论。如卢梭认为，社会契约是人们为了自身和财产自由相互之间签订的，而不是人们同统治者签订的，主权属于人民，人民只是把管理公务的权力委托给政府。托马斯·霍布斯认为，契约虽然也是人们为摆脱“自然状态”共同签订的，但共同约定的内容是大家都放弃自己的全部权利，并把它交给一个人或一些人组成的议会，使这些人成为大家的共同人格，成为主权者，但主权者不受契约约束，是至高无上的。因此托马斯·霍布斯的社会契约论不同于卢梭的社会契约论，前者是人们与统治者妥协的产物。

（二）宪法的本质——社会各政治力量对比关系的集中体现

宪法的本质是一国统治阶级在建立民主制国家过程中各种政治力量对比关系的集中体现。在政治力量对比中，阶级力量的对比居首要地位。宪法的产生与阶级斗争分不开，它是由阶级斗争中取得胜利、掌握国家政权的阶级制定的，是对阶级斗争的总结，并反映了阶级斗争的成果。宪法确认了哪个阶级对哪个阶级的专政，哪个阶级是统治阶级，哪个阶级是被统治阶级。在同一类型的国家，甚至在某一国家的不同时期，由于阶级力量对比关系的发展变化，也会影响宪法内容的发展变化，但这种发展变化并不是宪法本质的改变。社会政治力量的对比除阶级力量对比外，还包括同一阶级内部的各个阶层、各个派别的力量对比，以及与阶级力量对比既相联系又相区别的各种社会利益集团（如民族组织、行业协会、公民自治组织等）的力量的对比。

四、宪法的分类

（一）成文宪法和不成文宪法

这种分类是以宪法的不同表现形式为标准而进行的，是由英国法学家詹姆斯·布赖斯于1884年在牛津大学讲学时提出的，这是对宪法的最早分类。

> 提示
>
> 在当前绝大多数国家是成文宪法的背景下，此种不对称之宪法分类还有何理论意义与现实意义？

1. 成文宪法。即一国以一个或几个法律文书所表现的宪法，故又称文书宪法；因成文宪法是由特定的机关或个人在特定时期所制定的宪法，也称制定宪法。成文宪法大多以国名冠之，当今世界上绝大多数国家采用成文宪法形式。或以一个法律文书表示，如美国、法国、印度、朝鲜、日本、中国等；或采用几个同时期或不同时期制定的书面文件表示，如1875年法兰西第三共和国宪法即由1875年制定的三个法律文件组成：《国家权力组织法》、《参议院组织法》和《国家权力关系法》。成文宪法的优点主要表现为：结构严谨、条款清晰、内容系统全面、稳定性强、不容易被修改。其缺点主要是适应性差，难以顺应复杂多变的政治形势和社会发展。

2. 不成文宪法。无统一的书面文件形式，而是表现于不同时期颁布的宪法性法律、形成的宪法惯例和宪法判例的汇集，故又称汇集宪法。英国是最典型的不成文宪法国家。英国之所以长期保持不成文宪法，主要是由于英国资产阶级革命的不彻底性及英国公众对不成文宪法的习惯和认同。英国宪法主要由三部分组成：①宪法法案。这包括具有规约性质的重要文件如1215年的《自由大宪章》、1259 年的《人民公约》、1628 年《权利请愿书》和国会立法文件如 1679 年的《人身保护法》、1689 年《权利法案》、1701 年的《王位继承法》、1911 年的《国会法》、1918 年的《国民参政法》、1928 年的《国民参政（男女选举平等）法》、1948 年颁布经 1969 年修正的《人民代表法》等。②长期形成的宪法惯例。内阁由下院多数党组成并对下院负责、国会至少每年集会一次、两院制、首相由英王任命等。③具有宪法性质的法院判例中所宣示的宪法原则。如人身自由、言论自由、正当法律程序、法官独立等。不成文宪法的优点主要表现为：容易为公民所接受、适应性强、易应付紧急事变。其缺点主要是内容凌乱分散、缺乏系统、不易为公民系统掌握。

（二）刚性宪法和柔性宪法

这种分类是以宪法有无严格的创制机关和程序为标准而进行的，也是由英国法学家詹姆斯·布赖斯于 1901 年在《历史研究与法理学》一书中提出的。这种分类法的出发点是认为宪法不同于普通法律，宪法是国家根本法，应具有更高的权威性和稳定性，其修改的机关和程序应严于普通法律。

1. 刚性宪法。也叫硬性宪法、固定宪法，刚性宪法的修改机关和程序不同于普通法律。其制定或修改的机关不是普通立法机关，而是特别成立的机关；其制定或修改的程序严于一般的立法程序；其制定或修改的机关与程序均不同于普通法律。美、日、中等国现行宪法即是刚性宪法。成文宪法一般属于刚性宪法，但也有例外，如一战前的普鲁士宪法的修改程序与一般法律一样。

2. 柔性宪法。也叫软性宪法、弹性宪法、可动宪法，是指由普通立法机关以一般立法程序修改的宪法。英国是实行柔性宪法的典型国家。1948 年的意大利宪法，新西兰、以色列、伊朗、梵蒂冈、加拿大、摩纳哥等国宪法也是柔性宪法。

（三）钦定宪法、协定宪法和民定宪法

这种分类是以不同的制宪机关或主体为标准而进行的。

1. 钦定宪法。是指由君主或以君主的名义制定和颁布的宪法。奉行主权在君原则，产生于封建势力强大、资产阶级力量不占优势的二元君主立宪制国家。世界上最古老并仍生效的钦定宪法是 1814 年制定的挪威王国宪法，此外，1889 年日本明治天皇颁布的大日本国宪法和 1908 年我国清政府颁布的《钦定宪法大纲》都属于钦定宪法。

提示

为什么世界上最古老并仍生效的钦定宪法——1814 年挪威王国宪法能实现与资本主义、民主时代的持续、有效兼容？而我国的宪政历程却命运多舛？

2. 协定宪法。也叫协议宪法、协约宪法，是指由君主或国王与国民或国民代表机关协商制定的宪法，即君民间协定的宪法。它是阶级妥协的产物，当新兴资产阶级尚无力量推翻君主统治、而封建君主又不能进行绝对专制统治时，协定宪法的产生就是必然的，它往往产生于议会君主制国家。法国1830年宪法就是法国国会与国王路易·菲力普共同颁布的。

3. 民定宪法。是指由公民直接或其选出的代表制定的宪法。它奉行主权在民原则，存在于民主共和制国家。民定宪法是成文宪法的最早形式。世界上绝大多数国家的宪法都属于这一类。

（四）社会主义宪法和资本主义宪法

这种分类是以国家类型和宪法的阶级属性为标准而进行的。其区别主要表现为以下四个方面：

1. 各自的经济基础不同。前者建立在生产资料社会主义公有制基础之上，它宣布社会主义公共财产的不可侵犯，并同时保护公民合法的个人财产；后者建立在生产资料的资本主义私人占有制的基础之上，它公开宣布私人财产神圣不可侵犯的宪法原则。

2. 确认的国家制度不同。前者是无产阶级专政的工具，规定的是社会主义人民当家做主的国家制度；后者是资产阶级专政的工具，规定的是资产阶级的国家制度。

3. 采取的民主原则不同。前者是社会主义民主，是广大人民群众的民主，为实现民主规定了切实的法律和物质保障；后者是资产阶级的民主，是少数有产者的民主，它虽然从法律上规定了普通公民形式上的广泛权利和自由，却往往没有规定实现这些权利和自由的物质保障。

4. 对其阶级本质所持的态度不同。前者公开表明自己的阶级本质，明确规定社会主义国家是无产阶级专政的国家，是人民和广大劳动人民当家做主的国家；后者则用一些极其抽象的超阶级的概念掩盖和模糊宪法的阶级本质。

（五）成文宪法、现实宪法和观念宪法

这种分类是以宪法的表现形式或存在方式为标准而进行的。

1. 成文宪法。能以具体的规范和明确的条文为我们所感知的，以统一的法典和其他规范性文件的形式表现出来的，用以规定和调整国家统治体制及公民基本权利的国家根本法。

2. 现实宪法。先于以制宪方式来规范国家与公民关系的成文宪法而存在的，以不成文的惯例、思想理论和道德等形式为我们所感知的，可用于规定和调整国家统治体制及公民基本权利的规范。

3. 观念宪法。上升为成文宪法的涉及国家统治体制和公民权利方面的意志，没有上升为成文宪法的意志和两者在意识形态领域中的矛盾冲突所形成的有机统一体。往往表现为：明确的概念范畴所构成的思想体系；特有的政治传统和习惯；不太稳定的带有浓厚情感色彩的心理活动。主要内容包括：①宪法要求，基于对现实宪法的认识和理解而提出的宪法成文化的立法要求；②宪法评价，在领会和掌握成文宪法的条文和含义的基础上，参照宪法要求而对成文宪法进行的评价。最终目标是使全体社会成员，包括个人、团体，特别是社会政治组织在一定社会条件下，形成大体一致的宪法价值观。

提示

如何理解从现实宪法发端，经过观念宪法的发现而形成一定的宪法要求，到成文宪法的规范化与一体化，再经过观念宪法的评价与认同后作用于现实宪法的应然宪法秩序循环运行过程？

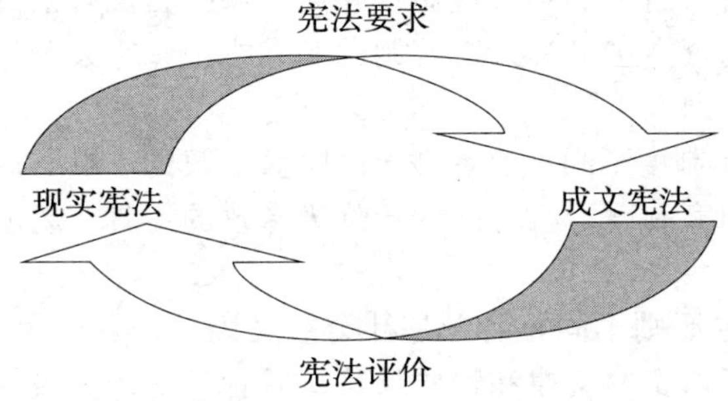

我要复习！

好，本单元的基本知识点学习完了，让我们在这里来复习一下吧。

你一定要知道的（如果已掌握请打钩）：

宪法的定义 □

宪法的特征 □

宪法是社会各种政治力量对比关系的集中体现 □

应然宪法秩序循环运行过程 □

学习单元二 宪法结构

宪法结构是指构成宪法的诸要素及其相互关系，可分为内在结构与外在结构两个方面。宪法内在结构指构成宪法的若干内在要素及其相互关系，是由宪法规范、宪法基本原则和宪法基本精神三个不同层次的要素所构成的结构体系。宪法外在结构指宪法与其他要素在组成更大社会系统中的相互关系，是由宪法典、宪法性法律（制定法）和宪法惯例或判例所构成的结构体系。

一、宪法规范

（一）概述

1. 定义。宪法规范是指由国家制定或确认的宪法主体参与国家政治、经济、文化等方面的基本社会关系所应遵循的根本行为准则。宪法规范又称宪法规则，它既是社会规范的一种，又与刑法规范、民法规范、诉讼法规范等并列，被合称为法律规范。作为一种特殊的法律规范，宪法是国家的根本性法律规范。

2. 结构。

（1）假定部分。即宪法规范中规定的适用条件，包括时间条件、空间条件、事实条件及行为条件等。如我国现行《宪法》第67条第3项规定全国人民代表大会常务委员会“在全国人民代表大会闭会期间，对全国人民代表大会制定的法律进行部分补充和修改，但是不得同该法律的基本原则相抵触”。该条文所体现的宪法规范的假定的事实条件为“在全国人民代表大会闭会期间”，行为条件为全国人大常委会的法律修改行为“不得同该法律的基本原则相抵触”。

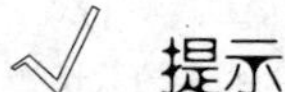

> 提示
>
> 尝试从我国现行宪法典中找一找“制裁条款”？现行宪法所设定的主要制裁形式是不是“罢免”、“撤销”、“废止”、“赔偿”？

（2）处理部分。即宪法规范中规定的行为模式本身，以要求、授权、禁止等形式加以体现。如我国现行《宪法》第56条规定的“中华人民共和国公民有依照法律纳税的义务”即包括宪法规范以要求形式出现的处理模式。又如我国现行《宪法》第39条规定的“禁止非法搜查或者非法侵入公民的住宅”即包括宪法规范以禁止形式出现的处理模式。

（3）制裁部分。即宪法规范中规定的因违反其规则而产生的法律后果或具体制裁。这一部分往往通过相关的普通法律规范予以具体化或隐含于宪法规范的处理部分。如我国现行《宪法》第41条第3款规定：“由于国家机关和国家工作人员侵犯公民权利而受到损失的人，有依照法律规定取得赔偿的权利。”

3. 特征。

(1) 高度原则性和概括性。是指宪法规范只规定有关国家问题的基本原则。宪法规范对于其所调整的各种各样的社会关系的规定只能是原则性的，而不可能是非常具体的。至于国家和社会生活各个层面的细节规定，则是由一般的普通法律规范来完成的。如果宪法规范的内容过于具体、琐碎，宪法就会变成普通法律的汇编，甚至于取代普通法律的地位，从而失去宪法作为根本法地位的法律意义。

提示

如何理解宪法的稳定性？宪法是否稳定应该仅依循宪法修改的频繁程度而判断？宪法与社会现实之间的平衡程度应否成为判断宪法稳定性的主要标准？

(2) 相对稳定性和适应性。由于宪法调整的是一个国家的最基本的社会关系，包括基本政治关系、基本经济关系、基本文化关系与基本法制关系，而它们大的变化一般发生在产生政权更迭的革命斗争年代，在某个阶级掌握国家政权后一般都会持续一段时期，因而其制定的宪法也保持相对的稳定性。宪法规范作为宪法的主要内容，也需要在一国国家和社会生活中保持长期的稳定性，不得随意地改、废、立。当然，宪法规范的稳定性只具有相对性的意义，当国家形势、社会现实与国际环境发生变化时，尤其是宪法规范的条文规定与这些外部条件发生尖锐的矛盾冲突时，就有必要对原有的相关宪法规范进行宪法解释，甚至于宪法修改，以保持宪法规范与社会现实之间的动态平衡。就比较宪法规范的稳定性与适应性而言，保证宪法规范的稳定性应是主要方面，即使是为了增强宪法规范的适应性需要，也应多些宪法解释，少些宪法修改。

(3) 本源性和最高权威性。一切法律及其制度都源于宪法，是由宪法所派生的，故作为宪法内容的宪法规范便具有本源性的特征。宪法规范的地位也相应地高于一般普通法律规范，一般普通法律规范的规定必须合乎宪法规范的规定。合宪性是维护宪法（规范）最高法律权威的直接要求，一切普通法律必须具有合宪性，否则要承担违宪的法律后果。

(二) 种类

1. 授权性宪法规范。授权性宪法规范是指授予宪法主体（国家、国家机关、公民、其他社会组织等）可以为或不为一定行为，或可以要求他人为或不为一定行为的任意性宪法规范，是一种可能性宪法规范。可分为三类：①授予国家机关职权的规范。如我国现行《宪法》第63条所规定的全国人大对国家主席、副主席等五类人员的罢免权规范，这类宪法规范在我国现行宪法中大多分布在第三章“国家机构”部分。②授予公民权利的规范。此类规范大多分布在我国现行《宪法》第二章。③授予社会团体权利的规范。如我国现行《宪法》第18

条第1款规定："中华人民共和国允许外国的企业和其他经济组织或者个人依照中华人民共和国法律的规定在我国投资，同中国的企业或者其他经济组织进行各种形式的经济合作。"第19条第4款规定："国家鼓励集体经济组织、国家企业事业组织和其他社会力量依照法律规定举办各种教育事业。"

2. 义务（职责）性宪法规范。义务（职责）性宪法规范是指明宪法主体（国家、国家机关、公民、其他社会组织等）必须为一定行为的宪法规范，即积极作为的宪法规范，这是一种必然性宪法规范。最典型的义务性宪法规范就是关于公民基本义务和国家与国家机关职责的规定。

3. 禁止性宪法规范。禁止性宪法规范是指明宪法主体（国家、国家机关、公民、其他社会组织等）不得为一定行为的宪法规范，即消极不作为的宪法规范，这是一种不可能性宪法规范。可分为两类：①特别禁止性宪法规范。即禁止某一类宪法主体从事某种或某几种行为的宪法规范。如我国现行《宪法》第36条第3款规定："……任何人不得利用宗教进行破坏社会秩序、损害公民身体健康、妨碍国家教育制度的活动。"②一般禁止性宪法规范。即禁止某几类宪法主体从事某种或某几种行为的宪法规范。如我国现行《宪法》第1条第2款规定："社会主义制度是中华人民共和国的根本制度。禁止任何组织或者个人破坏社会主义制度。"

4. 确认性宪法规范。确认性宪法规范是对一国过去和现在已存在的客观事实的宪法认定，通过确认一定事物、一种制度的性质和宪法主体的身份性质，从而对宪法主体的行为在宏观上进行引导，是肯定性的宪法规范。如我国现行《宪法》第1条第1款规定："中华人民共和国是工人阶级领导的、以工农联盟为基础的人民民主专政的社会主义国家。"第2条第1款规定："中华人民共和国的一切权力属于人民。"

提示

宪法是实体法还是程序法？程序性宪法规范于宪法的意义何在？

5. 程序性宪法规范。程序性宪法规范是具体规定宪法制度运行程序的宪法规范，主要涉及国家机关活动程序方面的内容。可分为两类：①直接的程序性规范。即宪法典中对宪法行为程序的具体规定。如我国现行宪法中关于全国人大召开临时会议的程序规定、全国人大延长任期的规定、宪法修改和通过程序的规定、全国人大代表质询权的规定。②间接的程序性规范。即宪法典中对程序性规范不作具体规定，而是通过法律保留形式规定具体程序。如我国现行宪法中法律的具体制定程序、国家机关领导人的具体选举程序。

6. 确定性宪法规范。确定性宪法规范是指明确规定某一行为规则，无须援引其他法律规范内容的宪法规范。宪法规范绝大多数是确认性规范，上述禁止性宪法规范、义务性宪法规范，都是确定性宪法规范，涉及公民权利的授权性宪法规范也是确定性规范。

7. 非确定性宪法规范。非确定性宪法规范是指没有明确规定行为规则的内容，而只是指明由某一机关加以规定或者由某一法律予以规定的宪法规范。非确定性宪法规范一般是在其内容所涉及的国家根本问题和基本社会关系，由于政治、经济、文化等方面的条件尚不完全具备，或因在立法技术上存在较大困难，而在宪法中又不得作规定的情况下采用。如我国现行《宪法》第 31 条规定："国家在必要时得设立特别行政区。在特别行政区内实行的制度按照具体情况由全国人民代表大会以法律规定。"这一条文所表达的就是一个非确定的宪法规范，其规范内容——特别行政区制度——规范本身并没有作出明确规定。

（三）结构特点

提示

哪些既是权利也是义务？劳动、受教育，除此外还有吗？

1. 授权性宪法规范与义务性宪法规范结合使用。授权性宪法规范与义务性宪法规范结合使用是体现权利义务相结合的宪法原则的主要形式。在我国现行宪法中主要被运用于两个方面：①在宪法规定公民权利义务时，经常使用这类规范。如第 42 条、第 46 条的"中华人民共和国公民有劳动的权利和义务"、"中华人民共和国公民有受教育的权利和义务"。②授予国家机关职权的宪法性规范，也属于这种权利——义务性宪法规范。虽然法律条文没有从权利和义务两方面分别表达，但被授予的职权本身就包含着权利和义务两个方面的内容。如第 62 条、第 67 条关于全国人大和全国人大常委会职权的规定。

2. 确认性宪法规范与禁止性宪法规范结合使用。一般先以确认性规范明确于前，再以禁止性规范禁止于后。如我国现行《宪法》第 4 条第 1 款规定："中华人民共和国各民族一律平等。国家保障各少数民族的合法权利和利益，维护和发展各民族的平等、团结、互助关系。禁止对任何民族的歧视和压迫，禁止破坏民族团结和制造民族分裂的行为。"

3. 弱制裁性。宪法规范往往不具备司法上的适用性，缺乏直接的司法强制。宪法规范中的制裁要素，直接体现在宪法条文中的比较少。对违宪行为大多数是通过政治途径予以解决的，以法律途径解决的为数不多。宪法规范的弱制裁性，在 18、19 世纪表现得比较充分，而在现代宪法中其制裁性似有逐步增加的趋势。这种进步应归功于违宪审查制度的完善与宪法诉讼制度的建立。

4. 纲领性。宪法规范对行为主体行为的引导在行为模式的背后潜藏着对一定社会秩序的有目的的追求。我国现行宪法不仅大量规范并反映了这种倾向，而且还直接以具体的规范明确表达了追求的目标。表达和反映这种追求目标的宪法规范，显然具有纲领性的特点。

5. 稳定性。宪法规范的稳定性，根源于宪法调整的基本社会关系的稳定性，同时宪法规范的纲领性也有助于加强这种稳定性。成文宪法一般规定了严格的制定和修改程序，宪法规范一经确定，往往不易变动；不成文宪法中以宪法习惯、惯例存在的大量宪法规范，是在长期政治发展中形成的，除了有大的历史变革，宪法主体一般不会破坏惯例。

二、宪法基本原则

（一）概述

提示

中国宪法特有的宪法基本原则是什么？其与四大公理性宪法原则的关联何在？

1. 定义。宪法基本原则是指人们在制定和实施宪法的过程中必须遵循的最基本的准则，是贯穿于立宪和行宪的基本精神，为现代民主宪政基本价值最直接、最集中的体现。它往往直接体现宪法的本质和价值，因此可以说是宪法的灵魂和精神所在。各国宪法或设有专章予以规定，如保加利亚1991年《宪法》第一章规定了宪法的基本原则，白俄罗斯1996年《宪法》第一部分就以“宪法制度原则”为标题。或明示或暗示放在宪法的序言或正文部分，如1958年法国《宪法》序言规定了人权和国家主权等原则，我国现行《宪法》总纲第2条“中华人民共和国的一切权力属于人民”、第5条“中华人民共和国实行依法治国，建设社会主义法治国家”就分别规定了人民主权原则和法治原则等。

2. 基本特征。

（1）普遍适用性。宪法的基本原则是贯穿于立宪和行宪的基本精神和准则，任何立宪国家只要以民主宪政为目的就必须遵循这些基本原则，否则就是假民主、假宪政。

（2）宪法特殊性。作为宪法的基本原则，须体现宪法调整社会关系的自身特点。

（3）最高准则性。即宪法的基本原则应是宪法所调整社会关系领域中的最高准则。

（4）高度抽象性。宪法基本原则是人们从各种宪法现象和宪政实践基础上归纳、总结出来的，是人们抽象思维的结果；宪法基本原则的文字表述高度抽象，一般需要从宪法规范中予以提炼、总结，当然也有宪法序言明确标示的。

3. 基本内容。人民主权原则、基本人权原则、权力制约原则和法治原则，被公认为现代宪法的四大基本原则。这四大基本原则构成了现代宪法内在精神的统一体，是现代宪政体制的四大基本支柱：人民主权原则为逻辑起点，基本人权原则为终极目的，权力制约原则是基本手段，法治原则是根本保障。

（二）人民主权原则

1. 定义。人民主权原则（又称主权在民原则、民主原则）是指国家权力来源于人民，属于人民，即一国中的绝大多数人拥有国家的最高权力。所谓主权，即一国所固有的处理其国内外事务而不受他国干预和限制的最高权力，简言之，即一国的最高权力。

2. 人民主权原则的提出与发展。近代意义上的主权概念是由（法）布丹在《论共和国六书》中提出的，他反对封建领主割据，主张建立在神权基础上的君主主权，并认为主权是除了上帝和自然法外的最高权，是永恒的、绝对的权力。（英）霍布斯坚持集权专制，也主张君主主权，但反对“君权神授”。（英）洛克提出了议会主权的主张，而反对君主主权。（法）卢梭进一步发展了资产阶级主权思想，系统地提出了人民主权论，认为国家主权是人民公意的体现，既不能被分割，也不能被转让。（美）林肯在南北战争期间的葛特斯堡的演说中，提出的“民有、民治、民享”（英文为：of the people，by the people，for the people）原则被认为概括了人民主权的全部内涵。人民主权上升为宪法的基本原则，首先出现在1776年的美国《独立宣言》：“政府的正当权力得自被统治者的同意”，后来在1789年法国的《人权宣言》第3条予以明确规定：“整个国家主权的来源寄托于国民，任何团体、任何个人都不得行使主权所未明白授予的权力。”《人权宣言》后被载入1791年法国宪法的序言。

> **提示**
>
> “民有、民治、民享”在当代中国实现状况如何？哪一方面问题最大？——“民享”？尝试思考何种措施能助推“按劳分配”原则下“让一部分人先富起来，带动大家共同富裕”的真正实现？

马克思在批判黑格尔君主主权思想、反对封建君主专制时也阐述过人民主权思想，指出：“人民的主权不是从国王的主权中派生出来的，相反地，国王的主权倒是以人民的主权为基础的。”在谈到德国国民议会的权利时，他写道：“国民议会本没有任何权利——人民委托给它的只是维护人民自己的权利。如果它不根据交给它的委托来行动——这一委托就失去效力。到那时，人民就亲自出台，并且根据自己的自主的权力来行动。”列宁在《三种宪法或三种国家制度》的提纲中，也明确指出民主共和制的本质就是“全体人民享有全部权力。”人民主权上升为社会主义宪法的基本原则，出现在1918年苏俄宪法、1924年苏联宪法中。

3. 人民主权原则在各国宪法中的体现。

（1）明确规定人民主权原则。如1919年的《德国魏玛》宪法第1条规定：“国权出自人民”。1946年法国宪法和1958年法国宪法第3条规定：“国家主权属于法国人民。”现行《意大利宪法》第1条规定：“意大利为民主共和国，其基础为劳动。主权属于人民，由人民在宪法所规定的形式和范围内实现之。”1946年《日本宪法》序言规定：“兹宣言主权属于全国国民而确定本宪法。”我国现行《宪法》第2条第1款规定：“中华人民共和国的一切权力属于人民。”

（2）通过规定人民行使国家权力的形式来保障人民主权。如《俄罗斯联邦现行宪法》规定：“人民行使权力的最高的直接形式是全民公决和直接选举”。1936年《苏联宪法》第3条规定：“苏联全部权力属于城乡劳动者，由劳动者代表苏维埃行使之。”《古巴宪法》第4条规定：“古巴共和国的一切权力属于劳动人民，人民通过人民政权代表大会和由其组成的其他国家机关行使权力或直接行使。”

（3）通过规定公民广泛的权利和自由来体现人民主权。各国宪法大多设有专门部分规定公民的基本权利和自由，如我国现行宪法第二章。

（三）基本人权原则

1. 人权的定义。人权是作为一个人所应该享有的权利，是一个人为满足其生存和发展需要而应当享有的权利。人权在阶级社会具有阶级性，但对最原创的意义而言，它在本质上属于应有权利、道德权利。人权又是一个历史范畴。

> ✓ 提示
>
> 作为一名当代中国公民，你认为你的首要人权是什么？你究竟赞同“主权高于人权”还是“人权高于主权”？为什么？

2. 人权的发展阶段。第一阶段为资产阶级革命时期的人权，主要为人身人格的权利和政治权利与自由，其具体内容主要是言论、信仰、结社、通讯、宗教等自由以及免受非法逮捕、公正审判等权利。它的诞生和确立以美国的《独立宣言》和法国的《人权与公民权利宣言》为标志。第二阶段的人权主要受19世纪初社会主义运动和革命的影响，基本内容是经济、社会和文化方面的权利。它在宪法上的表现，在东方以苏联《被剥削劳动人民权利宣言》为代表，在西方以德国魏玛宪法为标志。第三阶段的人权主要是从二战后反殖民主义的民族解放运动中产生和发展起来的，其内容包括民族自决权、发展权、和平权、自然资源永久主权等国际集体人权。它为一系列国际人权文件（如《联合国宪章》、《联合国人权宣言》）所确认。

3. 人权理论的发展阶段。在历史上，人权作为一种主张，早在古代奴隶社会即已出现。古希腊、罗马时期的斯多葛派，根据自然界的规律性推出人类的普遍理性，并进而提出了人的平等权利的观念。

提示

你认为人权有边界吗？宪法、法律没有规定或保障的权利能享有吗？这样的权利与宪法权利、法律权利在实现上有何区别？

第一阶段："天赋人权论"。是资本主义商品经济发展的产物，是在资产阶级反对封建特权和神权的基础上提出的，具有历史的进步性，但也有其局限性。它以自然法学说和人性论为理论基础，片面地强调人的自然属性而忽略了人的社会属性。(英) 霍布斯通过其"自然状态说"，论证了人的"自然权利"。他认为，在国家产生之前，人们处于"自然状态"中，每个人都有自我保存的同等自然权利。(英) 洛克进一步发展了霍布斯的思想。他认为，"自然状态"是一种"完美无缺的自由状态"，每个人都有自由行动及处理财产和人身的自由，"每个人都平等地享有各种权利"，"人们既然都是平等和独立的。任何人就不得侵害他人的生命、健康、自由或财产"。但人们在自然状态下享有的自然权利不是绝对的，为了公正的裁判、解决人与人之间的纠纷，人们必须放弃一部分自然权利，把它交给政府（通过社会契约形式），由政府来支持和保护人们的自然权利，如果统治者违反人们的约定，那么人们就有充分合法的理由推翻它。(法) 卢梭指出私有制是人类不平等的根源和基础，而更高级的社会契约的平等只有通过资产阶级共和国才能实现，因为它能体现"公意"，使人民拥有主权，从而确保人们的自由、平等、生命、财产等方面的权利。

第二阶段："法律权利说"。以（英）边沁、戴雪和密尔等为代表，以实证主义和功利主义为其理论基础。"法律权利说"认为人权有其社会性和阶级性，强调人权不是生而有之，而是法律所赋予的；按照功利主义的逻辑，认为人权的产生与存在的合理性与合法性，是完全可以证明的；否认人权的伦理性，强调人权的利益性，认为人权仅仅是人类避苦求乐的一种手段，而法律权利也不过是人们运用法律手段对应有权利加以确认和保障罢了。

第三阶段："福利权利说"。20 世纪初出现了人权的社会权利说，也即福利权利说，这种人权理论从人是"政治动物"、"社会动物"的观点出发，在人权实践中在发挥着越来越重要的作用。其认为人的社会性是人权产生和存在的根据，社会的文明程度直接影响到人权的保障程度；认为经济社会权利也是基本人权；人权不仅是一种"消极的受益关系"，即个人因国家的不作为而得到人身人格与政治方面的权益，也是一种"积极的受益关系"，即个人因国家的作为而得到经济、文化、社会方面的权益。

4. 基本人权原则在各国宪法中的体现。最早将基本人权原则写入宪法性文件的是世界历史上第一个人权宣言的美国《独立宣言》，它宣布："人人生而平等，他们都从他们的'造物主'那里被赋予了某些不可转让的权利，其中包括生命权、自由权和追求幸福的权利。为了保障这些权利，所以在人们中间成立政府。"法国1789年的《人权宣言》也公开宣称："在权利方面，人们生来并且始终是自由平等的；任何政治结合的目的都在于保存人的自然和不可动摇的权利。这些权利就是自由、财产、安全和反抗压迫。"它还强调："凡权利无保障……的地方，就没有宪法。"并对人权的具体内容作了补充："自由传达思想和意见是人类最宝贵的权利之一，财产是神圣不可侵犯的权利。"1791年美国宪法的10条宪法修正案和1791年的法国宪法是最早确认基本人权原则的资产阶级宪法。社会主义国家建立后，同样在宪法中确认了基本人权原则，往往没有直接使用人权字样，而是通过国体、政体及公民权利和自由等方面予以具体化。我国现行宪法在2004年的修改中明确写入了"尊重和保障人权"的条款。

5. 各国宪法规定基本人权原则的方式。

（1）既明确规定基本人权原则，又以公民基本权利的形式规定基本人权的具体内容，这是多数国家宪法所采用的形式。如1946年《日本宪法》规定，"我们确认，世界各国国民同等地享有在和平中生存并免除恐怖与贫乏的权利"，并在第三章"国民的权利和义务"中规定了人权的基本内容。还有孟加拉国、斯里兰卡、白俄罗斯等国宪法均有类似规定。

（2）并不明确规定基本人权原则，只是规定公民的基本权利。如我国现行宪法，又如美国联邦宪法及其补充的修正案，就只有公民基本权利的规定而无文字明确宣布基本人权原则，比利时、丹麦、荷兰等国宪法也是如此。

（3）原则上确认基本人权，但对公民基本权利的规定却甚少。如法国1958年宪法序言虽然确认了人权和国家主权等原则，但在宪法条文中只对公民的选举权作了明确规定。

（四）权力制约原则

权力制约原则是指国家权力的各部分之间相互监督、彼此牵制，以保障公民权利的原则。

> 提示
>
> "绝对权力导致绝对腐败"。制约权力的最好方法是"以权力制约权力"还是"以权利制约权力"？

1. 权力制约思想的历史发展。

（1）古代权力制约思想。（古希腊）亚里士多德从人性恶的角度出发，认为人不能完全消除兽欲，执政者难免会引起政治偏向，为此需要他方的制约，这是因为“人们之间互相依仗而又互相限制，谁都不得任性行事，这在实际上对各人都属有利。”他因此提出了选举、限任、监督和法治等一系列的权力制约方法。（古罗马）波利比通过考察罗马史认为，罗马的强盛主要得益于它独具特色的政体，即执政官、元老院和平民会议三者间形成的均衡政体。

（2）近代意义上的权力制约思想。表现为以（英）洛克、（法）孟德斯鸠与（美）汉密尔顿为代表的分权学说和以（美）杰斐逊为代表的民主共和主义思想。（英）洛克是近代分权学说的首倡者。他的三权分立实际上只有两权分立。他认为国家有三种权力，即立法权、执行权和对外权。如果立法权和执行权由一人或同一机关掌握，就会给人类的弱点以极大的诱惑，促使人们去攫取权力，使之不受法律的限制，因此三种权力应由特殊机关分别掌握。立法权是国家的最高权力，但因政府的权力来自人民，它也须受委托条件的限制。认为执行权和对外权可由君主一人掌握。（法）孟德斯鸠是三权分立说的完成者。他将国家权力明确地分为立法权、行政权和司法权，并由不同的人和不同的机关来行使。认为“一切有权力的人都容易滥用权力，这是万古不易的一条经验”，因此他得出结论：“从事物的性质来说，要防止滥用权力，就必须以权力约束权力。”（美）汉密尔顿、杰斐逊是三权分立说的实践者。1787年美国联邦宪法的起草者之一汉密尔顿根据洛克、孟德斯鸠的分权思想阐述了美国政府的建制，并且提出了立法、行政、司法三权应该分立，而且应该互相牵制与平衡的原则。杰斐逊坚决主张在美国必须建立代议制的民主共和国，指出政府必须在人民的控制下体现和执行人民的意志，保障人民的自由权利，保护人民的经济利益和社会地位。只有人民才是政府唯一可靠的保护人。

（3）马克思主义的权力制约思想。该权利制约思想充分肯定了资产阶级思想家的分权学说，提出实行无产阶级专政的国家宜采用民主共和制，并加强对权力机构的监督。根据巴黎公社的经验，明确提出了监督的思想：“公社是由巴黎各区普选选出的城市代表组成的。这些代表对选民负责，随时可以撤换，来保证自己可以防范他们。”

2. 权力制约原则在资本主义性质宪法中的体现。在资本主义性质宪法中表现为分权原则。分权原则即分权制衡原则，它是把国家权力分为几个不同的部分，分别由不同的国家机关独立行使，这些国家机关在行使权力的过程中，保持一种互相牵制和互相平衡的关系的原则。主要可分为三类：

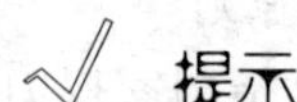

仔细阅读1787年美国宪法文本，谈谈你对美国式三权分立的理解。立法权、行政权、司法权真正实现分立制衡了吗？

（1）典型的美国分权式。采用总统制的

现代资本主义国家多采用美国分权式。按照1787年《美国联邦宪法》的规定，立法权属于由参议院和众议院组成的国会，行政权属于美国总统，司法权属于联邦法院及其下级法院。同时，宪法明确规定了三权间的制衡关系。国会有权要求总统条陈政策以备审议，有权批准总统对外缔结的条约，有权通过弹劾审判案撤换总统；有权建议、批准总统对联邦最高法院法官的任命，有弹劾审判联邦最高法院法官并撤换其职务之权，参议院对弹劾案有审判权。总统对国会通过的法案有有限的否决权，副总统兼任参议院议长；总统有特赦权、有提名并任命联邦最高法院法官的权力。联邦最高法院首席法官担任总统弹劾案的审判庭主席；根据宪法惯例，联邦最高法院有权解释宪法和法律，宣布国会通过的法律无效等。

（2）以立法为重点的英国式。采用议会制的现代资本主义国家多采用英国式。英国运用分权原则的特点是：立法权胜于行政权，下议院胜于上议院，立法权是三权的重点，并建立起以议会为中心的责任内阁制。内阁由下议院多数党的党魁组织；内阁成员对下议院负连带责任，如下议院对内阁不信任，不是内阁辞职，就是内阁解散下议院；司法独立，上议院承担最高法院的职能，但法院无权对议会的立法进行审查。

（3）以行政为重点的法国式。法国在运用分权原则的过程中，既吸收了总统制的特点，也借鉴了议会制的特点，通过加强总统的权力，削弱议会的权力，从而把分权与制衡的权力重心从立法转向了行政，建立起半总统制半议会制的国家政体。根据1958年《法国宪法》的规定，总统以仲裁人和保证人的地位行使国家权力。总统有权任命政府总理并根据总理的建议任免政府其他成员；有权主持内阁会议，签署内阁会议所决定的法令和命令；总统在法定期限内要求议会重新审议其最后通过的法案，议会不得拒绝；总统有权就一切涉及公共权力组织的法律草案提交全民复决等。总理就内阁会议讨论通过的施政纲领或总政策，得对国民议会提出由政府承担责任的说明；当国民议会通过不信任案或当它不同意政府的施政纲领或总政策的说明时，总理必须向总统提出政府辞职等。

3. 权力制约原则在社会主义性质宪法中的体现。在社会主义性质宪法中表现为监督原则。从各社会主义国家的政治实践来看，各国宪法都对监督原则作了明确规定，但监督原则的法律化、制度化建设还需要进一步加强，以适应社会主义宪政的需要。

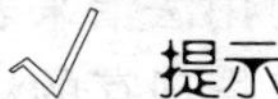

提示

尝试思考社会主义的监督型权力制约与英国式“议会主权”下权力制约之间的关联，进而比较分权型权力制约与监督型权力制约的相同点与不同点。

（1）在人民与代表和国家机关及其工作人员的关系上，规定了人民代表（议员）都由民主选举产生，对人民负责，受人民监督，人民对国家机关及其工作人员可提出批评、意见和建议等。如1977年《苏联宪法》第107条规定："代表必须对选民以及其他为代表候选人的集会和社会组织报告自己的工作和苏维埃的工作。辜负选民信任的代表，根据多数选民的决定，依照法律规定的程序可以随时召回。"1972年《朝鲜宪法》第8条规定："各级国家权力机关的议员对选民负责。"我国现行《宪法》第77条、第41条也有类似的规定。

（2）在不同国家机关之间的关系上，规定了有关监督原则的内容。如1977年《苏联宪法》第2条规定："其他一切国家机关受人民代表苏维埃的监督并向人民代表苏维埃报告工作。"我国现行《宪法》第3条第3款规定："国家行政机关、审判机关、检察机关都由人民代表大会产生，对它负责，受它监督。"第135条规定："人民法院、人民检察院和公安机关办理刑事案件，应当分工负责，互相配合，互相制约，以保证准确有效地执行法律。"

（五）法治原则

1. 法治的概念。法治，即法的统治、法律的统治的简称。一般指与"人治"和"德治"相对立或对应的一种治国理论、方略和制度模式，即"民治"、"宪法治"。具体指统治者按照民主原则将国家事务法律化、宪政化，并严格依宪、依法进行管理的治国理论、方略和制度模式。现代意义法治的核心内容包括：宪法至上、法律至上，法律的权威高于政府，依法行政，司法独立，法律面前人人平等。

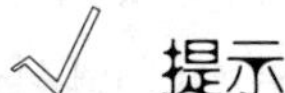

结合我国现行《宪法》第5条之规定谈谈你对"法治"的理解。究竟是"法治优于人治"还是"人治优于法治"？能否实现"法治"与"人治"结合适用？

2. 法治与法制的关系。法制即国家的法律制度，它有广义和狭义之分。广义上的法制是描述性的，它指的是一个国家的立法、司法、守法和法律执行的所有法律规则和制度本身，并不含任何价值意义。狭义上的法制（即价值意义上的法制）有时也可用法治来表述，法治是法律制度的一种特殊状态。在这个状态下，法制不仅仅指现存的法律和法律制度，而是一种结构，这个结构的突出特点就是法律的至上性，法治就是法律的统治。法制一般为静态的，而法治为动态的，前者的内涵包括了后者。

3. 法治与人治的关系。一般而言，法治与人治是对立的，即治之主体的对立，在不同时代有不同表现。在我国古代，法治论者主张："严刑峻法"、"治民无常，唯以法治"（韩非语）；人治论者主张："为政在人"、"其人存，则其政举，其人亡，则其政息"（孔子语）。在古希腊，法治论者主张法律理性及其一般指引作用，如亚里士多德主张法治优于一人之治；人治论者主张圣贤的智慧及其解决问题的个别指引作用，如柏拉图主张贤人政治，哲学王主政。在近代，法治与人治的对立主要表现为：民主与专制、主权在民与主权在君、人民的公意与当权者的个人意志、依法治国与以人治国之间的对立。在现代，关于法治与人治的对立，人们已明确二者的界限并非在于是否承认法律运行中人的作用，而是在于：当法律与当权者的个人意志发生矛盾和冲突时，是法律高于个人意志（人依法），还是个人意志凌驾于法律之上（法依人）？承认前者即是法治，而承认后者即是人治。总体而言，法治与人治在古代并非完全对立，前者可以服务于后者。古代的法治实为君主治民的法律之治，现代意义上的法治方为真正的众人之宪法之治。

此外，就法治与德治而言，法治与德治或表现为对立，或表现为对应，更多的是二者的对应、共存。法律与道德各有优劣，作为治国方略是可互相补充的，但这种共存在不同的社会中有所不同。在人治社会，法治与德治的共存表现为“德主刑辅”（董仲舒语）、“隆礼重法”（荀子语），法、德“皆帝王之具也”（韩非语）。在现代法治社会，依宪政价值目标，法治与德治的共存表现为法主德辅，以宪统法、德。

4. 法治原则的历史发展。

> **提示**
>
> 谈谈你对亚里士多德“普遍之治”与“良法之治”的理解。“恶法亦法”？应以什么标准来评判“良法”、“恶法”？

（1）近代意义法治原则的发展。其是以形成于欧美的法治思想为理论基础的。（古希腊）亚里士多德曾给法治下过定义：“法治应包含两重含义：已成立的法律获得普遍的服从，而大家所服从的法律本身又应该是制定得良好的法律。”他从法律的普遍性和正当性所阐明的法治内涵，揭示了法治概念的形式规定和内容规定，这成为后来西方法治思想最重要的理论渊源。（古希腊）柏拉图虽然在晚期的《法律篇》提出了“统治者是法律的仆人”命题，但他骨子里仍是人治的倡导者。（古罗马）西塞罗提出了与柏拉图相似的法治命题：“官吏是会说话的法律，而法律是沉默的官吏。”同样体现了人对法律理性的服从。近代的（英）洛克也力主“法律主治”，力主法律面前人人平等。他说：“谁握有国家的立法权或最高权力，谁就应该以既定的向全国人民公布周知的、经常有效的法律，而不是以临时的命令来实行统治；应该由公正无私的法官根据这些法律来裁判纠纷；法律一经制定，任何人都不能凭他的权威逃避法律的制裁；也不能以地位优越为借口，放任自己或任何下属胡作非为，而要求免受法律的制裁。”（法）卢梭公开宣称法治国须为人民主权的共和国政体，“我将选择一个立法权属于全体公民的国家作为我的祖国”；他认为，“凡是实行法治的国家——无论它的行政形式如何——我就称之为共和国；因为唯有在这里才是公共利益在统治着，公共事物才是作数的。一切合法的政府都是共和制的”。

（2）现代意义法治原则的形成。19 世纪的英国法学家戴雪通常被视为近代西方法治理论的奠基人，他第一次比较全面地阐述了法治概念。“国法的至尊适用与武断权力相违反”、“人民在法律前之平等”、“凡宪章所有规则，在外国中，皆构成宪法条文的各部分；而在英格兰中，不但不是个人权利的渊源，而且这是由法院规定与执行个人权利后所产生之效果”。戴雪法律主义的法治之意为：人人皆受法律统治而不受任性统治；人人皆须平等地服从普通法律和法院的管辖，无人可凌驾于法律之上；宪法源于裁定特定案件里的私人权利的司法判决，故宪法为法治之体现或反映，亦因此，个人权利乃是法律之来源而非法律之结果。（美）富勒在《法律之德》中将法律之德分为内在之德和外在之德，认为法治是法律内在之德的一部分。在他看来，具备法治品德的法律制度由八大要素构成：一般性、公布或公开、可预期、明确、无内在矛盾、可循性、稳定性和同一性。（英）拉兹也把法治看做法律制度的一种重要品德，他认为，法治有两方面的含义：①人们应该受法律的统治并服从法律；②法律应该让人们能够受其引导。他特别关注法治的第二层含义，为此提出了法治八原则：法律必须是可预期的、公开的和明确的，这是一条最根本的原则；法律必须是相对稳定的；必须在公开、稳定、明确而又一般的规则的指导下制定特定的法律命令或行政指令；必须保证司法独立；必须遵守像公平审判、不偏不倚那样的自然正义原则；法院应该有权审查政府其他部门的行为以判定其是否合乎法律；到法院打官司应该是容易的；不容许执法机构的自由裁量权歪曲法律。（英）菲尼斯在《自然法与自然权利》中指出，法治是法制的一种特定德行，一种法律制度在如下八种意义上体现法治：规则是可预期、不溯及既往的；规则无论如何不是不能够被遵循的；规则是公布的；规则是清楚的；规则是相互协调的；规则是能够足够的稳定以允许人们依靠它们关于规则的内容的知识而受规则的引导；适用于相对有限情形的法令和命令的制定受公布的、清楚的、稳定的和较为一般性的规则的引导；根据官方资格有权制定、执行和适用规则的人，一要对遵循适用于其操作的规则是负责的、可靠的，二要对法律的实际执行做到连贯一致并且与法律的要旨相符合。

（3）马克思主义法治原则。马克思、恩格斯在总结巴黎公社的经验时就指出过：“所有通过革命取得政权的政党或阶级，就其本性说，都要求由革命创造的新的法律基础得到绝对承认，并被奉为神圣的东西。”而“人民遵守法律的首要条件是国家机关不越出法律的范围活动”。列宁也指出党的领导不能包办一切，因为“在党的代表大会上是不能制定法律的，而必须十分明确地划分党（及其中央）和苏维埃的职责”。

如何理解富勒“具备法治品德法律制度的八大要素”？其与戴雪法治观、拉兹法治八原则、菲尼斯八种意义上的法治之异同为何？

5. 法治原则在各国宪法中的体现。法治原则的具体内容一般包括：宪法是国家的最高法律，其他一切法律、法规不得与之相抵触；一切国家机关、组织和个人都必须以之为根本的活动准则；法律面前人人平等；未经正当法律程序，不得剥夺任何人的权利和自由；各国家机关的职权由宪法和法律授予，其权力依法行使；司法独立。

法治原则的体现形式往往表现为三种类型：①在宪法典序言或宪法条文中明确地宣布为法治国家。如现行《葡萄牙宪法》序言规定：“制宪会议庄严宣布：葡萄牙人民决心保卫国家独立，捍卫公民基本权利，确立民主制度的基本原则，确保法治在民主国家中的最高地位。”《土耳其现行宪法》第 2 条规定：“土耳其共和国是一个民主的、非宗教的、社会的法治国家。”②虽不直接运用法治一词，但其他文字或有关条文却清楚地表明该宪法以法治为基本原则。如 1958 年《法国宪法》第 1 条规定：“共和国的口号是‘自由、平等、博爱’，共和国的原则是：民有、民治和民享的政府。”美国、日本等国宪法也是如此。③社会主义国家宪法中法治原则被明确地宣布为宪法基本原则。如宣布宪法为国家根本法、最高法，是一切组织和个人的最高行为准则，也规定了国家的最高立法权属于最高人民代表机关。我国现行《宪法》第 5 条第 1 款规定：“中华人民共和国实行依法治国，建设社会主义法治国家。”

三、宪法基本精神

（一）概述

宪法基本精神（宪法精神或宪法的指导思想）是国家占统治地位的意识形态和特定时代精神在宪法中的反映。

提示

当代中国占统治地位的意识形态是什么？最新的特定时代精神是什么？

1. 我国宪法基本精神的发展变化。

（1）1954 年宪法。该宪法是以党在过渡时期的总路线为基本精神的。1954 年《宪法》在序言中写道：“从中华人民共和国成立到社会主义社会建成，这是一个过渡时期。国家在过渡时期的总任务是逐步实现国家的社会主义工业化，逐步完成对农业、手工业和资本主义工商业的社会主义改造。”

（2）1975 年宪法。该宪法是以党在当时的总路线和政策为基本精神的。其序言指出："社会主义社会是一个相当长的历史阶段。在这个历史阶段中，始终存在着阶级、阶级矛盾和阶级斗争，存在着社会主义同资本主义两条道路的斗争，存在着资本主义复辟的危险性，存在着帝国主义、社会帝国主义进行颠覆和侵略的威胁。"在此基础上，1975 年宪法强调"必须坚持中国共产党在整个社会主义历史阶段的基本路线和政策，坚持无产阶级专政下的继续革命"。这"两个坚持"成为该宪法的基本精神。

（3）1978 年宪法。该宪法是特定历史条件的产物，虽然对 1975 年宪法进行了否定，但还不够彻底、不够全面。在宪法的基本精神方面表现为："在本世纪内把我国建设成为农业、工业、国防和科学技术现代化的伟大的社会主义强国"；要"坚持无产阶级专政下的继续革命，开展阶级斗争"。这使宪法在基本精神上陷于自相矛盾的状态，是 1978 年宪法必须全面修改的主要原因。

（4）1982 年宪法。该宪法以四项基本原则为总的基本精神，并且强调了要不断完善社会主义制度和进行现代化建设，把建设高度文明、高度民主作为国家的奋斗目标。在序言中明确指出："中国各族人民将继续在中国共产党领导下，在马克思列宁主义、毛泽东思想指导下，坚持人民民主专政，坚持社会主义道路，不断完善社会主义的各项制度，发展社会主义民主，健全社会主义法制，自力更生，艰苦奋斗，逐步实现工业、农业、国防和科学技术现代化，把我国建设成为高度文明，高度民主的社会主义国家。"

2. 我国现行宪法基本精神和党在初级阶段基本路线的关系。我国现行宪法基本精神（包括其内容和表达形式）随着时代变化而发展，将党在初级阶段基本路线视为对宪法基本精神的诠释，正好体现了这种发展。在现行宪法基本精神与党在该时期基本路线之间建立起了符合我国政治传统的逻辑联系。基本精神虽然在内容和表述方式上可能还会有发展，但整体将适用于我国社会主义初级阶段整个历史时期。

（二）宪法基本精神在我国现行宪法中的表现

1. 关于四项基本原则。

（1）关于社会主义道路。《宪法》规定："社会主义制度是中华人民共和国的根本制度。禁止任何组织或者个人破坏社会主义制度。"《宪法》还规定："中华人民共和国的社会主义经济制度的基础是生产资料的社会主义公有制，即全民所有制和劳动群众集体所有制。社会主义公有制消灭人剥削人的制度，实行各尽所能、按劳分配的原则。"

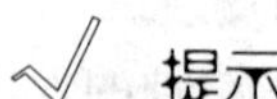

> 谈谈你对"中国特色社会主义法制"与"中国特色社会主义法治"的理解？

《宪法》宣布："社会主义公共财产神圣不可侵犯。"这些规定都十分鲜明地体现和反映了宪法坚持社会主义道路的立场。

（2）关于人民民主专政。《宪法》第1条第1款明确规定："中华人民共和国是工人阶级领导的、以工农联盟为基础的人民民主专政的社会主义国家。"从而确认了我国政权的人民民主专政的性质，坚持了人民民主专政的立场。

（3）关于坚持马克思主义、毛泽东思想。《宪法》第24条规定了要普及理想教育，要在人民中进行爱国主义、集体主义和国际主义、共产主义教育，进行辩证唯物主义和历史唯物主义的教育，反对资本主义的、封建主义的和其他的腐朽思想。

（4）关于党的领导。宪法序言肯定了我国共产党的领导地位，并把坚持党的领导同坚持马克思列宁主义、毛泽东思想和坚持人民民主专政，坚持社会主义道路一起作了规定。

2. 关于改革开放和以经济建设为中心。在序言中将不断完善社会主义的各项制度，将发展社会主义民主和健全社会主义法制作为国家的战略目标进行了确认。在序言中写道："今后国家的根本任务是集中力量进行社会主义现代化建设。"《宪法》第14条的规定也反映了国家工作中心转移到了经济建设方面。该条第1款明确规定："……完善经济管理体制和企业经营管理制度，实行各种形式的社会主义责任制，改进劳动组织，以不断提高劳动生产率和经济效益，发展社会生产力。"1988年4月12日七届人大第一次会议对宪法第10条所作的修正，既适应了经济发展对土地使用的需求，又以国家根本法认可了所有权和经营权分离的理论和实践。

四、宪法典

（一）宪法典的结构

宪法典的结构是宪法典所规定的内容如何进行组合和排列，以构成统一的书面文件，也就是篇章的排列顺序。影响宪法典结构的因素包括：历史条件、民族习惯、文化传统、对其他国家宪法典的借鉴。宪法典的体例或由篇、章、节、条构成，如1918年的苏俄宪法；或由章、节、条构成，如我国历部宪法；或由单一的条构成，如美国宪法。宪法典的整体结构一般包括四个部分：序言、正文、附则、宪法修正案。

（二）宪法序言

1. 序言在各国宪法典中的体现。

（1）影响序言是否存在的因素。这是由制宪者的需要和制宪时的历史条件以及宪法规范的特点决定的。因为有些国家生活的根本性问题有时往往不宜以宪法规范的形式在条文中表达，但又不能不对这些根本问题在宪法中有所反映以表明某种立场或态度，于是宪法序言就产生了。

中国现行宪法典之序言有无法律效力？判断其具有法律效力的标准是什么？

（2）存在形式。世界上绝大多数国家的宪法都有序言，在142部宪法中，有序言的有96部，没有序言的有46部。在有序言的96部宪法中，写明“序言”等字样的有53部，无“序言”字样的有41部。各国宪法序言的长短不一。美国宪法序言只有短短数语，原南斯拉夫宪法序言则洋洋万言，是世界上最长的宪法序言，我国现行宪法序言有1000余字。序言的内容主要是记载国家的斗争历史（更多的是宪政史）、建国宗旨和国家的奋斗目标以及制宪经过、目的和宪法指导思想。

2. 我国现行宪法序言的内容。其简述了国家斗争历史和20世纪以来具有重大历史意义的四件大事；规定了社会主义初级阶段国家的根本任务；确认了四项基本原则和改革开放；强调了宪法的地位和作用。

3. 宪法序言的效力。宪法序言法律效力的有无，应从序言内容是否反映了宪法的内在结构要素考虑，而不能单从宪法典的形式结构去说明。反映宪法内在结构要素（指导思想、基本原则、宪法规范）的序言就具有法律效力。

（三）宪法正文

宪法正文又称宪法本文，是宪法典的主要组成部分。宪法正文一般涉及社会制度、国家制度的基本原则，公民的基本权利和义务，国家机关组织与活动的基本原则，国徽和首都等国家标志以及宪法监督、修改程序等内容。

1. 总纲。总纲在宪法典中又称总则、基本原则。我国现行宪法就有总纲一章，1972年芬兰宪法有总则一章。总纲部分的内容十分重要，它规定的是国家根本制度、基本原则、重要方针和基本国策。我国现行宪法在总纲中规定了国家性质、根本政治制度、国家结构形式、社会主义经济制度和文化制度以及法律制度的基本原则。总纲在宪法典正文中一般是第一章或前面的部分。

2. 公民基本权利与义务。公民基本权利与义务是宪法的重要内容，宪法一般用专门的部分规定公民的基本权利、基本义务以及有关公民基本权利与义务的一般准则。这一部分在宪法典中通常放在总纲之后、国家机构之前。

中国现行宪法典将公民基本权利与义务一章提到国家机构之前有何意义？

我国现行宪法将公民基本权利与义务一章提到国家机构之前有助于强调保障公民的基本权利。从理论上讲，近现代宪法奉行的是主权在民的原则，该原则最基本的要求之一就是保障公民的权利。只有在明确宪政体制和公民的基本权利后，才能在此基础上建立符合宪政体制要求、保障公民基本权利的国家机构，所以将公民基本权利部分安排在国家机构部分之前，是恰当的。

3. 国家机构。国家机构也是宪法的重要内容，这一部分包括各种国家机关的性质、组成、职权、活动原则等内容。我国现行宪法中的国家机构部分，占有很大篇幅，分别规定了中央国家机关、地方国家机关（民族自治地方的自治机关与自治权）。

4. 国家标志。国家标志主要包括国旗、国徽、首都、国歌等，宪法一般只对国旗、国歌、国徽、首都进行简洁的规定。我国历部宪法都是在最后部分规定国家标志的，现行宪法的第四章（最后一章）就是专门规定国旗、国歌、国徽、首都的。

5. 宪法的修改和宪法保障。世界上许多国家的宪法都有专门章节规定有关内容。我国现行宪法并无专门章节规定相关内容。

> √ **提示**
>
> 中国现行《宪法》第64条规定的宪法修改程序是什么？

- 1. 总纲——国家和社会生活诸方面的基本原则
- 2. 公民的基本权利和义务
- 3. 国家机构
  - 全国人民代表大会
  - 中华人民共和国主席
  - 国务院
  - 中央军事委员会
  - 地方各级人民代表大会和地方各级人民政府
  - 民族自治地方的自治机关
  - 人民法院和人民检察院
- 4. 国家标志——国旗、国徽、首都

我国现行宪法正文的基本结构

（四）附则

宪法附则是指宪法对于特定事项需要特殊规定而作出的附加条款。名称一般包括暂行条款、过渡条款、最后条款、特别条款、临时条款或附则、附录等。附则是宪法的一部分，因而其法律效力当然应该与一般条文相同。宪法附则主要有两方面特点：①特定性，即附则只对特定的条文或事项适用，超出上述范围则无效；②临时性，即附则只对特定的时间或情况适用，时间届满或者情况发生变化则其法律效力终止。

（五）宪法修正案

宪法修正案是对宪法典进行补充和修正的法律形式。宪法修正案是由有权对宪法进行修改的机关，依照宪法规定的程序修改宪法的结果，往往以单独的形式附于宪法典之后，或将其内容融于宪法典之中，而成为宪法典的组成部分。

我国现行《宪法》规定，宪法的修改，由全国人民代表大会常务委员会或者1/5以上的全国人民代表大会代表提议，并由全国人民代表大会以全体代表的2/3以上的多数通过。《中华人民共和国宪法修正案》现有31条，主要是对宪法典《序言》、《总纲》部分的修改。第一次是1988年4月12日由七届人大第一次会议所作的修改，共2条；第二次是在1993年3月29日由八届人大一次会议修改通过的宪法修正案，有9个条文；第三次是1999年3月15日九届人大第二次会议对宪法的修改，通过了6条修正案；第四次是2004年3月15日十届全国人大第二次会议通过的宪法修正案，共14条。

五、宪法性法律、宪法惯例和宪法判例

（一）宪法性法律

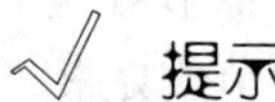

提示

宪法性法律与宪法典、其他法律的区别何在？

宪法性法律是指内容涉及国家的根本问题，有宪法规范存在其中，但形式上又不具备宪法典的最高法律效力和严格的制定与修改程序的法律文件。在英国，宪法性法律是指“对宪法的所有各种解释的总体”，“包括来自所有和生活在宪法之下，并受其规定约束的人们对宪法提供的全部理论和实践”。在美国，虽然宪法性法律被认为是“规定一个国家被承认为独立的国家的政府体制，确定其职权并对其权力的行使加以限制的法律”，但实际指的就是宪法。

宪法性法律的特点主要表现为：是由国家立法机关制定的法律文件，形式上是成文规定，不同于宪法惯例；涉及的国家根本问题只是该国的一部分或一方面而不是全部，如规定公民的某一项基本权利或某一国家机关的组织和职权等的法律；其法律效力低于宪法典，制定与修改程序与其他法律相同，没有特别要求。

在成文宪法结构中，宪法性法律是次于宪法典的宪法形式结构要素的，虽然不可缺少，但起的仅仅是对宪法典的补充作用。在不成文宪法结构中，由于不存在严格意义上的成文宪法（宪法典），宪法性法律是不成文宪法结构中的成文形式，具有重要的意义，它是绝大多数宪法规范、宪法原则和宪法指导思想的载体。

我国的宪法性法律主要是指涉及国家组织、公民基本权利、国家标志等内容的法律文件。包括：组织法、选举法、立法法、集会游行示威法、民族区域自治法、特别行政区基本法、国旗国徽法。

（二）宪法惯例

宪法惯例指的是无成文规定而在一个国家的长期政治生活实践中形成的，内容涉及国家的某一根本问题或某一基本的社会关系的某个方面，且为各宪法主体所遵循或广泛认同的有约束力的习惯和传统的结合。

在不成文宪法国家，宪法惯例是不成文宪法的主要结构形式之一，它在不成文宪法国家（如英国）生活中起着事实上的决定性作用。（法）达维德指出：如果局限于考虑严谨的法而不顾“宪法惯例”，即不顾理论上承认其具有“法律”的性质但统治着英国政治生活的习惯，那就是以一种荒谬的方式描述英国宪法。

在我国，尽管有内容丰富、结构完整的宪法（典）和大量的宪法性法律，但宪法惯例却顽强地生长着，并在国家政治生活中发挥着越来越明显的作用。在现行宪政体制下，国家政治生活中的有些方面不宜在宪法里进行规定，或在宪法中规定的条件尚未完全成熟，有关政治活动只有援遵先例，久而久之便形成宪法惯例。我国现有的宪法惯例包括：为便于政协参政议政，全国人大往往同全国政协同时举行会议；有关国家重大问题的决策，形成了先由政协及各民主党派各人民团体进行协商、讨论，再由国家权力机关依法决定的惯例。

（三）宪法判例

宪法判例是指涉及宪法问题，具有宪法约束力，并能为法院援引作为审理同类案件或为其他宪法主体所遵循的法院判决。形成判例法的主要原因在于：判例中隐含着法律原则和法律规范；普通法系的国家秉承着“遵从先例”的司法传统。

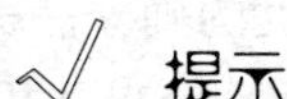

中国有无宪法判例？在当代中国确立宪法判例制度较之美国面临哪些障碍？

最早的宪法判例是1803年马伯里诉麦迪逊案之判决。本案起因于美国第二任总统亚当斯与第三任总统杰弗逊之纠葛。亚当斯于任满离职之前，提名马伯里等人担任D. C（华府特区）之治安法院法官，参议院在亚当斯总统任满前一日同意此提名。亚当斯总统随即签署了此任命案，但未能即时发布人事令。及至新任总统杰弗逊就职后，立即指示国务卿麦迪逊不予承认前总统之任命案，并撤销此未经发布之人事令，马伯里因此依据国会1789年制定的司法组织法，向联邦最高法院申请执行令，请求联邦最高法院命令国务卿发布其人事令。本案争论焦点在于：原告马伯里是否有权接受业经总统签署，但没有发布人事令之任命。就本案性质看，是否得以提出法律救济，联邦最高法院是否有权，可以依原告之申请，竟自发布执行令。法院判决及其理由如下：①原告马伯里有权接受此一任命案。因人事任命案的生效要件，并非以其是否发布为要件。系争之人事案既经总统提名，参院同意，再经总统签署，则被任命人即得到“法律上被赋予之权”，应予保障。②法院有权审理此案。首席大法官马歇尔将行为之属性区分为政治行为与法律行为两类，而政治行为应由政治过程去解决，个人权利涉及法律明定之义务时，法院得依法受理并提供法律上之救济。就本案而论，原告马伯里既有权接受此任命，国务卿麦迪逊拒予发布之行为，显然违反法律所课予的义务，系属法律行为，法院应予受理，并寻求适当之救济措施。③联邦最高法院无权依原告之申请强行发布执行令。倘若联邦最高法院有权发布此执行令，其所依据之法律权源系1789年制定司法组织法第13条之规定，该条赋予联邦最高法院向联邦官员发布执行令之权限。然而发布执行令不属宪法第3条第2项第1款所列举事项（司法权的适用范围包括：由于本宪法、合众国法律和根据合众国权力已缔结或将缔结的条约而产生的一切普通法的和衡平法的案件；涉及大使、公使和领事的一切案件；关于海事法和海事管辖权的一切案件；合众国为一方当事人的诉讼；两个或两个以上州之间的诉讼；一州和他州公民之间的诉讼；不同州公民之间的诉讼；同州公民之间对不同州让与土地的所有权的诉讼；一州或其公民同外国或外国公民或国民之间的诉讼），该法第13条显然抵触宪法，任何法令若与宪法抵触，均属无效。马伯里诉麦迪逊案确立了以下具有开创性的制度和原则：

1. 司法审查制度的确立。美国制宪的根本原理在于防范任何一个国家机关权力过于集中与专断，寻求其相互制衡，以保障人民基本权利为设计的总方针，因此“权力分立”与“权力制衡”成为美国宪政的根本原则。然而三权分立之下的司法权中，所谓违宪审查制度在立宪之初都未能成形，马歇尔法官在本案之判决中，宣示联邦最高法院就法律是否合乎宪法或违反宪法，即所谓合宪争议性问题有权予以审查，并对违宪法律不予适用之后，本于英美法“先例拘束”原则，违宪审查权才以“既经确立之事实”之形态形成而逐渐确立。

2. 宪法优越性概念的确立。宪法是根本大法，凡与宪法抵触之法律均属无效，此基本法理，为法治国家之社会准则。马歇尔在本案之审理中展开了对“宪法是高于一般法律的最高法律规范”的理论阐述。马歇尔认为：①《宪法》第3条第2项第2款的立法目的，在于限定联邦最高法院初审管辖权之范围仅及于“关于大使，公使，领事及一州为当事人时之案件，此一立法旨意任何机关不得以任何手段更改其限制”。②至于同条款后段所言，系指除前段所列案件之外，联邦最高法院拥有上诉审管辖权。但国会可另立法，予以改变。宪法只赋予国会立法可以更动联邦最高法院上诉审管辖权之部分。③发布执行令（即强制联邦政府或其官员、职员履行其对原告的义务，而向该官员、职员发布之司法性裁判，地区法院对此有初审管辖权）不属宪法所列举联邦最高法院初审管辖之事项，因此《司法组织法》第13条违宪。最终本案以判例形成，确立了宪法优越性——国家最高之法律，任何法令若与宪法抵触均属无效。

3. 政治问题不审查原则之确立。在阐述执行令之本质时，马歇尔肯定此乃法院审查公务员行政行为时，对不正之行政行为受害者，所提供的法律救济措施。但他同时提出三点立论：总统及其幕僚首长涉及政治性质之事物不受司法审查之监督；联邦宪法及法律明定属于总统及其幕僚首长行政裁量范围内之事物，不受司法审查之监督；对于联邦宪法或法律明文课予总统及其幕僚首长之法定义务，法院有依法执行上述义务之权力。法院审查特别之法定义务，并未侵犯总统在宪法上之任何行政权能。本案判决文中如此记载：“……按联邦宪法赋予总统若干重要政治权能，总统得以自己的裁量权行之，仅以其政治资格向国家负责。为执行这些职务，总统有权任命若干官员。……这些官员本此而为的行政行为具有政治的性质，……绝非法院可加以审理的。”又称：“……法院之管辖，仅限于决断有关个人权利事项，至于行政官员本于行政裁量权之职务……法院不能加以审查。其性质上属政治问题，或依宪法或法律赋予行政机关执掌之问题不得向法院提起诉讼。”

1803年马伯里诉麦迪逊案的判决不但对形成违宪审查制度起了关键性作用，也对法院是否可以审理政治性争议问题起了决定性的前例。考察美国宪政史、从本案提出“政治问题不审查原则”起，数百年来，美国法院对司法审查制的自我约制，使得联邦最高法院从不卷入政治斗争的旋涡，无疑是本案最深远的影响。

我要复习！

好，本单元的基本知识点学习完了，让我们在这里来复习一下吧。

你一定要知道的（如果已掌握请打钩）：

宪法规范的独有特征 □

四大公理性宪法基本原则 □

当代中国宪法基本精神 □

中国现行宪法典之“总纲”部分 □

1803年马伯里诉麦迪逊案 □

学习单元三 宪法创制

宪法创制是创设和变更宪法规范的活动，具有过程性的特点。主要包括宪法制定、宪法修改和宪法惯例的形成、宪法判例的创设等形式。

一、宪法制定

（一）概述

> 提示
>
> 宪法制定较之其他宪法创制活动的异同点为何？

宪法制定即制宪、立宪，它是指特定社会主体根据特定原则和程序创造宪法的活动。宪法制定作为一种宪法创制活动与其他宪法创制活动既有联系又有区别。宪法制定与其他宪法创制活动一样都能导致宪法规范的产生或变化，但在深度和广度上的表现却不尽相同。宪法制定是制宪权最直接、最典型的运用，最能从本质上反映制宪权的性质；其他宪法创制活动对制宪权的运用和表现则较为间接，并停留在现象层面。宪法制定是最完整、最健全的创制宪法的活动。

首先，就创制宪法的过程而言。宪法制定既包括获得政治上的正当性（合法性）的环节，又包括法律上合法性的那些环节。其他的宪法创制活动和形式，主要是表现在法律上合法性的那些环节。其次，就创制宪法的结果而言。宪法制定的结果是成文宪法，没有成文宪法或者该成文宪法不能生效的所谓宪法制定是不完整的或是没有意义的。其他的宪法创制活动在结果上都不具有这种完整性。最后，就创制宪法活动的独立性而言。宪法制定的结果是成文宪法，是独立的创制宪法的活动。其他的宪法创制活动主要是对成文宪法的完善和补充，必须以成文宪法的存在为前提，因而没有独立性，只具有派生性和补充性。从形式上看，其他的宪法创制活动更接近于立法。

（二）制宪权

制宪权即立宪权，是特定社会主体根据特定原则和程序创造宪法的权力。宪法是组织国家的根本法，制宪权在逻辑上先于国家，是不以国家和国家权力的现实存在为前提的本源性权力。制宪权的运用正是统治阶级利用掌握国家政权的便利寻求其根本利益和意志合宪化、合法化的制度设计和安排。

1. 特点。

（1）制宪权是主权性权力，具有崇高性，不受宪法更不受其他法律的限制和约束。国家权力及其具体形态是主权的表现或派生的权力，应该受宪法和法律的严格约束。

（2）制宪权主体的包容性，决定了制宪权在政治上的正当性。作为制宪权主体的人民，不管阶级性如何，总是被特定时期政治共同体（国家）的成员认同或接受的社会阶层、阶级。

（3）从制宪权行使的结果上看，它具有法律上的权威性。宪法是制宪权追求的目的和必然的结果，宪法的根本法地位反映了制宪权的权威性。

（4）从社会政治共同体（国家）的构成上看，制宪权具有排他的统一性或唯一性。在一个主权国家，只有一个具有政治上正当性（合法性）的制宪权。

2. 制宪权与立法权的关系。制宪权是指制定宪法的权力，其主体为人民，不受任何限制，属于主权的范畴；立法权是指由宪法所创立的权力，它是依宪法而设立的权力（包括立法权、行政权和司法权等），要受宪法的约束，只能根据宪法来行使。一般特指制定普通法律的权力，它源于制宪权。

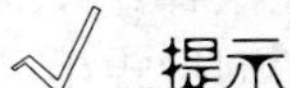

基于人民主权原则，“国家——制宪——政府——立法”这样的逻辑先后顺序能否成立？进而尝试运用制宪权理论来解析“九二共识”的宪法内涵？

就宪法实践而言，两者表现不一：①制宪权与立法权有明显区分，制宪权由特定立宪机关行使，而立法权属于议会，如美国、法国等；②制宪权与立法权无区分，都由立法机关行使，如英国；③制宪权与立法权都由最高国家权力机关行使，但二者存在程序上的差别，如当代中国。

（三）制宪权主体与制宪机关

1. 制宪权主体。制宪是一种主权行为，制宪主体则是国家主权的所有者。制宪权主体属于国民，人民掌握国家主权。美国宪法、德国基本法和日本宪法在序言中都明确表明了制宪权主体是国民，并规定了国民行使制宪权的方式。

人民成为制宪权主体并不意味着全体国民直接参与制宪，具体行使制宪权，而是通过间接民主的形式，或主要是通过间接民主的形式制定宪法。于是，人民作为制宪主体总是通过特定的机构如制宪会议等从事制定宪法的工作。因此，享有制宪权的主体与具体行使制宪权的主体不是同一概念。制定宪法的组织、机构（制宪机关）不是真正的制宪主体。

2. 制宪机关。制宪机关是直接行使制宪权、创制宪法的机关。如制宪会议、国民会议、立宪会议等，不同于一般的议会或民意机关，因为它不受旧宪法的约束，具有政治会议的性质。制宪机关在制定宪法过程中，有的拥有完整的制宪权，可以直接通过宪法，有的则没有完整的制宪权，需要经过特别的批准程序。

制宪机关在制定宪法时，有的还要成立宪法的起草机构，负责宪法文本的起草工作。制宪机关与宪法起草机构存在着明显的区别：前者一般是常设的，后者为临时性的；前者是行使制宪权的国家机关，后者只是具体工作机构，不能独立行使制宪权；前者有权批准宪法，后者无此权；前者经公民选举产生，具有民意基础，而后者经任命产生。

各国制宪机关的种类也是各异的。有的是在夺取政权的革命胜利后，或根据革命过程中颁布的纲领性文件，或直接以人民的名义组织制宪机关，如制宪会议、宪法大会等制定宪法；有的是在摆脱殖民统治以后，根据获得独立的有关政治文件或过渡性法律组织制宪机关制定宪法，如1949年印度宪法的制定；有的是在国家政治转型过程中，根据国家政治转型的需要，成立宪法制定机关，在旧宪法的体制外重新制定宪法，如法国第五共和国宪法的制定。

各国宪法就制宪机关的规定也不尽相同。或直接规定制宪机关，如《美国宪法》第7条规定："经9个州制宪会议的批准，即足以使本宪法在各批准州成立。本宪法……经出席各州在制宪会议上一致同意后制定。"或没有在宪法中规定制宪机关仅提及宪法的制定，如《日本宪法》只是在序言中指出："日本国民通过正式选出的国会代表而行动，为了我们及我们的子孙，确保各国人民合作之成果及我国获得自由之惠泽，决心根绝因政府行为而再度酿成战祸，兹宣布主权属于人民，并确定本宪法。"

提示

尝试比较"制宪权主体、制宪机关、宪法起草机构"之间的关联与区别？

3. 我国的制宪权主体与制宪机关。1954年宪法的诞生，标志着我国的制宪机关由全国政协转移到了全国人大。1953年1月，中央人民政府委员会一致决定成立以毛泽东为主席的宪法起草委员会，起草五四宪法。该宪法草案经全民讨论后于1954年9月20日在全国人大第一届全会上一致通过。五四宪法的制定是新我国成立后制宪权的唯一一次行使。虽然我国宪法并没有明确规定全国人大为制宪机关。但全国人大就是我国的制宪机关，而人民为制宪权主体。

（四）制宪程序

制宪程序是宪法的制定程序，是制宪机关在创造宪法时须遵循的具体步骤和阶段。

1. 组织制宪机关，设立宪法起草机构。制宪机构的组成具有广泛的代表性，如1953年我国为制定宪法而成立了以毛泽东为首的宪法起草委员会。

2. 提出宪法草案。包括宪法草案的起草和讨论等具体阶段。宪法草案的起草要遵循一定的指导思想或原则，以保证其合理性。制宪机构在起草宪法草案时，在基本宪政模式的选择、公民的宪法地位、基本的政治经济文化制度等方面首先要确立原则，以便具体起草机构在起草工作中贯彻实施。

我国1954年宪法在制定过程中就确立了民主集中制原则，将领导意见与群众意见相结合，使宪法的起草具有了很好的民意基础。1954年，宪法起草委员会提出初稿后，在北京和全国各大城市组织民主党派、各人民团体和社会各方面代表8000余人，花了两个多月对宪法草案初稿进行了认真讨论，共收集了5900条意见。宪法起草委员会在上述工作的基础上，又讨论了6次，形成向中央人民政府委员会提交的宪法草案，之后在6月16日~9月11日交全民讨论，收集了1 180 420条修改和补充意见，为宪法草案的最后定稿提供了坚实的民意。

3. 通过宪法草案。一般由代议机关议决通过。为保证宪法的权威和稳定性，大多数国家对宪法草案的通过程序有严格规定，即一般规定制定宪法要获得国家代议机关成员的2/3或3/4以上的多数赞成通过。《美国宪法》第7条规定，经9个州制宪会议的批准（针对总共13个州），即足以使本宪法在各批准州成立。韩国1948年宪法曾经过三读程序，最后由国会通过。有些国家还需要全民公决、国民投票等形式。

4. 公布宪法。一般由国家元首或代议机关公布，宪法至此方正式生效。阿拉伯也门共和国永久宪法由共和国主席公布生效，巴林国宪法由君主埃米尔以真主名义公布。在我国，通过和公布宪法的机关都是全国人大，1954年宪法就是由全国人大第一届全会通过并自通过之日生效的。

二、宪法解释

（一）含义

宪法解释是指依据一定的标准或原则对宪法的条文（包括宪法原则、规范等）所作的说明。或为便于宪法的实施而对宪法本身存在的缺漏进行说明，或就法律性文件和特定行为是否违背宪法而作说明。其目的在于：阐明宪法规定的含义，保证宪法的准确适用；维护法制统一和宪法尊严；弥补宪法因时代变迁而产生的不足，以便宪法以合宪的形式较好地发展。

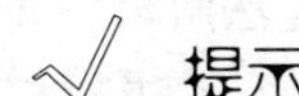

宪法解释的标准是什么？尝试分析马歇尔法官在1803年马伯里诉麦迪逊案中如何适用“扩充解释”与“限制解释”？

1. 广义的宪法解释。是指一切社会主体对宪法的意思的理解和说明。既包括对已存在但已失效宪法的解释，也包括对已存在但未生效或已生效宪法的解释；既指法定解释机关对宪法的有权解释，也指普通公民、社会组织对宪法的无权解释，甚至包括学者出于研究需要对宪法的任意无权解释。

2. 狭义的宪法解释（有权解释）。仅指法定解释机关根据法定程序对已存在且生效宪法的意思的理解和说明。其具有以下特点：①有法定的解释者。即按照宪法规定享有宪法解释权的特定国家机关，任何无宪法授权的社会组织和个人都不是宪法解释机关。我国的宪法解释机关为全国人大常委会，当今俄罗斯的宪法解释机关为宪法法院。②有特定的解释对象。即为已存在且发生效力的宪法，凡对宪法草案的说明和宪法典或宪法性法律中附则部分对所使用术语的阐释都不是宪法解释。③遵循法定的解释程序，并表现于法定的法律文书。④与宪法本身具有同等的宪法效力。⑤是宪法实施和实现的前提和必要条件，但它本身不属于宪法实施和实现。

（二）宪法解释的主体

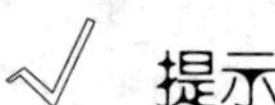

立法机关解释宪法、普通司法机关解释宪法、专门机关解释宪法各自利弊为何？

1. 立法机关的宪法解释（立宪解释）。即由具有立法和制宪权力的国家机关作为宪法解释的机关，并按立法程序对宪法进行解释。宪法解释权只能由立法机关行使，其他任何机关或个人对宪法解释均为非正式解释。宪法解释必须按立法程序进行，立法机关既可主动对宪法进行解释，又可应其他机关或政党等的请求进行解释。从宪法解释的形式上看，宪法解释既可单独以立法机关的决议、决定的形式出现，也可寓于立法机关的立法文件之中。宪法解释具有普遍的约束力。《厄瓜多尔宪法》第189条规定，只有国会才有权对宪法作出有普遍约束力的解释，并对宪法规定发生疑义的任何令状的意义有解释之权，且只有国会有宣布法律或立法命令是否违宪的权力。泰国、朝鲜、古巴等也采用此类解释。

2. 司法机关的宪法解释。即由普通司法机关行使宪法解释权，并按司法程序对宪法进行解释。经宪法授权或宪法惯例认可的普通司法机关享有宪法解释权，其他国家机关或社会团体对宪法的解释属非正式解释。按司法程序对宪法进行解释，一般遵行不告不理的原则。宪法解释寓于审判之中，只有具有司法性质，即只解释法律问题不直接涉及政治问题。该解释只对审理的某一具体案件产生法律效力，一般没有普遍的约束力。源于美国，后为许多国家所仿效。如1946年《日本宪法》第81条规定："最高法院为有权决定一切法律、命令、规则以及处分是否符合宪法的终审法院。"

3. 专门机关的宪法解释。即由依据宪法或其他宪法性法律的授权成立的专门机关行使宪法解释权，宪法解释具有专门性、权威性特点。或由宪法法院进行解释，如德国、奥地利、意大利等；或由宪法委员会进行解释，如法国。这些专门机关有权处理宪法争议，并就其中相关宪法条文含义进行解释。

（三）宪法解释的方法

宪法解释的方法是指具体解释宪法的技术手段。包括以下几种：①语义解释。即对宪法条文中的术语、概念的含义进行的理解和说明。可分为：字面解释，按照宪法条文的字面含义进行实事求是的解释；扩充解释，对宪法规定所做的广于宪法条款文字含义的解释，以使其更符合立宪原意；限制解释，对宪法规范所做的窄于该含义的解释，也是使其符合立宪原意。②文法解释。即用文法规则分析宪法规范的文字排列、联系及标点符号和句子成分，以解释宪法规范的内容和含义。③逻辑解释。即运用逻辑学的方法，对宪法规范的内容以及所用概念的内在联系的分析，阐明宪法规范的含义，以避免前后矛盾，求得对宪法规范的一致理解。④历史解释。即通过研究宪法制定的历史条件，制宪机关对宪法草案的报告和报刊的讨论，对比历史上的宪法规范，来阐明宪法规范的含义。⑤社会学解释。即运用社会学的方法来考察解释可能导致的社会效果，以确定最终的宪法解释。⑥系统解释。即从一个宪法规范与其他规范的联系以及这一规范在整部宪法的地位来阐明宪法规范的内容和含义。

（四）宪法解释的作用

> **提示**
>
> 你怎样看待“以宪法解释为原则，以宪法修改为例外”这种观点？

1. 有利于宪法的实施和实现。宪法是国家的根本大法，其规范条文形式简单、概括，并具有相对的稳定性，而由于人们所处社会地位的不同和法律文化素质的差异，人们在实施宪法的过程中难免发生对宪法规范的不同理解。为统一人们的认识，树立宪法的权威，保证宪法的实施和顺利实现，就有必要进行宪法解释，以明了宪法的基本精神和原则，把握立宪者制宪的真实意图和宪法条文的准确含义。

2. 有利于宪法的发展完善。由于社会生活的复杂多变，和人们认识水平的局限性，立宪者在具体设计宪法条文时也难免考虑不周，从而出现宪法的漏洞和不完善，一旦在宪法实施中发现这些漏洞和不完善就需要进行宪法解释，以适应不断发展变化的社会需要；社会生活的不断发展变化和社会政治力量关系的不断调整也提出了进行宪法解释的任务。

3. 有利于宪政实践和国家法制统一。宪法是国家的根本大法，具有最高的法律效力，一切法律文件必须合宪，一切社会主体必须以宪法为最高行为准则。要判明不同类型的法律文件是否合宪，是否存在与宪法相违背、相抵触的情况，这就需要进行宪法解释。同时，在宪法实施过程中，国家机关及其工作人员对法律和宪法的适用会发生分歧，甚至出现违宪行为，这也有赖于宪法解释，以维护宪法尊严，保证国家法制统一。

（五）宪法解释的原则和程序

1. 原则。

宪法解释的原则是什么？如何理解“原意解释”与“适应社会现实需要解释”？

（1）必须符合宪法的根本精神和基本原则。因为它们最集中地反映了主权者和统治阶级的根本意志和利益诉求，其中宪法精神是宪法的灵魂，基本原则是基本精神的直接体现。如美国以联邦制、民主和三权分立制为基本原则，联邦德国以民主、联邦制和法治为基本原则，这些国家的宪法解释就不得违背它，否则为违宪行为。

（2）必须符合依法解释原则。解释者必须按法定的权限和程序解释宪法，这样才能保证宪法解释的科学、合理和有效。

（3）符合制宪目的的原则。任何一部宪法都有其制定的目的，以及为实现其目的而提出的根本任务，因此解释宪法不仅要以宪法条文的字面意思为依据，还要特别关注制宪的目的。

（4）适应社会发展需要原则。即宪法必须与社会现实相协调相一致。

（5）系统解释原则。即从整体上、联系上下文的关系上对宪法进行解释，以从内容、结构和根本精神上真正把握宪法的真实意思。

2. 程序。采用立法解释的，适用立法程序或宪法规定的特别程序，由立法法或特别程序法规定；采用司法机关解释的，适用普通法律的诉讼程序，结合诉讼法的规定进行；采用专门机关解释的，一般由相应的组织法对程序予以规定。

（六）我国宪法解释制度

1. 性质。我国的宪法解释制度属于立法机关解释宪法体制。这种宪法解释体制在我国首先是由1978年宪法予以确认和建立的，该宪法规定，全国人民代表大会常务委员会有权“解释宪法和法律”，从而第一次以根本法的形式确认了我国宪法解释的机关为全国人大常委会。

2. 发展历程。

（1）1954年宪法。对宪法解释没有明确规定，而只规定全国人大负责监督宪法的实施（第27条第3项）和全国人大常委会有权解释法律（第31条第3项）。监督宪法的实施必然包含着对宪法的解释，解释法律也可理解为对宪法的解释，1954年宪法颁布后的宪法解释工作实际上一直由全国人大常委会以法令的形式进行。

（2）1975年宪法。删除了全国人大关于监督宪法的实施的职权，而只保留了全国人大常委会有权解释法律的规定（第18条）。

（3）1978年宪法。不仅明确规定了全国人大有权监督宪法和法律的实施

（第22条第3项），而且把解释宪法和法律作为全国人大常委会的职权予以明确化（第25条第3项），从而明确确立了我国宪法解释的体制。

（4）1982年宪法。在确认1978年宪法有关规定的基础上，还增加了新的内容，扩大了全国人大常委会的职权，它不仅规定了全国人大有权监督宪法的实施，全国人大常委会有宪法解释的权力，还增加规定了全国人大常委会监督宪法实施的职权（第67条第1项），这使得我国宪法解释体制更趋具体和完善。

3. 我国全国人大常委会有权解释宪法的原因。

（1）全国人大常委会是全国人大的常设机关，在全国人大闭会期间行使国家最高权力，同时与全国人大共同行使国家立法权。因此，它最了解宪法的根本精神，最便于阐明宪法的内涵，这有利于宪政和法制的统一。

如何进一步充实、完善我国全国人大常委会解释宪法制度？

（2）按照现行宪法的规定，全国人大常委会与全国人大共同行使宪法赋予的监督权，而监督宪法必然涉及对宪法的解释问题；全国人大常委会有权解释法律，有权撤销国务院制定的同宪法、法律相抵触的行政法规、决定和命令，有权撤销省、自治区、直辖市国家权力机关制定的同宪法、法律和行政法规相抵触的地方性法规和决议，这也会涉及对宪法的解释问题。

（3）全国人大常委会解释宪法，还符合宪法解释自身所需的经常性和专业性特点，因为全国人大常委会每两个月一次例会，设有若干专门委员会，其组成人员有专职的，其中不乏法律专家。

4. 我国宪法解释的表现形式。

（1）全国人大及其常委会的立法解释，是我国宪法解释的最主要形式。全国人大及其常委会根据宪法制定的基本法律和其他法律，就是在具体阐释宪法的内涵和精神，如系列组织法就是具体阐释宪法关于国家机构的组织和活动原则方面的规定，又如《宪法》第26条规定："国家保护和改善生活环境和生态环境，防治污染和其他公害。国家组织和鼓励植树造林，保护林木。"而《环境保护法》等就是对宪法该条的解释性说明。

（2）全国人大常委会通过决定、决议的形式解释宪法。如1983年9月2日第六届全国人大常委会2次会议通过了《关于国家安全机关行使公安机关的侦查、拘留、预审和执行逮捕的职权的决定》，就是对现行《宪法》第37条、第40条关于公安机关职权的补充解释，因为现行宪法无国家安全机关职权的明确规定。

（3）宪政实践中形成的宪法惯例也是对宪法解释的表现。如我国宪法并无宪法公布机关的明确规定，但五四宪法就是由全国人大主席团以全国人大公告的形式予以公布的，历部宪法都是如此，这便形成了我国宪法公告的宪法惯例。又如我国《宪法》第82条第2款规定："中华人民共和国副主席受主席委托，可以代行主席的部分职权。"但我国宪法和法律并无关于副主席可代行主席职权的内容，而实践中已多次出现副主席代行主席关于接受外国使节的职权，其他职权由主席行使。

（4）在我国，国务院和省级国家权力机关也实际上行使着部分解释宪法的职权。根据我国《宪法》第89条第1项、第100条和第116条的规定，国务院有权根据宪法和法律，规定行政措施，制定行政法规，发布决定和命令；而省级人大及其常委会在不同宪法和法律及行政法规相抵触的前提下，可制定地方性法规，民族自治地方还可制定自治条例和单行条例。所谓"根据宪法"和"在不同宪法相抵触"的首要问题就存在对宪法规范的理解问题，即宪法的解释问题，当然这类宪法解释的效力要低于全国人大及其常委会立法解释的效力。

5. 我国宪法解释制度存在的不足及其改进。

（1）在全国人大体制内应设立专门的宪法解释工作机关，并配备专业人员，以协助全国人大常委会在宪法解释方面的工作，毕竟全国人大常委会并不是宪法解释的专职机关，宪法解释工作有待经常化、制度化。

（2）抓紧制定宪法监督法和宪法解释法，将宪法解释的原则、方法和程序以专门法律的形式固定下来，使宪法解释有法可依，促进法制化进程。

（3）加强宪法解释方面的学术研究，增强公民的宪法意识和宪政观念，从理论和思想观念上为完善我国的宪法解释制度服务。

三、宪法修改

（一）概述

1. 定义。宪法修改是指由宪法规定的机关，按照宪法规定的程序对宪法进行变更的一种制宪活动。狭义的宪法修改是指宪法正式施行后，发现部分或全部规定与实际需要不相适应，由有权修改的机关依据特定的程序，对宪法的部分条文所作的重订、修订或做部分的增删等活动。广义的宪法修改除直接变动宪法文本的方式外，还包括对宪法的"无形修改"，也就是通过宪法解释、宪法惯例等方式，在不改变宪法文字的情况下，使宪法的内涵发生实际上的变化，也叫"宪法的变迁"。

提示

如何理解宪法修改的成本？你怎么看待"能解释的就不修改，不能解释的才修改"这种观点？

2. 宪法修改与宪法制定。宪法修改与宪法制定都是由特定有权机关按照一定原则和程序创制宪法的活动，但二者也有明显的区别：①在形式上。宪法制定是创制整部宪法的活动，其活动发生于此宪法颁布生效前的立宪阶段；而宪法修改发生于宪法颁布生效后的宪法实施阶段，是对整部宪法某些条款或局部的删减活动。②在实质上。制定宪法的权力源于国家权力的性质，与国家政权关系密切，只要国家政权没有发生根本性变化，宪法所规定的基本社会制度和宪法根本精神没有根本改观，宪法无论怎样修改，都不会影响立宪权，立宪权是一种原生性权力，而修宪权则是一种派生性权力，它源于立宪权，由已生效宪法规定修宪的主体和程序等。在我国，五四宪法的制定属于立宪范畴，而七五宪法、七八宪法、八二宪法的创制都属于修宪范畴。再如 1958 年法国宪法相对于 1946 年法国宪法而言，也属于修宪范畴，原因是五八宪法扩大了总统权力，宪法的通过方式也由议会投票改为全民投票，但法国的资本主义共和制并没有变。

3. 宪法修改与宪法解释。宪法修改与宪法解释都是由特定的有权机关按照法定原则和程序创制宪法的活动，且一般发生在宪法颁布生效后的宪法实施阶段，都没有改变现行宪法所规定的基本社会制度和宪法的根本精神，但二者也有区别：①宪法解释属于解释学的范畴，它是对宪法规定和条文做语言学、逻辑学、社会学或历史学意义上的分析和说明，并不因此而增删宪法条款；而宪法修改属于立法学的范畴，它是对宪法条款中不适应社会发展需要的部分进行增删和变更，因此在量上对宪法产生了影响。②宪法解释所受的限制更多，它要忠实宪法原意，不涉及宪法的逻辑结构、内容和原则的任何变化；而宪法修改只要不动及宪法所规定的社会制度和根本精神，就可在宪法逻辑结构和内容条款上作局部的调整。

4. 特点。

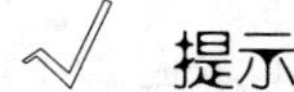

提示

你怎么理解“宪法修改是宪法制定的一种派生”？

（1）宪法修改的机关是宪法授权的特定机关。宪法是国家根本法，是国家基本政治制度、社会制度和法律制度的法律基石。宪法的修改是牵一发而动全身的事，只有宪法授权的修改机关才能对宪法进行修改。从各国宪法的规定来看，宪法的修改机关主要有两种情形：①一是宪法授权的特定国家机关，主要是国家的立法机关；②根据宪法修改的需要，宪法专门设立的宪法修改机关。宪法修改是宪法制定的一种派生，它本身是由制宪权决定的，因此宪法的制定主体、宪法的制定机关在理论上也应该享有宪法的修改权并能修改宪法。

（2）宪法修改必须严格按照宪法规定的程序进行，而且宪法修改的程序较之一般法律的制定和修改程序更为严格。

(3) 宪法修改的变更或修改对象是具有根本法形式特征的宪法。既包括宪法规范的内容变更，也包括宪法规范形式的变更。

(二) 宪法修改的作用

1. 使宪法的规定适应不断变化发展的社会政治经济和文化状况的需要。人类社会总是不断发展变化的，而立宪者对社会形势的认识和判断总有考虑不周和失误之处；而宪法作为法律规范的一种，其基本功能就是协调、规范社会关系，以维持正常、公正和有序的社会秩序，宪法也只有与社会现实相适应才能发挥对社会关系的调整作用，宪法修改在一定程度上就能有效地协调宪法、立宪者与社会现实之间的动态关系。

2. 弥补宪法规范在实施过程中出现的漏洞。立宪者受主客观条件的限制，在形成宪法规范的过程中，极有可能因考虑不周导致宪法规定的漏洞，因而需要以宪法修改的方式予以补充和完备。

我国 1954 年《宪法》第 24 条第 2 款规定："……如果遇到不能选举的非常情况，全国人民代表大会可以延长任期到下届全国人民代表大会举行第一次会议为止。"这一规定对于由什么机关来决定出现了"非常情况"，以及"非常情况"在消失后的多长时间内必须进行选举工作并没有明确规定。1966 年 7 月 7 日，第三届全国人大常委会第 33 次会议通过了《关于第三届全国人大二次会议改期召开的决定》，决定第三届全国人大二次会议延期举行，这一决定致使全国人大的会议延期到 10 年后的 1975 年召开。1975 年《宪法》和 1978 年宪法对这一问题的规定存在更大的漏洞：1975 年《宪法》第 16 条第 3、4 款规定："……在特殊情况下，任期可以延长。……在必要的时候，可以提前或延期。"1978 年《宪法》第 21 条第 2、3 款规定："……如果遇到特殊情况，可以延长本届全国人民代表大会的任期，或者提前召开下届全国人民代表大会。……在必要的时候，可以提前或者延期。"1982 年《宪法》第 60 条第 2 款则对此问题做了较为完备的规定："……如果遇到不能进行选举的非常情况，由全国人民代表大会常务委员会以全体组成人员的 2/3 以上的多数通过，可以推迟选举，延长本届全国人民代表大会的任期。在非常情况结束后 1 年内，必须完成下届全国人民代表大会代表的选举。"

(三) 宪法修改的限制

1. 内容上的限制。即指宪法所明文规定的某些内容条款不能成为被修改的对象。

(1) 宪法所确立的国家根本制度、基本精神和原则不能成为被修改的对象。如 1962 年《科威特宪法》第 175 条规定："除有关埃

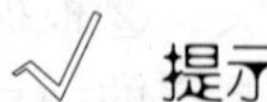

我国现行宪法有没有哪些内容条款事实上是不能被修改的？

米尔统治的称号或者增加自由和平等的保证外，关于本宪法规定的有关科威特埃米尔制度及自由和平等原则的条款，不得建议加以修改。”1949 年《联邦德国基本法》第 79 条第 3 款规定：“对本基本法的修正案，不得影响联邦按州划分之原则，各州参与立法的原则或第 1 条和第 20 条规定的基本原则。”《挪威宪法》第 112 条规定：“修正案决不能同本宪法所包含的原则相抵触，只能在不改变宪法精神的前提下对某些具体条款进行修改。”

（2）国家的领土范围和政体等不能成为被修改的对象。如 1958 年《法国宪法》第 89 条第 4 款规定：“如果有损于领土完整，任何修改程序均不开始或者继续进行。”意大利《1947 年宪法》第 139 条规定：“共和政体不得成为宪法修改之对象。”

（3）宪法中的某些特殊条款不能被修改，如修改须经全民复决。如 1974 年《缅甸宪法》第 194 条第 1 款规定：“本宪法的序言、第一章的第 1 条和第 4 条，第二章的第 5 ~ 9、11 ~ 12、14、18、21 条，第三章的第 28 ~ 29 和 32 条，第四章的第 41、44、46 条，以及第十五章的第 194 条，须经人民议会以全体人民代表 75% 的多数通过，然后又在全国公民投票时获得过半数赞成票，方可修改。”

2. 时间上的限制。

（1）消极限制，即规定不得进行宪法修改的时间限制。或规定宪法颁布实施或修改后的若干年内不得修改宪法。如法国 1791 年宪法规定，宪法的任何部分于该宪法成立后第一、二届议会的任期内，概不得由议会提议修改；巴拉圭 1940 年宪法第 94 条规定，本宪法公布后 10 年内不得为全部之修改。或规定在特定时间或时期内不得修改宪法。如比利时宪法第 84 条、卢森堡宪法第 115 条等规定在摄政时期不得修改宪法；法国 1946 年宪法第 94 条规定，法国本土领土之全部或一部为外国军队占领时，不得修改宪法。

（2）积极限制，即规定宪法应当定期修改。如葡萄牙 1919 年宪法第 82 条规定，宪法每隔 10 年修改一次；波兰 1921 年宪法第 125 条规定，宪法每隔 25 年至少修改一次。

3. 内容和时间上的限制。有些国家宪法对宪法修改的内容和时间同时作出限制。如《美国联邦宪法》第 5 条规定：“在 1808 年以前制定的修正案，不得以任何形式影响本宪法第 1 条第 9 款第 1 项和第 4 项。”1952 年《约旦宪法》第 126 条第 2 款规定：“在摄政时期必得通过任何涉及国王及其继承人的权利的修正案。”

提示

宪法重新制定区别于宪法全面修改的关键点在于国家政权性质及制宪权根源有否发生变化。

（四）宪法修改的方式

1. 全面修改。宪法的全面修改即整体修改，是指国家政权性质及制宪权根源没有发生变化的前提下，宪法修改机关依法对宪法的大部分内容（包括宪法的结构）进行调整、变动，通过或批准整部宪法并重新予以颁布的活动。其特征在于：宪法修改按照原宪法规定的修改程序进行，这是宪法修改与宪法制定的主要区别；宪法修改机关通过或批准整部宪法并重新予以颁布，这是全面修改不同于部分修改之处。只有少数国家宪法对宪法的全面修改有明确规定，如1874年《瑞士联邦宪法》第118条规定："宪法可于任何时间作部分或者全部之修正。"奥地利1920年宪法、巴拉圭1940年宪法、哥斯达黎加1949年宪法、尼加拉瓜1950年宪法、委内瑞拉1961年宪法等对宪法的全面修改都有规定。

> 宪法全面修改区别于宪法部分修改的关键点在于宪法典有否重新颁布。

2. 部分修改。宪法的部分修改是指修宪机关根据原宪法规定的修改程序，以决议或修正案的形式对宪法的部分内容进行调整或变动的活动。其具体表现为以下三种情况：①以决议的形式直接在宪法条文中以新内容替代旧内容，并重新公布宪法。如1979年7月1日，我国第五届全国人大二次会议通过了《关于修正〈中华人民共和国宪法〉若干规定的决议》，对七八宪法的部分内容进行了修改。②以决议的形式直接废除宪法条文中的某些内容，并重新公布宪法。如1980年9月10日，全国人大五届三次会议通过了《〈中华人民共和国宪法〉第45条的决议》，直接废除了七八宪法中关于公民有"大鸣、大放、大字报、大辩论"的权利条款。③以宪法修正案的形式增删宪法中的某些内容。宪法修正案是以修改宪法年代的先后顺序重新设立宪法条文，并附于宪法典之后，按照"新法优于旧法"的原则，凡与新条文相抵触的旧条文一律无效。这种修宪方式有利于保持宪法的完整性和稳定性，但适用时需要对相关条款进行对比，从而需要一定的宪法专业素质而给宪法实施带来某些不便。该形式或可以直接废除宪法的原有某些条款或内容，如美国联邦宪法第21条修正案规定废止宪法第18条修正案关于禁酒的规定；或可修改宪法中的某些规定，如我国1993年宪法修正案第7条变动了我国国家经济体制方面的规定，由计划经济变为社会主义市场经济；或可增补宪法中的某些条款或内容，如美国联邦宪法第1～10条修正案增补了关于公民权利的内容。

（五）宪法修改的程序

1. 提案程序。提案是指由法定组织或个人提出关于宪法修改的议案，主要涉及各国宪法对提案主体的规定。主要可分为三类：①代议机关及其组成人员。如《美国联邦宪法》第5条规定，国会在两院2/3的议员认为有必要时，应提出宪法修正案；或根据各州 2/3 的州议会的请求召开制宪会议，提出修正案。我国现行《宪法》第 64 条规定，全国人大常委会或 1/5 以上的全国人大代表有修宪提案权。②行政机关。如法国《1958 年宪法》第 89 条规定，宪法修改的倡议权属于共和国总统和议会议员，总统依据总理的建议行使倡议权。多哥宪法第 52 条也有类似规定。③混合主体。如菲律宾宪法规定，国会、修宪大会和一定数量的公民可提出修宪；瑞士联邦宪法规定由联邦议会和公民提出修宪；叙利亚宪法规定总统和议会可提议修宪。

2. 先决投票和公布修宪草案的程序。先决投票是在将宪法修正案的草案提交宪法修改机关审议之前，由有关机关予以表决，以决定是否正式向宪法修改机关提出。如希腊宪法规定，宪法修正案应特别指明拟修的条文，并规定有关修改的决定，应经相距至少 1 个月的两次投票表决通过后，始得正式提交下届国会审议。公布修宪草案是指在修宪提议成立后，宪法修改机关审议通过前，依据宪法规定将宪法修正案的草案予以公布的修宪程序。如荷兰、比利时等国宪法都有这方面的规定。

> 提示
>
> 宪法修改程序中设置“先决投票”环节的意义何在？

3. 议决通过程序。议决通过程序是宪法修改机关审议、表决、批准宪法修正案的程序。①审议。拥有宪法修改提案权的机关依法将宪法修改草案提交宪法修改机关后，宪法修改机关应根据宪法规定的程序予以审议。如意大利宪法规定，议会在审议宪法修改草案时必须进行两次审议，而且两次审议之间应间隔一定的时间方能通过。②表决。是指宪法修改机关在审议后以投票等方式决定是否通过修正案的程序。各国宪法具体规定的标准不同，但要求绝对多数通过则是基本做法。如卢森堡宪法规定，宪法修正案的通过，须议会 3/4 的议员出席并以 2/3 以上的多数同意通过。③批准。是指宪法修正案依法定程序通过后，按照宪法的规定要由特定机关批准或须经全民公决后方能生效的程序。如丹麦、荷兰等国宪法规定，议会通过宪法修正案后，须经国家元首批准才能生效。意大利宪法规定，宪法修正案通过后，要进行全民公决，获半数以上具有选举权的选民的赞成才能生效。

4. 公布程序。宪法修正案经公布后才能产生法律效力。或由国家元首公布，这是大多数国家的做法。如《爱尔兰宪法》第 46 条规定，宪法修正案经人民复决同意后，总统应即签署，并应按规定的方式公布为法律。或由代议机关公布。如《巴西宪法》第 217 条规定，宪法修正案应由众议院及参议院执行委员会全体委员签署公布。我国实际上也是采用此方式。或由行政机关公布。如美国实践中采用此法，一般是联邦国会通过宪法修正案后交国务卿，再由国务卿转交各州州长，由州长提交州议会，各州将投票结果通知国务卿，由国务卿宣告达到3/4州的批准，该宪法修正案即正式成立。

各国宪法就宪法修正案公布后生效时间的规定也不尽相同。或自公布之日起生效，如也门、约旦等；或自通过或批准之日起生效，如丹麦、阿尔及利亚等；或自宪法公布之日起6个月后生效，如日本；或由议会或总统特别决议，确定宪法修正案的生效时间，如希腊、斯里兰卡等。我国宪法并没有规定生效时间，大多数情况是自修正案公布之日起生效，也有修正案公布一段时间后才生效的，如第五届全国人大二次会议通过修改七八宪法的决议于1979年7月1日通过并公布，但自1980年1月1日起生效。

（六）我国宪法修改制度

1. 发展历程。

（1）1954年宪法。对我国宪法修改制度从两个方面作了规定：一是规定了宪法修改的机关是全国人民代表大会；二是规定了宪法修改的通过程序，明确规定宪法的修改由全国人民代表大会以全体代表的2/3的多数通过。

（2）1975年宪法。只规定了全国人民代表大会有修改宪法的职权，没有对相关程序进行规定。

（3）1978年宪法。对宪法修改的规定与1975年宪法基本相同。

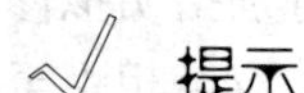
提示

中华人民共和国建国至今只有1次制宪，即1954年制宪；有3次宪法全面修改，即1975年、1978年、1982年；有6次宪法部分修改，即1979年、1980年、1988年、1993年、1999年、2004年。

2. 内容。现行宪法在继承1954年宪法关于修改宪法的规定的基础上，对宪法修改制度有了新的发展：①规定了宪法修改的机关是全国人民代表大会。②规定了宪法修改的提案主体。宪法规定，宪法的修改，由全国人民代表大会常务委员会或者1/5以上的全国人民代表大会代表提议。③规定了宪法修改的通过程序。宪法规定，宪法的修改由全国人民代表大会以全体代表的2/3以上的多数通过。从现行宪法的4次修改来看，中国共产党中央委员会的宪法修改建议对我国宪法修改制度和宪法修改实践具有重要意义。中国共产党中央委员会提出修改宪法的建议的做法，应作为我国宪法修改方面的一个惯例。

3. 我国宪法修改的实践。自1954年宪法制定以来，我国宪法共经过了3次全面修改、6次部分修改。第一次全面修改是对1954年宪法的修改，通过并颁布了1975年宪法。1954年宪法是当时历史条件下一部比较好的宪法，但在1956年社会主义改造完成后，宪法中的许多规定与我国社会的实际情况不相适应了。1958年实现人民公社化后，宪法规定的一些政治经济制度实际上已被修改和弃置。但因种种原因，宪法一直没有进行修改。1975 年第四届全国人民代表大会第一次会议，按照宪法规定的程序对 1954 年宪法进行了全面修改，通过了 1975 年宪法。第二次全面修改是对 1975 年宪法的修改，通过了 1978 年宪法。1976 年 10 月粉碎“四人帮”反党集团后，我国开始步入一个新的历史时期，1975 年宪法存在的问题亟待修改。1978 年第五届全国人民代表大会第一次会议对 1975 年宪法进行了全面修改，通过了 1978 年宪法。第三次全面修改是对 1978 年宪法的修改，通过了 1982 年宪法。党的十一届三中全会标志着我国进入了改革开放的历史时期，经过 4 年改革开放的实践，我国社会关系发生了深刻的变化，1982 年第五届全国人民代表大会第五次会议对 1978 年宪法进行了全面修改，通过了 1982 年宪法，即现行宪法。

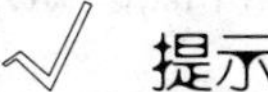

> 我国现行宪法至今共进行了 4 次部分修改（1988 年、1993 年、1999 年、2004 年），共通过了 31 条宪法修正案。

第一次部分修改是 1979 年第五届全国人民代表大会第二次会议对 1978 年宪法若干规定的修改。五届全国人大二次会议通过了《关于修改〈中华人民共和国宪法〉若干问题的决议》，对 1978 年宪法作了八个方面的修改。第二次部分修改是 1980 年第五届全国人大第三次会议对 1978 年宪法再次作了修改。五届全国人大三次会议通过了《关于修改〈中华人民共和国宪法〉第 45 条的决议》，将第 45 条修改为：“公民有言论、通信、出版、集会、结社、游行、示威、罢工的自由。”取消了原第 45 条中“有运用‘大鸣、大放、大辩论、大字报’的权利”的规定。后 4 次部分修改分别于 1988 年、1993 年、1999 年和 2004 年以宪法修正案的形式对现行宪法所作的修改，共通过了 31 条宪法修正案。

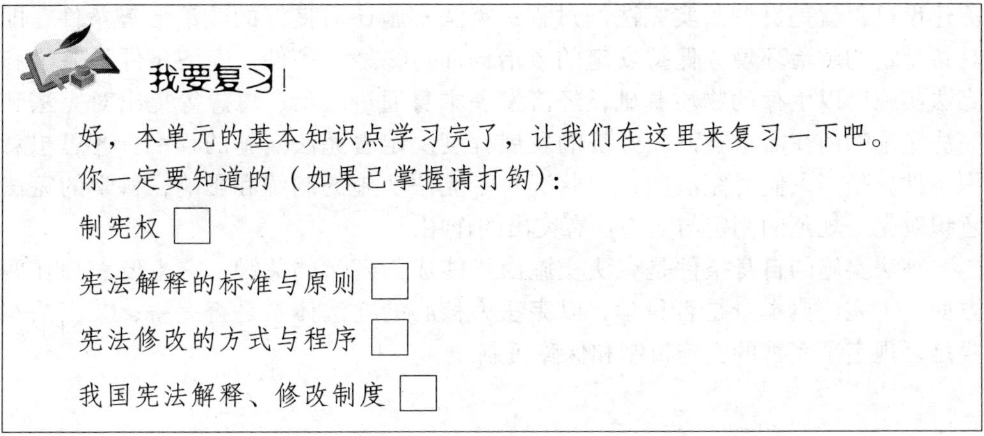

我要复习！

好，本单元的基本知识点学习完了，让我们在这里来复习一下吧。

你一定要知道的（如果已掌握请打钩）：

制宪权 □

宪法解释的标准与原则 □

宪法修改的方式与程序 □

我国宪法解释、修改制度 □

学习单元四　宪法实施

一、概述

（一）概念

宪法实施是指通过各类社会主体的宪法活动将宪法文本上的抽象权利—权力关系转化为社会现实生活中的具体权利—权力关系，并进而将宪法文本所集中体现的统治阶级意志和利益诉求转化为各类社会主体的现实社会行为。

宪法实施是法律实施的一种，是宪法规范和原则在现实社会中的实际运行与贯彻落实。反映着宪法创制后的实际运行状态，是宪法调整特定社会关系的最基本形式。直接的价值目标指向立宪主体所期望的有序法律关系状态，即宪法秩序。

（二）宪法实施的标志和条件

1. 标志。首先，宪法所规定的民主政治健全，这主要指公民的权利获得全面保障和国家机构正常组建与运转；其次，以宪法为核心的法制完善，这包括立法体系的完善、执法的完善、司法的完善、法律得到良好的遵守、宪法秩序形成；最后，社会综合发展目标得以实现，经济繁荣，人民生活富足稳定。

2. 条件。即指影响和制约宪法能否实施以及宪法实施程度的各种内外因素，包括宪法实施的外部条件和宪法实施的自身条件。

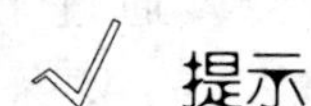

当下中国有效实施宪法最欠缺的条件是什么？

宪法实施的外部条件即宪法实施的外部社会环境，包括：①政治条件。民主政治是宪法实施的政治基础条件，政治的民主化程度决定着宪法实施的程度，加强民主政治建设过程就是贯彻落实宪法的过程；宪法实施还需良好的政治形势条件，即具备稳定的政治环境，保持安定的政治局面。②经济条件。经济条件是宪法和宪法实施得以生存的物质基础；经济发展本身通过政治、思想等提出对宪法和宪法实施的内在需求；商品经济的发展程度决定着宪法实施的程度。③思想意识条件。是指人们对宪法的认识状况对于宪法实施的制约和影响，科学的宪法意识对宪法规范的制定与实施具有突出的作用。

宪法实施的自身条件是宪法实施由可能成为现实的关键，它主要表现在两方面：①宪法典本身是否科学，以宪法为核心的立法体系是否完备；②宪法本身是否规定了完善的实施机制和保障机制。

二、宪法遵守

（一）概述

宪法遵守即守宪，是指一切国家机关、社会组织和个人按照宪法的规定从事各种社会行为。宪法遵守既是宪法实施的最基本要求，也是宪法实施的最基本方式。

宪法遵守是宪政社会对一切社会主体的普遍要求，任何社会主体都必须以宪法为最高行为准则，而不得享有任何宪法外特权。具体内容包括：享有（行使）宪法所规定的权利（权力）；履行宪法所规定的作为义务（职责）；遵循宪法所规定的禁止性命令。前两层含义意指守宪主体的作为，第三层含义意指守宪主体的不作为。

就实施的过程与方式而言，宪法遵守分为积极守宪和消极守宪。积极守宪是指守宪主体对授权性宪法规范所赋予的权利（权力）的主动行使，和对违宪行为的自觉抵制与反对；消极守宪是指守宪主体对义务（职责）性宪法规范的被动服从，和对其权利（权力）的正当放弃。就遵守的对象而言，宪法遵守包括规范守宪和隐性守宪。规范守宪是指对宪法典和宪法性法律等正式宪法文本的遵守；隐性守宪则是指对宪法惯例、宪法原则、宪法精神、已失效宪法等非正式宪法渊源或假想宪法渊源的遵守。隐性守宪是守宪的非文本化，甚至是异化或违宪。

（二）公民守宪

提示

为什么公民守宪的要求比政府守宪的要求更苛刻？

公民守宪可分为公民个人守宪和政党守宪（公民团体守宪）。公民个人守宪是指公民自觉享有宪法赋予的权利，履行宪法规定的义务，以宪法为最高行为准则，不做宪法所禁止之事，并对其他社会主体的违宪行为进行抵制和反对。公民个人守宪的基本原则：做宪法未明文禁止之行为。政党守宪（公民团体守宪）是指公民组成的社会团体的守宪。在实行民主政治的宪政社会更为迫切。在实行两党制或多党制的国家存在政党守宪问题，反对党和参政党的任务之一就是监督执政党（执政党联盟）是否守宪，如美国的两党轮流执政、英国的影子内阁政府惯例。在实行一党制的国家也存在政党守宪问题，新加坡就是执政党守宪的典范。政党守宪的根本目的：实现政党活动的法制化、宪政化。

（三）政府守宪

政府守宪即拥有法定国家权力的机关及其工作人员的守宪。在当代社会，政府守宪尤其是政府主动守宪比公民守宪显得更重要。不仅要求政府遵守宪法文本所明确规定的宪法规范、原则和基本精神，也要求政府遵守既定的宪法惯例、政治传统。具体可分为政府的主动守宪和政府的被动守宪。政府的主动守宪是指在采取某个政府行为之前，如颁布新法律、发布行政命令和作出司法裁决前，首先运用“自律”原则，对该政府行为的合宪性及其社会后果，作谨慎而全面的合宪审查。政府的被动守宪是指在采取某政府行为中，被其他社会主体质疑其实体内容或程序违反宪法原则或遭到公众强烈抵制而经宪法程序认定其违宪时，采取及时、必要和充分的补救措施，使损害减低到最低程度。政府守宪的原则：宪法至上、公民权利优先、做宪法明文许可之行为。

三、宪法关系

（一）概述

宪法关系即宪法法律关系，是法律关系的一种，它是基于宪法事实、由宪法规范所调整的在各宪法主体行为的过程中形成的基本权利义务关系，是社会关系的特定宪法形式。宪法关系是宪法实施的主要依托，宪法实施所指向的权利—权力关系往往通过宪法主体间形成的具体权利义务关系显现出来。

宪法关系是一国社会生活中最根本的权利义务关系，它直接体现和决定着一国社会的基本利益结构和政治经济文化格局，是一切法律关系存在和发展的基础。其构成要素包括：主体、内容和客体。

（二）特点

1. 宪法关系是由宪法所规定和调整的最基本的社会关系。宪法关系具有广泛性、根本性的特点，它确定了国家法治生活的根本模式，是一切法律关系形成、运作和有效实现的前提和依据，其内容涵盖了社会生活和国家生活最根本、最宏观的层面。宪法关系同其他法律关系一样是一种法律模式，离不开具体的法律事实。其法律事实主要是宪法主体的行为。例如国家机关的立法行为、管理行为；公民的行为，如选举、游行示威等。

2. 宪法关系主要是建立权利性宪法关系。按照产生法律关系的行为是合法还是非法，可将法律关系分为建立权利性的法律关系和保护性的法律关系。前者在于说明权利的正常实现与义务的正常履行，后者的目的在于实现法律责任或恢复被破坏的法律秩序。有些法律关系，如刑法关系就是保护性法律关系；有些法律关系，既包括建立权利性法律关系，也包括保护性法律关系，如民法关系。宪法关系同样包括建立权利性宪法关系和保护性宪法关系，所不同的是宪法关系主要是或大量是建立权利性的宪法关系。其原因包括两个方面：

> **提示**
> 如何理解宪法关系主要并非保护性法律关系？

（1）宪法调整的基本社会关系及其内容的基本权利与义务，是必须得到遵守的，而且应该能够得到遵守。很多时候不需要采取保护性的行为就能保障其实现。虽然有大量违反宪法的行为存在，但这些行为并不一定都能导致宪法关系的发生。其原因在于许多违反宪法的行为并不是违宪行为，它们所导致的是其他法律关系。如非法剥夺他人生命，侵犯了公民的生命权（人身权之一），是违反宪法的行为，但同时也违反了刑法，构成了犯罪，它所直接产生的法律关系是刑事法律关系。

（2）宪法规范结构本身的弱制裁性与保护性法律关系的目的要求不尽一致，因而往往不能形成保护性宪法关系。但不是说就不存在保护性宪法关系。按照我国现行宪法的规定，下列几种情况可能产生保护性宪法关系：因违宪行为（包括立法行为违宪）而产生的宪法关系；因代表违法而遭罢免的宪法关系；因违法选举而被撤销的宪法关系；因国家机关的违法管理行为造成公民和组织财产损失而产生的国家赔偿的宪法关系等。

提示

宪法关系中的派生法律关系主要有哪些？

3. 宪法关系以原有法律关系为主，以派生法律关系为辅。原有法律关系是指该法律关系所调整的社会关系是一种既有社会关系的法律关系，如经济法律关系。派生法律关系是指以法律调整而产生的社会关系的为调整对象的法律关系，如诉讼程序法律关系。因为宪法所调整和确认的基本社会关系往往是先于宪法规范而存在的，由宪法规范对这些既存基本社会关系的规定与调整而形成的宪法关系，必然属于原有法律关系的范畴。也有一些宪法关系是基于宪法规范的规定和调整而产生的社会关系，虽然这种社会关系也是基本社会关系，或者服务于某种基本社会关系，但却不能脱离宪法规范的调整而独立存在，如违宪审查或司法审查的宪法关系。因为没有宪法规定或宪法惯例的认可，就不可有违宪审查制度而形成该种社会关系。但这类关系只构成宪法关系的小部分，是为派生法律关系。

4. 宪法关系具有政治性的特点。宪法是集中体现社会政治力量对比关系的根本大法，具有鲜明的阶级性和国家意志性，由宪法规范所调整的宪法关系必然具有强烈的政治色彩。宪法关系将特定的民主政治关系纳入法治的轨道，使各类社会主体的社会关系集中转化为依宪法规范而确立的政治权利和政治义务关系，即公民与国家之间特定的权利权力关系。

（三）主体

宪法关系的主体是指参与宪法所调整的基本社会关系，并享受宪法赋予的权利，履行宪法规定的义务的公民和组织。宪法关系的主体，简称宪法主体。宪法关系的主体因不同时期不同国家而有所不同，比如，民族只有在多民族国家中才是宪法关系主体；而政党作为宪法关系的主体是在政党产生后的现代宪法中才存在的。

根据我国现行宪法的规定，我国宪法关系的主体有：国家、公民、各种地方、国家机关及其公务人员、选民、选举委员会、企事业组织、政党、社会团体、武装力量及其组织、基层群众性自治组织、民族、人民等。上述宪法主体，大致可以将其分为三类：国家及其组织和工作人员（公务员）；公民及公民全体（人民）与具有共同语言文化及生活习惯的部分公民（民族）；社会团体，主要包括政党、人民团体和各种群众组织等。以这种宪法主体的分类为依据，可将我国宪法关系分为以下几种：公民同国家的宪法关系；公民与社会团体的宪法关系；国家与社会团体的宪法关系。公民与国家之间的关系是宪法关系最为基本和核心的内容，公民与国家是宪法关系的基本主体，社会团体是宪法关系的非基本主体。

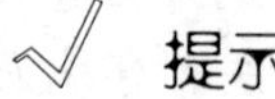

宪法关系主体的广延性与制宪权主体的包容性是否内涵一致？两者有何关联？

1. 公民是宪法关系的基本主体。现代宪政国家的公民是宪法关系的基本主体，然而在立宪国家以前的各种政治社会形态中的大多数自然人并没有成为现实政治关系的完整主体。在自然经济社会，社会中的大多人只有单一身份，即被统治者；无论是作为整体还是作为个体出现的臣民，都只是政治关系的客体，而不是政治关系的主体。只有在政治关系发生历史性变革，即资产阶级民主革命和无产阶级民主革命后，以平等、自由身份出现的自然人才成为政治关系中权利的享有者，并以公民身份参与到政治关系中。人在身份上的变革使公民成为宪法关系中最为活跃的主体因素。

在立宪社会，公民利用自身的主体地位通过多种多样的途径作用于宪法关系，如参加选举和投票，参加政党活动，担任国家公职等，换言之，公民依据宪法和法律行使宪法权利，作出宪法行为，对国家政治活动施加公民的个人影响：一方面，公民通过权利的行使来满足自身的利益诉求，发挥自己的主体性和个体性，使人类在社会条件许可的范围内最大限度地发挥自己，在完成政治解放的基础上向人类解放的目标前进；另一方面，公民通过自身的宪法权利行为，制约国家权力行使的方式、目的和效果，使之在宪法和法律规定的轨道上合理运行，并由此保证宪法关系的健康运作。

2. 国家是宪法关系的基本主体。国家是一切政治关系的主体，但并非一切国家都是宪法关系的主体。在前宪政社会，国家不可能成为宪法关系的主体：一方面，当社会及其成员尚未从国家政治力量的绝对控制下独立出来时，作为调整人民、公民与国家之间平衡关系的宪法关系就无从产生；另一方面，在国家权力对社会及其成员的绝对权威不受限制的条件下，国家根本不可能在政治关系中承担任何法定义务，而不承担政治义务的主体更不可能成为宪法关系的主体。

近现代的宪政国家是在反封建专制的基础上建立的，宪法和宪法关系的产生将享有绝对权威的国家改造成为权力的行使者和义务的承担者。在宪法关系中，国家的内部结构和外部形式都发生了重大变化：一方面，国家不再是极少数人组成的奴役社会及其成员的工具，而成为社会成员依照宪法组成的政治实体，合理统治和管理社会同时服务于社会受制于社会；另一方面，国家不再是无限控制社会的政治力量，宪法和宪法关系赋予这一法律上的主体以宪法上的政治权力，同时又为它规定了种种义务和限制，从而维持公民与国家之间的力量平衡。

国家通过以下方式具体作用于宪法关系：①建立和维护合法而健康的权力运行秩序，协调国家权力之间的矛盾关系，保证政治关系的稳定发展；②通过行使管理权，对社会生活进行法律和政治控制；③通过国家权力的行使与公民的权利行为进行相互制约和相互协调，从而维护宪法关系的正常运行；④根据社会经济发展状况，调整权力结构和权利—权力关系，推动宪法关系向更高阶段发展。

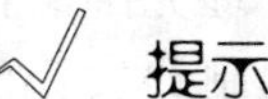

> 提示
> 社会团体在宪法关系中主要扮演什么角色？

3. 社会团体是宪法关系的非基本主体。这里的社会团体包括国家机关、民族、政党、利益集团。①就国家机关而言。国家是宪法关系的基本主体，依宪行使权力承担义务，但国家的权力义务是具体通过中央和地方各级各类国家机关以国家的名义来进行的。国家机关在许多情况下也会独立以自己的名义行使宪法权力、承担宪法义务。如在同级国家机关之间、上下级国家机关之间、国家机关与其他社会主体之间的宪法关系中，国家机关是作为独立宪法关系的主体身份出现的。②就民族而言。多民族国家的宪法一般都规定了各民族的宪法地位及其权利（权力），在这种情况下，民族也是宪法关系的主体。民族是公民主体的延伸。③就政党而言。政党的存在及其合法活动是现代国家立宪政体得以有效运行的必要因素，否则宪政国家的政治生活就缺乏宪政中介和组织维系机制。虽然大多数国家的宪法对政党的权利义务未做明确规定，但政党实际上也是宪法关系的重要主体，并且可以看作是公民集体行使权利参与国家政治生活的组织方式。④就利益集团而言。利益集团是宪法关系的重要参加者，它虽然并不具有特定的宪法地位，但它对宪法关系和宪政社会中公民和国家起重要的联系和缓冲作用，因此也应注意其对宪法关系的影响。

（四）内容

各社会主体之间的权利义务是法律关系的基本内容，同样，各宪法主体之间的权利义务关系即宪法关系的内容。包括：国家与公民之间的权利义务关系（最核心的内容）；国家机关与国家机关之间的权利义务关系；国家与其他社会组织之间的权利义务关系；同一国家机关系统内部之间的关系。在宪法中的相关规定具体表现为：宪法关于公民基本权利和义务的规定；宪法关于国家的主权权力与国家职责的规定；宪法关于国家机关职权与职责的规定；宪法关于其他社会组织权利（权力）义务（职责）的规定。

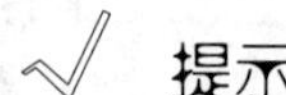

宪法关系中公民权利与国家权力之间的彼此关联究竟为何？

公民权利与国家权力是宪法关系的实质内容。在宪法关系中，公民权利与国家权力关系的基本存在方式体现为公民权利制约国家权力。公民权利制约国家权力是人民主权对宪法关系的必然要求。宪法处理公民权利与国家权力关系的特点就在于确立公民权利对国家权力的优势地位，并从总体上对国家权力进行强有力的控制。这是宪法关系的基本精神所在，也是由宪政国家人民主权者宪法地位决定的。宪法关系通过规范国家机关之间权力的合理分配、行使和监督，以权力制约权力来构建一国的宪政权力结构。这是权利制约权力的重要补充和延伸。最终，宪法关系确立了国家权力是人民主权和公民权利的派生物，其主体根源也只能是社会成员的大多数，因此国家权力的产生途径也只能是人民的明确授予，即通过普选制完成公共权力由人民授予的宪法程序。既然国家权力派生于公民权利，那么国家权力就是有限的，这不仅体现在国家权力范围的有限性，更重要的是国家权力行使的方式、程序都必须经过公民的同意。宪法关系确立了公民权利对国家权力行使后果的控制机制，这在制度上体现为规定国家机关及其工作人员的法律责任和政治责任制度。

（五）客体

宪法关系的客体是宪法关系主体的宪法权利和宪法权力所指向的对象，是宪法权利和宪法权力实现的媒介，具体指宪法行为，即公民和国家等主体依法行使宪法所赋予的权利和权力的行为。

1. 宪法权利行为。宪法权利行为是公民等社会主体（主要为公民）行使宪法赋予权利的作为和不作为。宪法通过对公民权利行为的引导、评价和调节以实现对公民的规范。公民行使宪法权利的行为也会对宪法关系产生积极影响。公民权利行为是创建一国宪法关系体系的基础。从个别事项看，公民权利行为是引起特定宪法关系发生、变更和消灭的重要条件之一。如公民参加选举引起选举法律关系，公民提起宪法控诉引起宪法诉讼关系。公民通过其权利行为可对抗国家权力行为，因而公民权利行为是维系宪法关系内部两主体间政治力量平衡和协调发展的重要途径。随着社会经济的发展和社会利益关系的不断变更，公民的权利和权利行为在内容与形式上也得到逐步扩展，从而推动宪法关系在内容和形式上的不断更新。

2. 宪法权力行为。宪法权力行为是国家和国家机关依法行使宪法赋予的权力的行为。宪法权力是职权与职责的统一，对于公民而言，它是一种强制性权利；而对于人民和宪法而言，它又是一种必须依法履行的义务。由于权力本身具有的主动性和扩张性，国家的权力行为主要为作为。国家通过其权力的行使维护和促进公共利益，使社会公共利益在社会政治关系中得到满足。宪法必须对国家权力行为进行规范和控制，其目的是阻止权力的滥用，消除国家权力行为对宪政体制和公民权利的威胁，同时发挥其对宪法关系的积极促进作用。

国家利用其强制力为后盾的权力行为维护宪法关系赖以存在的社会基础，调整社会利益关系，促进社会整体利益的增加和拓展，为宪法关系的稳定发展服务。在宪法和法律规定的条件下，国家权力行为可引起特定宪法关系的发生、变更和消灭。公民权利行为与国家权力行为存在双向的制约关系，国家权力还负有制约公民权利和控制权利－权力秩序的历史使命。

四、宪法意识

（一）概述

宪法意识是指与宪法主体的个性心理特征（品质）相连的宪法主体有关宪法现象的认知、情感和意志的总和。宪法意识是影响宪法实施效果的关键要素，各类宪法主体的守宪意识往往决定了其宪法行为的合宪性程度。

宪法意识是宪法的观念形态，也称之为观念宪法，它是应然宪法秩序的构成要素。其作为一种心理活动有认知、情感、意志三个过程，其意义在于说明宪法意识作为一种认识活动，具有过程性的特点。

（二）宪法意识的内容与层次

提示

试评价下自己的宪法意识内容与层次。

1. 内容。宪法意识的内容在于说明宪法主体是否有宪法意识以及宪法意识是否全面。表现为三个方面：①宪法知识。包括对宪法现象的知晓、理解与把握。②宪法评价。包括对宪法现象的情感、评价和态度（认同与否）。③宪法要求。包括对宪法现象的意愿、要求和期待。

2. 层次。宪法意识的层次在于说明宪法主体的宪法意识的水准高低和程度。分为三个层面：①宪法心态，即宪法主体对宪法现象认识过程中的直接心理反应。具有直观性、自发性、潜意识性和滞后性等特点，是最表层次的宪法意识。②宪法观念（宪法思想），即宪法主体在认识宪法现象的过程中所形成的有关宪法的尚未系统化的思想。与宪法心态相比，宪法观念具有自觉性和思考性的特点，它在宪法意识中处于中间层次，并有一种向宪法理论升华和过渡的趋势。③宪法理论，即宪法主体在对宪法现象的认识过程中所形成的系统化了的宪法思想体系，它有一套完整的概念范畴体系和严格的逻辑结构。处于宪法意识的最高层次，对宪法心态、宪法观念以及有关宪法的实践活动（制定、修改宪法）具有一定指导意义。不是所有的宪法主体的宪法意识都能达到宪法理论这样一个层次。一般而言，只有某些特定的宪法主体，如宪法学家才能达到这个层次。

（三）我国宪法意识的现状

尝试分析当下中国宪法意识现状存在的问题有哪些？

1. 描述方式。了解、描述我国几种基本宪法主体的宪法意识；了解、描述我国宪法知识、宪法评价、宪法要求的状况；了解和描述我国宪法主体的宪法心态、宪法观念、宪法思想的状况和动态，并在此基础上，建立科学的指标体系，运用科学方法对我国社会的宪法意识进行整体描述。

2. 发展过程。以“一·五”普法为界限分为前后两个阶段。“一·五”普法前是我国社会宪法意识觉醒、发展的阶段；“一·五”普法开始至今，则是我国社会宪法意识全面提高并不断强化的阶段。①1982 年宪法的制定和颁布，标志着我国社会宪法意识的觉醒。我国人民在对十年动乱的反思中明确地认识到了宪法在国家政治、经济生活中的重要性。我国人民认识到不仅是要有宪法，而且是要有一部符合我国实际并能够切实得到贯彻实施的宪法。我国人民认识到了宪法监督在保障宪法实施中的重要性。②“一·五”普法前，我国社会的宪法意识已有了较大的发展。但是必须看到我国社会宪法意识从整体上而言，还比较低，与我国政治经济的发展需要相比，还有一定距离。③“一·五”普法后全社会的宪法意识得到了全面提高和强化。1985 年 11 月 22 日，第六届全国人大常委会第十三次会议通过了决议，决定从 1986 年起用 5 年左右的时间，有计划、有步骤地在一切有接受教育能力的公民中，普遍进行一次普及法律常识的教育。该决议要求，普及法律常识的内容要以宪法为主；大学、中学、小学以及其他各级各类学校，都要设置法制教育的课程，或者在有关课程中增加法制教育的内容，并列入教学计划。“一·五”普法使全国各族人民尤其是各级干部（特别是领导干部）和青少年受到了一次全面系统的宪法知识教育，全社会的宪法意识得到了全面提高和强化。

> ✓ 提示
>
> 结合当下中国法治现状，尝试分析“六·五”普法主要任务的达成情况会怎样？

自1986年“一·五”普法开始，每5年为一个普法周期。2011年，是实施“十二五”规划的开局之年，也是实施“六·五”普法规划的启动年。“六·五”普法的指导思想是：以邓小平理论和“三个代表”重要思想为指导，深入贯彻落实科学发展观，围绕“十二五”时期经济社会发展的目标任务，按照全面落实依法治国基本方略和建设社会主义政治文明的新要求，坚持法制宣传教育与社会主义核心价值体系教育相结合、与社会主义法治理念教育相结合、与社会主义公民意识教育相结合、与法治实践相结合，深入开展法制宣传教育，深入推进依法治国，大力弘扬社会主义法治精神，努力促进经济平稳较快发展和社会和谐稳定，为夺取全面建设小康社会新胜利营造良好法治环境。“六·五”普法的主要目标是：通过深入扎实的法制宣传教育和法治实践，深入宣传宪法，广泛传播法律知识，进一步坚定法治建设的中国特色社会主义方向，提高全民法律意识和法律素质，提高全社会法治化管理水平，促进社会主义法治文化建设，推动形成自觉学法、守法、用法的社会环境。“六·五”普法的主要任务包括：①突出学习宣传宪法；②深入学习宣传中国特色社会主义法律体系和国家基本法律；③深入开展社会主义法治理念教育；④深入学习宣传促进经济发展的法律法规；⑤深入学习宣传保障和改善民生的法律法规；⑥深入学习宣传社会管理的法律法规；⑦加强反腐倡廉法制宣传教育；⑧积极推进社会主义法治文化建设；⑨继续深化“法律进机关、进乡村、进社区、进学校、进企业、进单位”主题活动；⑩深入推进依法治理。

（四）宪法意识的培养途径

1. 大力发展社会主义市场经济，是培养社会主义宪法意识的经济基础。经济基础决定上层建筑，宪法作为上层建筑的一部分，其意识的培养有赖于强烈的公民权利意识的形成，而公民权利意识的蓬勃发展只能在市场经济的日益发展中实现。

2. 加强社会主义民主政治建设，通过各种民主的政治实践，锻炼公民的参政、议政能力，培养公民的宪法意识。如县、乡两级人大代表的选举与罢免活动；依法进行的结社、集会、游行、示威活动；对国家机关及其工作人员的批评、建议、揭发、检举以及申诉、控告活动；依法参与村民委员会与居民委员会的各种自治活动；依法参与工会、职工代表大会的活动。

3. 加强宪法的权威性，维护宪法的严肃性，培养宪法至上的观念。如公开取缔、撤销违宪立法；禁止、杜绝违宪行为；依法追究各种违宪责任；确立宪法纪念日与宣誓效忠等形式和仪式。美国总统就职宣誓誓言："我庄严宣誓（或宣言）我一定忠实执行合众国总统职务，竭尽全力维护、保护和捍卫合众国宪法"。

4. 进一步加强宪法知识的教育与普及，推动和促进宪法意识向深层次、全方位的方向发展。对全体社会的成员进行宪法知识教育以及宪法知识普及，有助于促进整个社会宪法意识向深层次的方向发展。宪法知识本身既是宪法意识的内容，又是宪法意识其他内容的前提，没有起码的宪法知识，就不可能有较高水平的宪法评价与要求，更不可能形成宪法观念和宪法理论。

5. 加强宪法理论的研究，建构我国的社会主义宪法文化。宪法主体总是在一定宪法文化的氛围中形成自己的宪法心态、宪法观念、宪法理论的，它不能摆脱宪法文化的影响。宪法意识赋予宪法文化以时代的新内容，宪法文化是宪法意识的一种特殊形式的层次，即与宪法心态、宪法观念、宪法理论既有联系又有区别的宪法意识形态。宪法理论是宪法文化的载体，并构造着宪法文化。因此必须加强我国的宪法理论研究，从建构宪法文化的目的出发，克服宪法学研究中的各种短期行为倾向。在我国宪法学理论研究中，既要吸取一切宪法文化的精华，又要批判资产阶级宪法文化中的糟粕，这是建构我国社会主义宪法文化、培养社会主义宪法意识的必然要求。

我要复习！

好，本单元的基本知识点学习完了，让我们在这里来复习一下吧。

你一定要知道的（如果已掌握请打钩）：

宪法实施的条件 □

宪法遵守的基本要求 □

宪法关系的特点 □

宪法意识的现状与培养 □

学习单元五　宪法监督

一、概述

宪法监督有广义与狭义之分。广义的宪法监督是指一切宪法主体对一切社会主体权利、权力行为的合宪性监督。狭义的宪法监督是指由宪法授权或宪法惯例认可的机关，以一定方式进行合宪性审查，取缔违宪事件，追究违宪责任，从而保证宪法实施的一种宪法制度。一般采狭义之界定。

（一）主体

各国法定的宪法监督机关大致可分为三类：①国家最高权力机关，即国家最高立法机关、代议机关。首创于英国，明文规定于苏俄宪法。1918 年《苏俄宪法》第 31 条规定，全俄苏维埃中央执行委员会为苏俄最高立法、号令及监督机关。第 32 条又规定其“负责监督苏维埃宪法、全俄苏维埃代表大会及苏维埃政权中央机关各项决定的实施情况”。第 33 条又规定：“一切规定政治经济生活一般规范的法令以及根本改变国家机关工作现状的法令一定要由全俄苏维埃中央执行委员会审查。”由最高国家权力机关负责宪法实施，充分体现了人民主权原则。②司法机关。首创于美国，是以宪法判例的形式，在 1803 年由美国联邦最高法院审理马伯里诉麦迪逊一案中确立的。日本、韩国和一些拉美国家也采用。③专门机关，即由宪法法院等专门机关负责宪法监督。源于 1799 年拿破仑设立的护宪元老院制度。1920 年奥地利设立专门宪法法院，1946 年法国设立宪法委员会，意大利 1947 年设立宪法法院，联邦德国 1949 年设立宪法法院。或由国家元首负责宪法监督。如 1958 年法国宪法第 5 条第 1 款规定：“共和国总统监督遵守宪法。他通过自己的仲裁，保证公共权力机构正常活动和国家的持续性。”

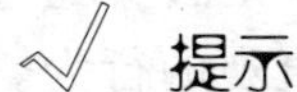

尝试分析国家最高权力机关宪法监督模式、司法机关宪法监督模式、专门机关宪法监督模式各自存在的问题是什么？

（二）客体

各国宪法监督的客体基本涵盖各类宪法主体。主要有：①国家机关，包括有权创制法律规范性文件的立法机关及其授权组织、有权作出抽象行政行为的行政机关及特定官员（行政首脑）、司法机关（主要是最高法院，以法官为代表）；②其他社会组织，包括政党（主要是执政党）、利益集团、公司、大型集团公司、跨国公司、新闻媒体；③特定个人，主要是享有特殊权力的个人，如行政司法官员。

（三）内容

审查国家规范性文件和国家机关及其工作人员权力行为是否合宪。主要有：①规范性文件。包括：法律规范性文件，即立法、司法、行政等国家机关及其授权组织制定的法律规范性文件；非法律规范性文件，即由政党、利益集团、大型公司制定的规范性文件。②国家机关及其工作人员的权力行为。包括：国家机关的组成和产生；国家机关之间的权限争议；国家机关及其工作人员的职务行为。③政党社会团体及其他社会组织的权利（权力）行为。④选举争诉，包括选举诉讼和当选诉讼。⑤国际条约。

（四）对象——违宪行为

违宪行为即指在宪法实施过程中违反了成文宪法规范，背离了该规范欲建立的统一的宪法价值观的行为。该行为使现实宪法与成文宪法相脱离。根据宪法实施过程中行为类型的不同，可分为立法违宪与适用法律违宪。立法违宪即指法律、法规、规章及最高法院、检察院的司法解释违背宪法或上位法的规范、精神、原则的行为；适用法律违宪即指国家机关、社会团体、公民个人在适用法律过程中违反宪法规范、精神、原则而应承担宪法责任的行为。

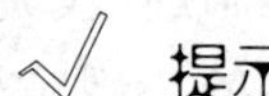

尝试从“立法违宪”的角度来分析“河南种子条例案”，并思考我国立法违宪行为监督制度的现状、问题与完善途径。

1. 立法违宪——“河南种子条例案”。2003年5月27日，洛阳市中级人民法院在审理一起种子赔偿纠纷案时，遭遇法律冲突问题。在庭审中，就赔偿损失的计算办法，原告（汝阳县种子公司）与被告（伊川县种子公司）争议激烈，原告主张适用《种子法》，以“市场价”计算赔偿数额；被告则要求适用《河南省农作物种子管理条例》，以“政府指导价”计算。经审判，洛阳市中级人民法院下达（2003）洛民初字第26号民事判决书，原告和被告都不服判决，向河南省高级人民法院提起上诉。洛民初字第26号民事判决书写道：“《种子法》实施后，玉米种子的价格已由市场调节，《河南省农作物种子管理条例》作为法律位阶较低的地方性法规，其与《种子法》相抵触的条（款）自然无效。”

洛阳中院判决书的这一表述激起河南省人大的强烈反响，河南省人大认为“洛民初字第26号民事判决书中宣告地方性法规有关内容无效，这种行为的实质是对省人大常委会通过的地方性法规的违法审查，违背了我国人民代表大会制度，侵犯了权力机关的职权，是严重违法行为”。10月18日，河南省人大常委会办公厅下发了《关于洛阳市中级人民法院在民事审判中违法宣告省人大常委会通过的地方性法规有关内容无效问题的通报》，要求河南省高院对洛阳市中院的“严重违法行为作出认真、严肃的处理，对直接责任人和主管领导依法作出处理”。洛阳市中院党组根据要求作出决定，撤销判决书签发人民事庭赵广云的副庭长职务和李慧娟的审判长职务，免去李慧娟的助理审判员，该决定最终未履行。

河南省高级人民法院受理此案后，向最高人民法院进行了请示。最高人民法院于2004年3月30日作出《关于河南省汝阳县种子公司与河南省伊川县种子公司玉米种子代繁合同纠纷一案请示的答复》指出，《立法法》第 79 条规定：“法律的效力高于行政法规、地方性法规、规章，行政性法规的效力高于地方性法规、规章。”《中华人民共和国合同法解释（一)》第 4 条规定：“合同法实施以后，人民法院确认合同无效，应当以全国人大及其常委会制定的法律和国务院制定的行政性法规为依据，不得以地方性法规、行政规章为依据。”根据上述规定，人民法院在审理案件过程中，认为地方性法规与法律、行政法规的规定不一致，应当适用法律、行政法规的相关规定。河南省高级人民法院作出终审判决，维持洛阳市中级人民法院的原判。

本案中人民法院无权作出宣布地方性法规无效的决定，但具有选择适用更高位阶法律规范文件的职权和责任。全国人大常委会法制工作委员会在《关于如何理解和执行法律若干问题的解答》第 18 点中指出：“人民法院在审理行政案件的过程中，如果发现地方性法规与国家最高权力机关制定的法律相抵触，应当执行国家最高权力机关制定的法律。”最高人民法院在 2004 年 3 月 30 日作出的《关于河南省汝阳县种子公司与河南省伊川县种子公司玉米种子代繁合同纠纷一案请示的答复》中也指出，人民法院在审理案件过程中，认为地方性法规与法律、行政法规的规定不一致，应当适用法律、行政法规的相关规定。但是，这些并不意味着人民法院可以直接宣布与法律相抵触的地方性法规无效。

我国现行《宪法》第 67 条第 8 项规定，全国人大常委会享有“撤销省、自治区、直辖市国家权力机关制定的同宪法、法律和行政法规相抵触的地方性法规和决议”的职权。《立法法》第 88 条第 2 项规定，全国人民代表大会常务委员会有权撤销同宪法和法律相抵触的行政法规；同时第 4 项规定，“省、自治区、直辖市的人民代表大会有权改变或者撤销它的常务委员会制定的和批准的不适当的地方性法规”。故而，全国人大常委会和省级人大才享有对地方性法规的审查权，而省级人大常委会和各级法院都无权直接宣布地方性法规无效。

根据宪法和《立法法》等相关法律规定，在我国，法官在办案时发现地方性法规或行政法规与国家法律相冲突时，应中止案件审理，报告所在法院，由所在法院报告最高人民法院，由最高人民法院根据《立法法》向全国人大常委会提出审查要求，再由全国人大常委会进行审查和作出决定（或由全国人大法律委员会和有关专门委员会审查，向法规制定机关提出审查意见，法规制定机关据此对相应法规进行修改)，最后，法院根据全国人大常委会的决定或经法规制定机关作出修改后的法规，恢复对案件审理和作出判决。联系到本案，基层法院和中高级法院只应有权选择适用相应规范，而不宜由它们直接和最终对法规、规章确认违法或宣布无效。

此外，人民法院接受人大的监督，但人大不得干涉人民法院的独立审判行为。我国现行《宪法》第126条规定："人民法院依照法律规定独立行使审判权，不受行政机关、社会团体和个人的干涉。"法院是人大体制下的法院，它必须接受人大的监督，向人大报告工作。可是，人大与法院的关系更多地体现在人事安排和法律实施方面，体现为事后监督和法律监督，而不是事前、事中监督与个案的具体监督。法院与人大的关系不是领导与被领导的行政隶属关系。对于各级人大来讲，对法院的监督也应通过法定程序通过对本级法院工作、法官的选举、任命与罢免、对法院存在重大问题的质询和调查等方式来进行。人大和其他国家机关与社会组织、个人对法院的监督不能演变为对法院具体行使审判权的监督和干涉。

提示

尝试从"适用法律违宪"的角度来分析"齐玉苓案"，并思考我国适用法律违宪行为监督制度的现状、问题与完善途径。

2. 适用法律违宪——"齐玉苓案"。齐玉苓即齐玉玲，与陈晓琪同为山东滕州八中学生。在1990年中考中，齐玉苓被山东济宁商业学校录取，陈晓琪预考被淘汰。但陈晓琪在其父陈克政（村党支部书记）的策划下，领取山东济宁商业学校给齐玉苓的录取通知书，并以"齐玉玲"名义入读济宁商业学校，毕业后被分配到中国银行山东滕州支行工作。1999年1月29日，得知真相的齐玉苓以侵害其姓名权和受教育权为由，将陈晓琪、济宁商业学校、滕州八中和滕州市教委告上法庭。同年，枣庄市中级人民法院一审判决陈晓琪停止对齐玉苓姓名权的侵害，赔偿精神损失费3.5万元，并认定陈晓琪等侵害齐玉苓受教育权不能成立。原告不服，遂向山东省高级人民法院提起上诉。

在该案二审期间，围绕陈晓琪等的行为是否侵害上诉人的受教育权等问题，山东省高级人民法院向最高人民法院递交了《关于齐玉苓与陈晓琪、陈克政、山东省济宁市商业学校、山东省滕州市第八中学、山东省滕州市教育委员会姓名权纠纷一案的请示》。2001年7月24日，最高人民法院作出《关于以侵犯姓名权的手段侵犯宪法保护的公民受教育的基本权利是否应承担民事责任的批复》，认为"根据本案事实，陈晓琪等以侵犯姓名权的手段，侵犯了齐玉苓依据宪法规定所享有的受教育的基本权利，并造成了具体的损害后果，应承担相应的民事责任"。该批复自同年8月13日生效。

2001年8月23日，山东省高级人民法院依据《宪法》第46条、最高人民法院批复和民事诉讼法有关条款，对此案作出终审判决：①责令陈晓琪停止对齐玉苓姓名权的侵害；②陈晓琪等4被告向齐玉苓赔礼道歉；③齐玉苓因受教育权被侵犯造成的直接经济损失7000元和间接经济损失41 045元，由陈晓琪、陈克政赔偿，其余被告承担连带赔偿责任；④陈晓琪等被告赔偿齐玉苓精神损害赔偿费50 000元。2001年11月20日，齐玉苓案执行完毕。

2008年12月18日，最高人民法院发布公告称，自当月24日起废止2007年底以前发布的27项司法解释。本案所涉最高人民法院就齐玉苓案所做的《关于以侵犯姓名权的手段侵犯宪法保护的公民受教育的基本权利是否应承担民事责任的批复》法释〔2001〕25号位列其中。与其他26项司法解释被废止理由不同，该司法解释只是因“已停止适用”而被废止，既无“情况已变化”，又无“被新法取代”。

在本案中，齐玉苓被陈晓琪等被告侵犯的权利包括姓名权、受教育权和劳动就业权，但实际上她受到侵犯的主要是受教育权，侵犯姓名权只是侵犯受教育权的手段，对劳动就业权的侵犯也只是侵犯教育权的后果。如果公民的受教育权不能获得直接的宪法救济，则可以通过民事诉讼的司法救济途径予以实现。本案中，最高人民法院运用民法理论，将公民受教育权理解为作为一般人格权的人身自由权，用保护人格利益的方式来保护公民的受教育权，并通过司法解释性的批复，明确指出了以侵犯姓名权的手段来侵犯公民受教育的宪法权利应当承担民事责任，从而为该案的终审裁决提供了依据。山东省高级人民法院依据《宪法》第46条确认侵权者的行为不合法，再依据最高人民法院的批复和《民事诉讼法》第53条的相关规定作出被告应承担民事责任的终审判决，使这一具有宪法性争议的权利纠纷案件得到比较合理的解决。当然，如果权利的其他救济途径没有被用尽，此类权利也可以通过行政诉讼、行政申诉或民间调解及和解等诉讼与非诉讼途径予以解决。

宪法存在两种意义上的司法适用性：①将宪法规范作为判断当事人之间权利义务纠纷的直接法规范依据；②将宪法作为判断当事人之间权利义务纠纷的直接法规范依据的依据，这种意义上的宪法司法适用性，实际上是普通司法机关享有违宪审查权。前一种司法适用逐渐形成了奥地利所开创的宪法法院解决宪法纠纷的宪法诉讼模式，后一种司法适用则由美国在1803年马伯里诉麦迪逊案的判例中逐渐形成了由最高法院进行违宪审查的模式。

在我国的司法实践中，由于体制和观念的原因，宪法长期没有直接作为法院裁判案件的法律依据，宪法的作用更多地通过规范立法的形式体现在各级法院审理案件过程中所直接援用的法律法规、参照适用的规章以及大量援引的司法解释中。因此，宪法中相当部分的内容没有在司法实践中直接发挥出最高的法律效力，使得一些具有宪法争议的案件得不到有效的司法适用。本案中最高人民法院的批复，其实也没有采取直接具体援用宪法第几条款的形式，而是采用不指明宪法条款的原则性援引的形式，虽然它已涉及宪法中关于公民基本权利如何在普通司法诉讼中具体适用的问题。山东省高级人民法院在齐玉苓案的终审判决中直接援用《宪法》第46条和最高人民法院的批复，则突破了我国普通法院不能直接进行宪法的司法适用方面的实践。但2008年废止该司法解释的行为最终就该问题的争议给出了最新答案：我国宪法不能直接成为法院裁判案件的法律依据。

（五）事前审查和事后审查

1. 事前审查。事前审查是指宪法监督机关在监督对象制定的规范性文件生效前进行的审查。如果审查发现该规范性文件草案违宪，该规范性文件草案便不得公布而不能生效。

> 提示
>
> 当前我国宪法监督方式是怎样的？以事前审查为主还是事后审查为主？以具体的审查监督为主还是抽象的审查监督为主？

具体审查方式主要分为两种：①自动审查，即指某些法律或规则生效前，无须任何组织和个人向宪法监督机关提起即应自动接受审查。如1958年《法国宪法》第61条第1款规定："各个组织法在公布前，议会两院的规章在试行前，都必须提交宪法委员会，宪法委员会应就其是否符合宪法作出裁决。"②提请审查，即指在立法过程中，如果特定机关或个人发现某一法案违宪，可将该法案提交宪法监督机关审查；引起争议的法案只有经宪法监督机关审查通过后，才能成为正式法律。如瑞典宪法规定，如果议长认为某些法案违宪，应拒绝将其付诸表决，并提交专门负责审查的立法委员会决定其是否合宪。

2. 事后审查。事后审查是指宪法监督机关在法案生效后进行的审查，这是目前大多数国家采用的宪法监督方式。具体审查方式主要分为五种：①宪法控诉。即公民因其宪法权利受到国家机关及其授权组织或特定个人的侵害而向宪法监督机关提起的诉讼，以寻求其权利的宪法救济。如1949年《联邦德国基本法》第92、93条有此规定。②争诉审查。即宪法监督机关对于当事人之间发生的有关宪法问题的争议而进行的审查。如1958年法国宪法第59条规定："在发生争议的情况下，宪法委员会就国会议会议员和参议员选举的合法性进行裁决。"③质疑审查。即有权主体如果认为某项法律违宪，可以向宪法监督机关提起审查。如土耳其宪法有此规定。④指控审查。即有权机关因认为特定个人的行为违宪而向宪法监督机关提起的审查。如《联邦德国基本法》第61条第1款规定，联邦议院和联邦参议院可以对联邦总统故意违反基本法或联邦其他法律的行为向联邦宪法法院起诉。⑤移送审查。即指当某机关认为自己无权处理有关宪法争议时，应移交宪法监督机关审查。如西班牙现行宪法规定，司法机关在审判过程中，如果认为对某项判决有决定作用的法律规定可能违宪，可按法定条件和方式移交宪法法院审查。

（六）具体的审查监督和抽象的审查监督

1. 具体的审查监督。具体的审查监督是指有宪法监督权的国家机关在审理具体案件时，就所适用的法律是否合宪有效的问题，作出有约束力的裁决。该监督方式以具体的争诉案件为前提，是对与争诉有关的法律和法律性文件进行附带的合宪性审查，所以又称附带的审查监督。在实行违宪司法审查制的国家多采用此方式。如美国，法院并不就法律是否违宪而作一般性抽象审查；只要没有引起争议，即使某项法律违宪，法院也不予以过问；只有在具体案件的审理中，该案所适用的法律引起了是否合宪的争论时，法院才就该法律是否合宪作出裁决，并且这种裁决只适用于此案而不具有普遍的约束力。

2. 抽象的审查监督。抽象的审查监督是指就法律规范性文件是否与宪法相一致而进行一般性审查的制度。该审查可能是因宪法实施中的法律争讼引起的；也可能是因法律没有引起争讼而由有权机关就它是否合宪进行的一般评价引起的。故该宪法监督方式又称原则的审查监督。在立法机关、专门机关负责宪法监督的国家多采用此方式，如法国、中国等。

（七）违宪制裁措施

各国规定的违宪制裁措施大致有以下几种：①撤销违宪法律；②宣布违宪法律无效；③允许宪法主体不受该违宪法律约束或者不适用该违宪法律；④不允许通过具有违宪内容的法案，并责令立法机关修改；⑤以弹劾、罢免等措施追究违宪行为的责任者。

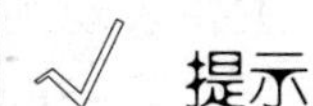

结合相关文本规定，尝试分析我国当前设定的违宪制裁措施有哪些？

二、我国的宪法监督制度

（一）发展历程

1954 年宪法最早确立由最高权力机关监督宪法实施的体制：第 27 条第 3 项规定全国人大监督宪法的实施；第 31 条规定全国人大常委会监督国务院、最高人民法院和最高人民检察院的工作，有权撤销国务院的同宪法、法律和法令相抵触的决议和命令，有权改变或者撤销省、自治区、直辖市国家权力机关的不适当的决议等。1975 年宪法对宪法监督没有任何规定。1978 年宪法不仅明确规定了全国人大有权监督宪法和法律的实施（第 22 条第 3 项），而且把解释宪法和法律作为全国人大常委会的职权予以明确化（第 25 条第 3 项），从而恢复了我国宪法监督制度。1982 年宪法在确认 1978 年宪法有关规定的基础上，还增加了新的内容，扩大了全国人大常委会的职权。它不仅规定了全国人大有权监督宪法的实施，全国人大常委会有宪法解释的权力，还增加规定了全国人大常委会监督宪法实施的职权（第67条第1项）。1982年宪法序言、第5条第2~5款、第70、71、116条等条款对我国宪法的最高地位，宪法规范的强制性和规范性，全国人大常委会的宪法解释权，全国人大的审查权、批准权、改变权、撤销权和罢免权，全国人大常委会的法律解释权、审查权、批准权、改变权、撤销权和罢免权，全国人大各专门委员会的职权等作了详细规定，这使得我国宪法监督制度初具规模。

（二）特点

1. 多层次的代议机关监督体制。根据我国宪法规定，我国的宪法监督主体由国家最高权力机关（全国人大）、它的常设机关（全国人大常委会）、专门机构（各专门委员会）三个层次有机结合、各司其职、统一行使宪法监督权的结构。关于全国人大各专门委员会的宪法监督权参见《全国人民代表大会组织法》第37条第3项。《中华人民共和国各级人民代表大会常务委员会监督法》则就我国各级人大常委会实现监督的相应事项作出了具体规定。

2. 事前审查和事后审查相结合。事前审查主要表现为对有关地方性法规的备案和批准程序，对违背宪法规定的地方性法规不予批准。如我国现行《宪法》第116条关于民族自治地方权力机关制定的自治条例和单行条例生效前的批准备案制度。事后审查主要表现为：全国人民代表大会有权撤销全国人民代表大会常务委员会的违背宪法规定的立法；全国人民代表大会常务委员会有权撤销国务院制定的违背宪法规定的行政法规；全国人大常务委员会有权撤销地方人民代表大会及其常务委员会制定的地方性法规。

3. 多样性的违宪制裁措施：①撤销违宪的立法。全国人民代表大会有权改变或者撤销全国人民代表大会常务委员会的违宪决定；全国人民代表大会常务委员会有权撤销国务院制定的同宪法相抵触的行政法规和决议；全国人民代表大会常务委员会有权撤销省、自治区、直辖市的人民代表大会及其常务委员会、全国人大及其常委会授权的机关制定的同宪法相抵触的地方性法规；地方各级人民代表大会撤销同级人民代表大会常务委员会的违背宪法的不适当的决定；地方各级人民代表大会及其常务委员会撤销同级人民政府违背宪法的不适当的决定和命令；地方各级人民代表大会及其常务委员会撤销下一级人民代表大会及其常务委员会的违背宪法的不适当的决议。②不批准违宪的法案。全国人民代表大会常务委员会因自治区人民代表大会常务委员会制定的自治条例和单行条例违背宪法规定而不予批准；省、自治区人民代表大会常务委员会因自治州、自治县制定的自治条例和单行条例违背宪法规定而不予批准；省、自治区的人民代表大会常务委员会因省、自治区人民政府所在地的市和经国务院批准的较大的市的人民代表大会制定的地方性法规违背宪法的规定而不予批准。③罢免违宪责任者的职务。④责成违宪机关纠正违宪行为。

（三）缺陷

1. 缺乏专门的宪法监督机关。我国虽然存在由国家最高权力机关（全国人大）、它的常设机关（全国人大常委会）、专门机构（各专门委员会）组成的多层次宪法监督机关体系，但它们都不属于专门的宪法监督机关。①就全国人大而言。全国人大组成人员接近3000人（兼职），虽不乏法律人才，但不便于从事专门的违宪审查工作；全国人大每年才召开一次全会，这不便于及时发现和解决违宪问题；全国人大有15项之多职权，无暇专注于宪法监督问题。②就全国人大常委会而言。全国人大常委会组成人员有近200专职人员，每2个月才召开一次全会，其职能达21项。③就各专门委员会而言。它们都由全国人大及其常委会交付任务，而无权自行审查违宪案件之权，更不会主动处理宪法监督问题；也存在众多职能；它们的决定不具有终结效力，是否违宪案件还得由全国人大及其常委会裁定。

提示

缺乏与现行有效的立法违宪行为监督制度配套的适用法律违宪行为监督制度是我国当前宪法监督制度存在的关键性问题。

2. 监督审查启动程序不明晰。对本机关制定的法律通过各层次的立法程序来实现事前监督；对下级有权机关制定的行政法规、地方性法规、规章等抽象法律文件，主要通过备案审查等方式来实现事后监督。对于这些法律法规在具体适用过程中出现的违宪行为，或者在职权审查过程中没有发现的违宪之处在实践运用中暴露出来，这两者当如何介入处理无明确规定。如此易导致下列问题：①宪法监督缺乏连续性。违宪案件发生的经常性和不定期性，与前述三类监督主体会期的固定性与短期性相比，使得宪法监督缺乏连续性。②宪法监督缺乏可操作性。宪法虽然规定了宪法的制裁性及制裁措施，但缺乏具体的程序规定和可行的监督标准（许多宪法语言模糊），使得宪法监督工作实际上无法有效开展。③宪法缺乏可适用性。我国现行《宪法》第5条第3款规定："一切法律、行政法规和地方性法规都不得同宪法相抵触。"这确立了宪法的制裁性，但在司法实践中，1955年、1986年、2008年的最高人民法院司法解释却认定宪法不能作为法院论罪科刑的依据，而使我国宪法严重缺乏可适用性。

3. 违宪制裁措施的制裁性或惩罚性不够强。我国现有的违宪制裁措施缺乏应有的制裁性或惩罚性。无论是撤销违宪法律、法规，还是不批准违宪法律、法规，从严格的意义上讲，都不具备制裁性。虽然罢免具有一定的制裁性，但它本身并不是一项专门的违宪制裁措施，对违宪责任者的制裁作用不大。

（四）完善

可考虑建立一套单独的适用法律违宪行为监督制度，与立法机关监督制度一起形成我国的双轨化宪法监督制度。在程序设计上使两者有机衔接，把立法机关从对适用法律中的各种具体行为的被动式审查中解放出来，使之专注于对具体法律的制定和对立法行为的审查上。单独的适用法律违宪行为监督通过建立宪法诉讼制度由专门宪法监督机关来完成。专门宪法监督机关在处理适用法律中的各种具体违宪行为过程中发现有关法律法规违反宪法规定，即可运用立法法有关规定向立法机关提起对该法规的审查，而转入针对立法违宪行为的立法监督程序，由立法机关来实现监督。通过制定相应的宪法诉讼程序法来对宪法诉讼制度的建立予以规制。在此基础上，进一步明晰针对适用法律中各种具体违宪行为的制裁措施。一方面要区别于其他违法行为的制裁措施，体现出宪法诉讼的独特性；另一方面也要区别于针对立法违宪行为的制裁措施，体现其针对对象的具体性。要加强对违宪责任者的制裁措施，使其承担相应的宪法责任，特别是要明确这种责任的政治后果，如丧失基本权利、弹劾、取缔、撤销。

我要复习！

好，本单元的基本知识点学习完了，让我们在这里来复习一下吧。

你一定要知道的（如果已掌握请打钩）：

宪法监督制度的类型 □

立法违宪 □

适用法律违宪 □

我国宪法监督制度的完善途径 □

我的笔记

______

______

______

______

______

宪法的历史发展

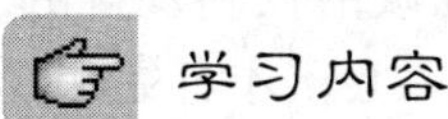

1. 本章以宪法产生发展的历史阶段为线索，分析了近现代宪法产生的一般条件和发展阶段，总结了旧中国宪法问题和宪政运动的历史经验和教训，并通过介绍中华人民共和国历部宪法与现行宪法31条修正案，分析新中国宪法的发展进程、一般趋势和未来走向。

2. 请先预习1776年美国独立宣言、1787年美国宪法、1918年苏俄宪法、1919年德国魏玛宪法、1946年日本宪法、1947年中华民国宪法、1949年联邦德国基本法、1958年法国宪法、1993年俄罗斯宪法后再进入本章的学习。

学习单元一　概　述

一、近代宪法产生的条件

> 提示
>
> 尝试思考近代中国是否也具备产生近代宪法的经济、政治、思想文化、法律条件？若有所欠缺，哪一方面条件的问题最大？

近代意义的宪法，是在国家发展到一定阶段之后，即经历了奴隶社会、封建社会，在资产阶级革命取得胜利、建立资本主义国家之后，由资产阶级最早制定的。宪法是对民主制度的确认，是民主制度的法律化，而奴隶制、封建国家一般不存在民主制度。从现象上看宪法都直接产生于各具特色的资产阶级革命之后，都是资产阶级革命的产物和结果。近代宪法是基于政治、经济、文化和法律这些一般性因素才得以产生的，它是时代的产物。

（一）经济条件

比较发达的商品经济是近代意义宪法产生的经济条件。比较发达的商品经济一般表现为：商品化的程度较高，所有的劳动产品，甚至劳动力都能成为商品进入市场，进行平等自由地交换，形成了国内统一的大市场，商品能在全国范围内自由流通，建立了统一的市场规则体系。只有当商品经济已处于社会经济的主导地位时，伴随商品经济的平等，自由观念才会成为时代精神。近代宪法正是以平等自由为思想基础和价值追求的，所以较为发达的商品经济是近代宪法产生的经济条件。应该指出的是，由于这种较为发达的商品经济，首先表现为资本主义商品经济，所以近代宪法首先产生于资本主义国家。

（二）政治条件

较为完备的民主政治是近代意义宪法产生的政治条件。民主政治是与君主政治相对的一种政治形态，近代以来的民主政治是较为完备和成熟的民主政治。一方面，它以平等自由为追求目标；另一方面，它有较为完备的制度形式。最为重要的是它以发达的商品经济为经济基础。随着商品经济的发展，作为先进生产关系代表的资产阶级逐渐在经济生活中处于支配地位，日益不满其在政治和其他社会生活中的无权地位。因此，他们在同以国王为代表的封建贵族的斗争中，不断地将获得的政治权利以法律的形式制度化。随着资产阶级革命的爆发和最终取得胜利，资产阶级需要将有利于自己的政治体制和政治权利及自由，以具有最高法律效力的宪法的形式固定下来。正是在这种意义上，才有宪法是资产阶级革命的产物之说。

（三）思想文化条件

提示

尝试谈谈你对“民主的、大众的和科学的文化”之理解？其各自的典型表征是什么？

民主的、大众的和科学的文化是宪法产生的思想文化条件。近代资产阶级的文化革命对近代宪法的产生起到了直接的促进作用。宗教改革是资产阶级文化革命的重要内容，它按照资产阶级的要求，以宗教改革的形式对封建制度的精神支柱进行批判，确立了反映资本主义精神的资本主义新教伦理和个人的宗教信仰自由观念，为清除宪法产生的宗教障碍作出了贡献。思想启蒙运动也是资产阶级文化革命的重要组成部分。启蒙思想家高举理性的大旗，运用自然法理论的武器，用科学批判神学，用人权反对专制，使自由、平等、博爱等思想观念得以传播和普及，为宪法的产生创造了思想条件。

近代资本主义文化为宪法的产生提供了理论和技术条件。随着社会生产力的发展，社会分工越来越细，客观上要求法律以部门法的形式对社会关系进行分门别类的调整，这必然导致旧的诸法合体的法律形式解体；另一方面，社会又在分工的基础上走向新的综合，它要求用法律对社会关系进行更深入、更系统的整体调整，因而需要有一种法律凌驾于其他法律之上，对社会关系进行统一调整，这种法律就是作为国家根本法的宪法。近代社会科学，特别是政治学、社会学和法学为这一过程的完成提供了理论和技术支持。可以说没有资产阶级的文化革命、没有近代的社会科学，特别是法学和职业法学家的创造性劳动，就不会有近代意义的宪法。正是从这种意义上说，近代文化是宪法产生的重要思想条件。

（四）法律条件

法律部门的增多，法律形式的分化及由此而产生的各种法律部门在更高层次上的统一是宪法得以产生的法律条件。封建社会的国家制定了一些法律，但多表现为诸法合一的倾向；资产阶级革命以后，伴随着资本主义经济的发展，社会关系日益复杂，同时，基于资产阶级建立法治国家的需要，越来越多的社会关系被纳入法律的调整范围。诸法合一的立法模式已经远远不能适应社会需要，越来越多的单行法律的出现为称之为宪法的法律能够居于其他法律之上、成为国家的根本法奠定了基础。宪法规定了国家的民主制度，具有严格的制定和修改程序，以及最广泛的民意基础，其合法性和正当性也就最强，也就最有资格充当社会最高规则和最高规范的角色，它保证法律体系内部统一化的需要。

二、典型国家宪法的历史发展

（一）英国宪法

英国是世界上最早制定宪法并实行宪政的国家。英国宪法是不成文宪法的鼻祖，主要表现为：涉及国家根本问题而由议会在各个历史时期颁布的宪法性法律文件；具有宪法效力的法院判例；在英国长期的国家政治生活中形成的具有约束力的宪法惯例。

提示

尝试分析下英国宪法性法律文件发展历程所呈现的规律与特点。

1. 宪法性法律文件。宪法性法律文件是英国宪法结构的主体，主要指涉及国家根本性问题的重要议会法案及含有宪法性质的议会制定法。主要包括：①1215 年自由大宪章。它的基本精神是限制王权，迈开了走向民主宪政的第一步，但它只是封建性的政治文件，不是近代意义的宪法。②1628 年权利请愿书。它是国会在资产阶级革命酝酿期间针对英王查理一世滥用职权而制定的法律。③1679 年人身保护法。它是资产阶级革命初期，国会针对英王查理二世的专横暴虐而制定的法律，也是一个重要的宪法性文件，是从 14 世纪开始实行的保护人身权利制度的法律。④1689 年权利法案。1688年资产阶级和新贵族联合发动政变，推翻了斯图亚特王朝，确立了君主立宪制度。权利法案反映了大资产阶级和土地贵族的妥协。权利法案的颁布使国王的权力大受限制，国会的权力超于主权之上，成为最高国家权力机关，从而最终确立了英国的君主立宪制度。⑤1701年王位继承法。为了加强资产阶级在国家中的权力，使国会更有效地控制国王，保持国会和法院对国王的独立性，国会于1701年制定了王位继承法。从此以后，国王失去实际权力，成为“统而不治”、“临朝而不听政”的象征性人物，成了偶像崇拜的对象。它也是奠定君主立宪政体的重要宪法性法律文件之一。⑥1911年议会法。英国国会分上议院和下议院，20世纪初，上院和下院具有平等的立法权，上院代表富有阶级，下院主要代表中等阶级及普通民众。下院是民选的，下院的意见应占上风，这是民主制度决定的，但上院为维护富有阶层的利益，往往否决下院的议案，这就产生了矛盾。1911年下院通过议会法，执政的自由党支持这个法案。法案的基本精神是：上院无权否决下院通过的法案，只有延置两年的权力（财政议案只能拖延1个月）。1949年工党政府通过了第二个议会法，将上院的延置权减为1年。这项法律明显削弱了国会上院的立法权。⑦1931年威斯敏斯特法。1931年在英国议会所在地威斯敏斯特宫通过。该法明确宣布：各自治领享有完全的独立的立法权，除非经自治领政府或议会的请求和同意，英国议会不得为自治领立法，英国国王不再拥有否决或根据英大臣的建议取消自治机关所通过的法令的权力。从此，英国就失去了对自治领实质性的政治控制。⑧1937年内阁大臣法。通过这部成文法国王正式把早已不存在的行政大权转让给内阁，首相的绝对权威得到法律上的正式确认。而英国国王，只不过置身首相之后，代他履行批准手续而已。英国首相的集权趋势还在加强。他不仅可以决定内阁组成的名单，而且还控制着内阁活动的各个方面；内阁的决定多半不是通过表决来作出，而是以首相的意见为转移；所有内阁大臣都要服从首相的意志，对首相负责；同首相产生分歧矛盾的大臣，除了辞职，别无他途。⑨1949年人民代表法。主要涉及议会选举制度改革。⑩1972年欧洲共同体法。英国是欧洲联盟成员之一，因而受欧洲共同体法的支配。欧洲经济共同体法主要涉及经济问题，法律的目的是打破国家之间的贸易壁垒，保证公平竞争。

2. 英国宪法的特点。英国宪法是在革命过程中逐渐产生的，是由一系列宪法性法律积累而成，在形式上表现为不成文宪法；革命的不彻底性和妥协性致使王权及其所代表的制度外壳被保留下来；旧的法律，如1215年自由大宪章等成为新宪法的组成部分；英国宪法不具有根本法的形式特征。

（二）美国宪法

1787年的美国宪法是世界上第一部成文宪法。美国宪法的产生，经历了从独立宣言到制定各州宪法和邦联条例，再到制定联邦宪法这样一个发展过程。

1. 独立宣言。1776 年 7 月 4 日，第二届大陆会议通过了独立宣言，该宣言以卢梭的社会契约论为理论依据，是世界宪政史上的重要历史文献，也是世界上第一个人权宣言。它在历史上第一次用政治纲领的形式宣布民主共和国的基本原则，对美国宪法的产生和宪政体制的确立产生了直接影响。

提示

1776 年美国独立宣言是世界上第一个人权宣言。

2. 邦联条例。1781 年北美 13 州组成邦联，颁布了邦联条例。美国是 1787 年以后才建立联邦的，在这之前它是 13 个州成立的一个邦联，邦联不是一个主权国家，而是国家的联合。

3. 联邦宪法。1787 年的美国宪法于 1789 年正式生效。这部宪法以根本法的形式确认了以“三权分立”和联邦制原则的国家制度，建立了资产阶级民主共和政体，在形式上表现为统一的法典，成为世界上第一部成文宪法。该宪法确认了人民主权原则、有限政府原则、权力分立和制衡原则、联邦与州的分权原则和文职人员控制军队原则。宪法文本由三部分组成：①序言。“我们合众国人民，为建立更完善的联邦，树立正义，保障国内安宁，提供共同防务，促进公共福利，并使我们自己和后代得享自由的幸福，特为美利坚合众国制定本宪法。”②宪法条文（共 7 条）。第 1 条规定国会参众两院的组织与职权；第 2 条规定总统的产生与职权；第 3 条规定联邦法院的组织与职权；第 4 条规定联邦和各州之间，以及州与州之间的权限与关系；第 5 条规定宪法修改的程序；第 6 条规定该宪法的地位与效力；第 7 条规定宪法的批准和生效。③修正案（共 27 条）。1789 年 9 月通过了第 1 ~ 10 条修正案，称为权利法案。第 11 ~ 27 条主要涉及蓄奴制度的废除、选举制度的改革、种族平等、男女平权等问题。

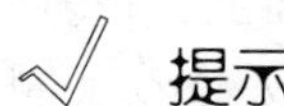

提示

如何理解美国宪法序言中“并使我们自己和后代得享自由的幸福”这句话的意义？

4. 美国宪法的特点：①“天赋人权”理论为美国宪法奠定了坚实的思想基础。独立战争首先是反对英国殖民统治的战争，其思想基础是“天赋人权”理论，独立战争的许多领导人本身就是启蒙时代的代表人物，独立战争使“天赋人权”思想广泛流传并深入人心。②确立了彻底的共和制，具有浓厚的反封建色彩。独立战争将斗争矛头直指英国国王，虽然是斗争策略，但却具有一定的反封建色彩，美国宪法确立的彻底的共和制与之不无关系。③通过实行联邦制克服了邦联条例所建构体制的缺点。州际关系的不协调和独立战争后国内各种政治关系的矛盾冲突，暴露了邦联条例所建构的体制的缺点，美国联邦宪法通过实行联邦制成功地克服了这种不足。

（三）法国宪法

1. 人权宣言。在美国革命的影响下，1789 年法国爆发了资产阶级革命。8 月，国民议会通过了著名的人权宣言，明确宣告了“主权在民”、“天赋人权”、“权力分立”和“法律面前人人平等”等资产阶级民主法治原则，宣告了私有财产神圣不可侵犯，是法国资产阶级在反封建斗争中提出的纲领性文件。人权宣言的内容为：平等是人权和公民权利的基本原则；自由是人权和公民权利的首要原则；安全权是另一种重要权利；财产权是不可侵犯的权利；权利的实现不仅在于权利的宣告，还有赖于建立符合人权保障理念的国家制度。

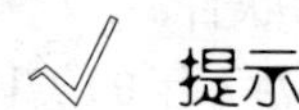

欧洲大陆第一部成文宪法是1791 年波兰五三宪法而非 1791 年法国宪法。

2. 1791 年宪法。在推翻封建统治、建立资产阶级政权的基础上，1791 年法国宪法由制宪议会于 1789 年 7 月着手制定，1791 年 9 月生效。这是欧洲大陆的第二部成文宪法，在通过时间上较波兰立陶宛联盟瑟姆于 1791 年 5 月 3 日通过的“欧洲大陆第一部成文宪法——波兰五三宪法”晚了近 4 个月。但 1791 年法国宪法以人权宣言为序言，在世界范围的影响要远胜于波兰五三宪法。该宪法确立的政治体制是议会制君主立宪制，宪法对王权只是限制而非废除；宣布废除各种封建制度，但其中不少条文违背了人权宣言指出的资产阶级民主原则，如将公民分为积极公民和消极公民，把劳动人民当作消极公民而剥夺其选举权利等。

3. 1958 年现行宪法。法国从 1791 年到 1958 年，先后制定了 12 部宪法。现行宪法是 1958 年由戴高乐总统主持，通过全民公决的方式制定的。这个宪法最大的特点是将原来的议会制改成半总统制。在这种体制下，总统监督遵守宪法，是国家独立、领土完整和遵守共同体协定与条约的保证人，由公民直接选举产生，任期 7 年，连选连任，权力涉及任命总理、签署和颁布法律，解散议会，任命官员，外交权，军事权、司法权、发表咨文权、紧急状态时行使非常权力、修宪倡议权等。其权力遍及立法、行政、司法、军事各个领域。法国不设副总统，总统缺位时，由参议院议长代理行使权力，直至选出新的总统就任为止。

4. 法国宪法产生的特点：①完全贯彻了资产阶级各项宪法原则。法国大革命是彻底的资产阶级革命，法国宪法充分贯彻了进步的资产阶级的宪法要求，确立了人民主权原则，保护公民权利和自由原则，三权分立原则和共和制原则。②发展历程曲折，经过三个阶段。随着大革命的深入进行，法国宪法的产生经历了从宣布一般原则到制定君主立宪宪法，最后到颁布共和制宪法的过程。③深受启蒙思想影响。启蒙思想家的观点不仅是法国大革命的指导思想，而且被写入宪法，使宪法置身于人权、民主、法治的思想氛围中，有了深厚的思想基础。

（四）俄国宪法

俄国宪法的历史发展大致可分为三个时期：苏俄宪法、苏联宪法、俄罗斯联邦宪法。其发展历程与社会主义宪法的产生、发展、重大挫折相伴而行。

提示

尝试思考1918年苏俄宪法的诞生于宪法发展历程之意义何在？

1. 苏俄宪法——社会主义宪法的产生。社会主义宪法的产生也是一定社会经济、政治、文化发展的必然要求，只是社会主义宪法是无产阶级革命的产物，其理论渊源主要是马克思主义的宪政理论。马克思主义宪政理论的基本观点包括：宪法是一种社会历史现象，有其产生、发展和消亡的过程；宪法有阶级性，是统治阶级意志的集中体现，反映一国不同社会政治力量的对比关系；宪法是产生于一定经济基础之上的社会上层建筑，对经济基础有反作用；宪法是民主制度的保障书。世界上第一部社会主义宪法是1918年苏俄宪法，它是俄国十月革命的产物，该宪法共6篇90条明确宣布一切权力归工农兵代表苏维埃，实行城乡无产阶级与贫农专政。

1918年苏俄宪法突破了资本主义宪法和宪政一统天下的单一格局，使宪法也成为无产阶级实现民主和组织国家政权的根本法，世界宪法史开始出现资本主义宪法和社会主义宪法并存发展的态势。第一次系统地规定了一国的社会经济制度，从而扩大了宪法的调整范围，宪法由传统的政治领域进入了社会经济生活领域。推动了社会主义宪法的发展，使之从一国波及多国，从而打破了西方资本主义宪政文化的氛围，并使社会主义宪法成为世界文化现象。

2. 苏联宪法——社会主义宪法的发展。1918年苏俄成立后，又有不少的共和国加入进来，1922年苏联宣告成立，1924年制定了第一部苏联宪法。1936年颁布了第二部苏联宪法。1936年苏联宪法是第一部真正具有社会主义性质的宪法，而1918年苏俄宪法和1924年苏联宪法都只是过渡宪法。该宪法所规定的选举制度进一步实现了民主化；宪法文本准确反映了苏联社会政治、经济和思想文化发展水平，全面展示苏联社会基本面貌。它是社会主义宪法的代表性示范作品，其他社会主义国家的宪法都受到它的深刻影响。1977年，苏联又制定了反映苏联为全民国家、其最高目标为建设无阶级的共产主义社会的宪法。

3. 俄罗斯联邦宪法——社会主义宪法的重大挫折。俄罗斯联邦现行宪法是1993年12月12日经全民投票通过的，他和苏联宪法在社会性质和意识形态上根本不同。俄罗斯实行的是一种总统制的联邦国家制度。俄罗斯联邦是一个共和政体的民主的联邦的法治国家；取消了共产党在国家中的领导地位；实行政治的多元化、多党化，任何一种思想体系不得被规定为国家的思想体系；取消社会主义公有制；规定较为广泛的人与公民的权利；设立享有广泛权力的总统。总统任期4年，连任不得超过两届，他是国家元首，有权任命总理，批准立法，统帅武装部队等，并有权发布总统令。

三、宪法的发展阶段

宪法的发展阶段可以1918年第一次世界大战结束为界限分为近代宪法和现代宪法两个时期。

（一）近代宪法

1. 发展历程。近代宪法的发展可以1848年革命为标志分为两个阶段：第一阶段从18世纪末到19世纪中叶。该期间宪法可分为两类：①为数较少的民主共和制宪法。如美国宪法、法国1793年雅各宾派的宪法以及智利、乌拉圭等国宪法。②占绝大多数的君主立宪制宪法。如英国式的君主立宪制宪法、法国1791年宪法、比利时的1831年宪法和法国波旁王朝的二元君主立宪制宪法。第二阶段从19世纪中叶到第一次世界大战结束。该期间宪法也可分为两类：①绝大多数是美国式的共和制宪法和英国式的虚君制宪法。共同特点是承认主权在民原则，废除君主制或对君主的权力加以严格限制。②少数封建势力强大的国家以法国波旁王朝宪法为蓝本，颁布主权在君的钦定宪法。如1871年德意志帝国宪法和1889年大日本帝国宪法。

> 
>
> 如何理解“近代宪法的主要特征是政治法，现代宪法的主要特征是社会法”这一观点？

2. 主要特点：近代宪法确立了主权在民原则，民主共和是宪法的主流；强调公民权利，特别是自由权利，具有自由主义色彩；国家权力受到限制，国家的作用主要被限制在政治生活领域，宪法具有政治法的特色；从形式上看，成文宪法被普遍采用；虽然亚洲的日本等国也出现了宪法，但在整个近代，宪法基本上仍然是西方的一种政治法律现象，局限于西方文化圈的范围内。

（二）现代宪法

1919年德国魏玛宪法和1918年苏俄宪法的颁布，标志着现代宪法的产生。1919年德国魏玛宪法共两篇181条。第一篇规定联邦的组织与职能，第二篇规定国民的基本权利与义务，以及过渡条款。该宪法宣布主权在民，确立了内阁制共和政体；规定德国是联邦制国家，联邦中央权力得到加强；还规定了范围广泛的公民权利。其通过对私有财产权的限制，使近代宪法中的自由主义精神受到抑制，社会公共福利受到重视和倡导；议会权力受到一定限制，行政权力扩大的趋势被宪法认同；宪法赋予国家广泛干预社会经济和文化的权力，所谓管得越少的政府就是越好的政府的观念已趋于过时。

1. 发展历程。现代宪法的发展，可以以二战结束为标志分为两个阶段。第一阶段从一战结束到二站结束。该期间宪法的发展主要表现为：①现代宪法的产生和近代宪法向现代宪法的转型。②进一步民主化是这一阶段宪法发展的主流，但也有逆流，如法西斯德国对魏玛宪法的破坏，意大利法西斯体制的建立等。第二阶段从二战结束至今。该期间宪法的发展主要表现为：①有些国家的宪法在战后继续朝着现代宪法转型。如第五共和国宪法的颁布实施才使法国最终完全实现转型。②对宪法发展中出现的逆流进行清理。对法西斯主义及其体制的改造使德国、意大利、日本等国的宪法回到了民主和平的道路。③社会主义宪法纷纷制定和颁布。随着社会主义国家的建立，社会主义宪法纷纷制定和颁布，并以鲜明的特色丰富和发展着宪法。④民族主义宪法普遍出现。随着殖民体系的崩溃，民族国家的民族主义宪法以其民族主义特色成为宪法大家庭中不可缺少的一员。

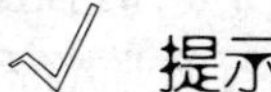

> 如何理解“民族主义宪法”？中国特色社会主义下的当代中国宪法是否也是一种典型的“民族主义宪法”？

2. 标志性事件：①罗斯福新政。罗斯福新政使得总统的行政权进一步扩大，议会赋予总统广泛的委托立法权；在联邦与州的关系上，联邦中央的权力得到强化；政府广泛干预社会经济事务；使美国宪法完成了向现代宪法转型的进程，并为二战后美国宪法的发展铺平了道路。②联邦德国基本法。在恢复魏玛宪法规定的宪政体制的基础上又有新发展，以魏玛宪法为蓝本制定，但加强议会和内阁总理的权力，削弱总统的地位。该宪法具有很明确的国际化倾向。由于是在德国战败并被盟国占领的特殊条件下制定的，故规定了对国家主权的限制和明确规定国际法优越于国内法。

（三）未来的发展趋势

1. 宪法在国家权力的横向配置上呈现出行政权力扩张的趋势。在国家权力的横向配置上行政权力扩张往往表现为：①行政权干预立法权，如美国总统频繁使用否定权；②紧急命令权，如法国宪法对紧急命令权的规定；③委托立法权，即行政机关经委托享有一定的立法权。

2. 宪法在国家权力的纵向配置上呈现出国家权力向中央集中的趋势。在国家权力的纵向配置上国家权力向中央集中往往表现为：①在中央集权的国家，国家权力的重心在中央，虽然有的国家在宪法中也有地方分权、地方自治的规定，但地方分权的程度、地方自治的范围均由中央定夺，地方分权、地方自治并不具有实际意义。②在奉行地方分权并以此为基础实行地方自治的国家，中央对地方的干预越来越多。如英国政府对地方制度的每一次改革，都是削弱地方政府，使地方依赖中央的程度越来越大。地方自治往往受到三个方面的中央干预，即立法监督、行政监督和财政监督。③在联邦制度国家，联邦中央的权力在理论上和宪法的规定上是有限的，但在现实的联邦与成员国或州的关系上，联邦中央的权力越来越大，这种现象在美国表现得尤为突出。

3. 宪法在经济和文化方面的规定日益丰富和完备。在宪法中形成基本经济制度和文化制度。德国从1919年魏玛宪法设立经济生活专章，到1949年德意志联邦共和国基本法对有关公民教育财产等基本权利的规定和社会化（第15条）的规定，以及用专章（第15章）对财政的规定，再到1982年葡萄牙宪法中第二编经济组织和第一编第3章经济、社会与文化方面的权利与义务的规定，可以看出宪法对教育、文化的规定已成为宪法的重要内容。宪法已不再仅仅是政治法，而是内容更为全面丰富的“社会法”。

提示

你认为当代中国亟待扩充之宪法规定的公民基本权利是什么？

4. 宪法规定的公民基本权利的范围进一步扩充：①宪法对经济和文化权利的规定是对以往宪法只规定政治权利和自由权的发展。如1981年哥斯达黎加宪法第七章专门规定公民教育与文化方面的权利，并将其置于公民的政治权利与义务之前。②宪法对社会权利的规定。社会权利一般是指公民政治经济文化权利之外的其他基本权利，各国宪法对社会权利的规定范围也不尽相同，但核心内容是家庭、婚姻、社会保障。如哥斯达黎加宪法第五章社会权利与保障主要规定的是家庭、婚姻、劳动时间以及雇主与劳动者的关系和社会保险，宪法强调公民的社会权利及利益不得放弃。③宪法对环境权的规定。为了有效治理因工业化造成的环境问题，越来越多的国家对环境保护作了专门规定，环境权成为一项新的公民基本权利。当今世界已有40多个国家的宪法对环境保护作了规定，其中大多数是20世纪70年代以后规定的。④宪法强调权利的保障。现代宪法在设定公民基本权利的同时，还普遍对权利的实现规定了保障措施。如1982年葡萄牙宪法在规定每一种权利的同时都对该权利的保障作了规定。葡萄牙宪法公民权利与义务篇第二章为权利、自由与保障，其三节的标题分别为“权利、自由与人身保障”、“参政的权利、自由与保障”及“工人的权利、自由与保障”。

5. 建立专门的宪法监督机关加强宪法保障成为一种潮流。1920年奥地利在欧洲率先设立宪法法院，成为美国司法审查制度的欧洲版本，随后法国也设立了宪法委员会。二战后，德国、法国、日本等国也建立或进一步完善了本国的宪法监督制度。从众多国家的宪法监督制度来看，专门机关监督宪法实施，已成为一种潮流，其中采用宪法法院的又是它的主流，目前世界上已有三四十个国家设有宪法法院，如俄罗斯、波兰、葡萄牙等。

6. 宪法发展的国际化趋势进一步扩大：①对国际法的直接承认和接受。国际法是国家间关系的准则，各国近代宪法基于国家主权观念，对国际法往往采取较为保留的态度。现代以来的宪法对国际法的态度有了明显改变，采取了直接接受的态度。如德国基本法规定：国际法的一般规则是联邦法律的组成部分，它们优先于法律，并且直接为联邦领土上的公民创设权利和义务。②对国家主权作有条件的限制。随着战后传统主权观念的变化，并基于国际合作的需要，许多发达国家，特别是欧盟国家都通过宪法对国家主权作了有条件的限制。如德国基本法规定联邦可以通过法律将部分主权让予国际机构。法国宪法规定：法国同意，基于相互之条件，为了组织及保卫和平，对其主权加以必要的限制。③公民基本权利领域的国际化。围绕人权问题签署了许多公约，其中主要有《世界人权宣言》、《公民权利和政治权利国际公约》、《经济、社会和文化权利国际公约》等。④宪法国际化的方式有所改进。主要是在经济一体化的进程中，由国家制定和修改宪法来顺应国际化趋势。

7. 宪法形式上的发展趋势：①宪法渊源的多样化趋势。国际法成为宪法的重要渊源；成文宪法国家其他法律渊源（宪法性法律、宪法惯例、宪法判例）也受到广泛重视。②宪法修改较为频繁。社会发展较快，社会关系活跃，现代社会的人们基于共同利益的需要，对许多问题较容易达成共识。③宪法修改程序有简化的趋势。在程序上为宪法修改提供了方便。

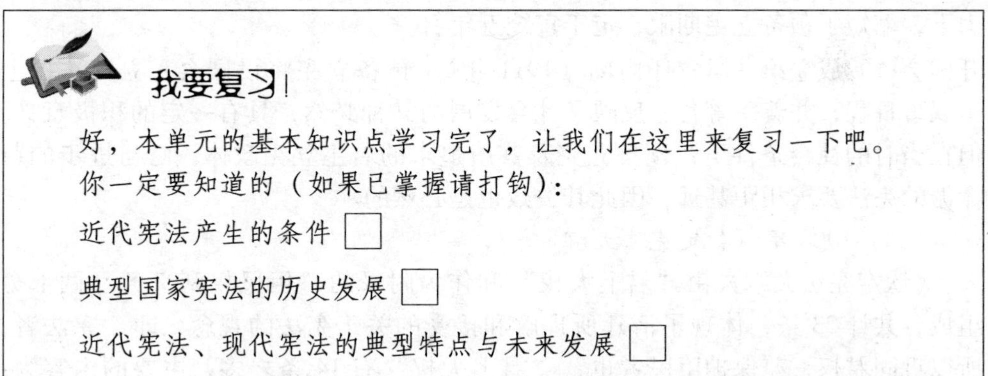

好，本单元的基本知识点学习完了，让我们在这里来复习一下吧。

你一定要知道的（如果已掌握请打钩）：

近代宪法产生的条件 □

典型国家宪法的历史发展 □

近代宪法、现代宪法的典型特点与未来发展 □

学习单元二　旧中国宪法的产生和演变

一、清末近代宪法的出现

清末维新思想的产生与传播促成了近代宪法在我国的出现。维新思想是中国近代思想史上的一种重要思潮，以学习西方，反对侵略，改良政治为基本主张。维新派以进化论和资产阶级政治哲学为思想武器，以君主立宪为维新变法的基本主张。维新思想在近代中国具有思想启蒙和思想解放的意义，并直接催生了戊戌变法。

（一）1898年戊戌变法

主要内容包括：①经济方面：设立农工商总局，保护工商业，奖励发明创造；设立矿务总局，修筑铁路开采矿产；举办邮政，裁撤驿站；改革财政，编制国家预算。②政治方面：改革行政机构，裁汰冗员；提倡官民上书言事。③军事方面：裁减旧军队，训练海陆军，推行保甲制度。④文化方面：改革科举制度，废除八股文；设立学堂，学习西学；设立译书局，翻译外国新书；准许自由创立报馆和学会；派留学生出国。戊戌变法是一次前所未有、内容涉及广泛的社会改革，虽然没有直接提及设议院、立宪法，但其变法主张与近代宪法的精神是相近的。虽然失败了，但确将宪法问题历史地摆在了中国社会发展的面前，开启了中国宪政运动的先河，在中国宪法史上具有重要意义。

（二）1906年预备立宪

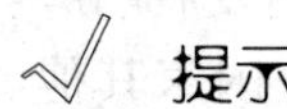

你认为1898年戊戌变法与1906年预备立宪的积极意义有哪些？

主要内容包括：①公布中央官制改革方案（1906年11月）；②颁布《钦定宪法大纲》；③宣布预备立宪的期限为9年；④设立资政院和各省咨议局，并颁布了《资政院章程》、《咨议局章程》等法律法规；⑤在立宪派的压力下，缩短了预备立宪期限，定于宣统五年召开国会；⑥成立第一届责任内阁（1911年）。预备立宪将设国会、立宪法提上了议事日程，并着手筹备，反映了社会发展的某种必然，具有一定的积极意义。但在当时的社会条件下，预备立宪及其所追求的君主立宪政体，已与进步的革命派的宪法要求相距甚远，因此其失败也是必然的。

（三）1908年《钦定宪法大纲》

《钦定宪法大纲》由“君上大权”和作为附录的“臣民权利义务”两部分组成，共计23条，体现了清廷所理解和接受的关于宪法的观念，即“宪法者，所以巩固君权，兼保护臣民者也”。“君上大权”有14条之多，主要的内容为：宣布“大清皇帝统治大清帝国万世一系，永永尊戴”；“君上神圣尊严，不可侵犯”。君主享有颁行法律、发布议案、召集及解散议院、设官制禄、黜陟百司、统帅军队、宣战、媾和、订约、派遣与认受使臣、宣告戒严、爵赏恩赦、总揽司法等大权。“当紧急时，皇帝还有权以诏令限制臣民之自由”。这些条文以1889年日本帝国宪法为蓝本，是日本宪法的翻版，只是删去了对天皇权力限制的有关部分。“臣民权利义务”有9条，以附录的形式出现，列举了臣民的言论、著作、出版、集会、结社及呈诉等自由和臣民当兵、纳税、守法等义务。《钦定宪法大纲》是中国历史上第一部具有近代意义宪法性质的宪法文件，它的颁布标志着近代意义的宪法在中国的出现。它规定的立宪君主政体较之专制君主政体具有进步性。它以根本法的形式列举“君上大权”，具有君权法定和君权有限性的意味。它列举臣民的权利和义务，从而赋予了“臣民”一些近代公民概念的内涵。

(四) 1911年《重大信条十九条》

主要内容包括：①宣称大清皇统万世不易，皇帝神圣不可侵犯；②确立了皇权有限的原则，规定“皇帝之权以宪法规定者为限”；③设立国会，行使立法和议决之权；④实行责任内阁制，赋予内阁总理较大的职权；⑤确立了皇帝、国会、内阁和裁判机关分权制约的原则；⑥确立了宪法地位高于皇室大典的原则，规定“皇室大典不得与宪法相冲突”。从内容上看，《重大信条十九条》建立的是一种君主立宪政体下的议会内阁制的政权组织形式，较之《钦定宪法大纲》的有关规定是一种进步。从形式上看，《重大信条十九条》初步确立了有关宪法的制定、修改、颁布和地位等制度，从而在中国宪法史上第一次使宪法具有了形式上的根本法的意味。《重大信条十九条》是在武昌起义爆发后，清廷为保全皇统而作出的无奈选择，又缺少有关公民或臣民权利与自由的规定，其宪政上的意义十分有限。

> √ 提示
>
> 1908年《钦定宪法大纲》是中国历史上第一部具有近代意义宪法性质的宪法文件。

二、民国宪法的演变

(一) 南京临时政府时期的宪法

1. 1912年《中华民国临时政府组织大纲》。《中华民国临时政府组织大纲》分临时大总统、参议院、行政各部和附则4章，共21条。主要规定以下内容：①临时大总统的产生、职权，确立了临时大总统既是国家元首，又是政府首脑的法律地位。临时大总统由各省都督府代表选举产生，有统治全国和统帅海陆军之权。②临时大总统经参议院同意行使宣战、媾和、缔结条约、制定官制官规、任命国务员和外交专使、设立临时中央裁判所等权力；在行政各部的辅佐下，行使行政权；对参议院议决事项，有否决权，可要求参议院复议。③规定了参议院的组织、职权和相关的会议制度，确立了参议院一院制的组织形式和立法机关的法律地位。参议院由各省都督府派3名代表组成，议长由议员以记名投票的方式选举产生。参议院有同意权、立法权、议决权和调查权等职权。

规定设立外交部、内务部、财政部、军务部和交通部等行政各部，辅佐临时大总统办理各部事务。④规定了国民议会的召集和《中华民国临时政府组织大纲》的施行期限。

《中华民国临时政府组织大纲》具有以下特点：①确立了总统制的共和政体；②初步建立了总统与参议院的分权与制约关系；③地方在组织中央政府和参与中央政治方面具有重要作用和地位；④临时政府组织不够完备，缺乏必要的民主性，临时性与过渡性的特色较为鲜明。它是中国历史上第一部宪法性法律。

2. 1912 年《中华民国临时约法》。《中华民国临时约法》分总纲、人民、参议院、临时大总统副总统、国务员、法院、附则 7 章，共 56 条。主要规定以下内容：①“中华民国之主权，属于国民全体”，“中华民国由中华人民组织之”，体现了“主权在民”的原则。②中华民国是统一的多民族国家，如“中华民国领土，为二十二行省，内外蒙古，西藏，青海”。③人民应享有的权利和应履行的义务，确立了中华民国人民一律平等的原则。如规定中华民国人民享有人身、居住、言论、出版、集会、结社、通信、迁徙、信仰、保有财产和营业等自由；有请愿、诉讼、考试选举及被选举的权利；有纳税、服兵役等的义务和“中华民国人民，一律平等，无种族、阶级、宗教之区别”。④中央国家机关的组织、职权及其相互关系，确立了三权分立的原则。规定了参议院、临时大总统及副总统、国务员、法院的产生、职权。如参议院选举和弹劾总统，总统和司法总长任命法官，法官审判弹劾后的总统，总统可以否决参议院的决议等，体现了三权分立的精神。⑤规定了严格的修改程序和效力。须由参议院议员 2/3 以上，或临时大总统提议，经参议员 4/5 以上议员出席，出席议员 3/4 通过方可增修。该约法与宪法有同等效力。

> 1912 年《中华民国临时约法》是中国历史上第一部宪法，它确立了总统制的三权分立政权组织形式。

《中华民国临时约法》具有以下特点：①是中国历史上的第一部宪法。虽然没有直接以宪法命名，但符合宪法的实质要件和形式要件，实际上就是一部临时宪法。②从法律上奠定了民国共和政体的民主基础。体现在对主权在民原则和国民权利与义务的规定上。这既是它不同于以往的宪法性文件、宪法性法律的特点，也是其革命的进步性的表现。③从法律上确立了三权分立的政权组织形式的原则。《中华民国临时约法》在《中华民国临时政府组织大纲》的基础上，通过对法院组织和职权的规定，将参议院与总统的分权与制约关系发展为参议院、总统与法院的三权分立与制约关系。④突出了对总统权力的制约。规定的政权组织形式仍然是总统制。规定临时大总统任命国务员，国务总理及各总长均为国务员，国务员辅佐临时大总统负其责任。突出了对临时大总统权力的制约，目的是防范和限制即将就任大总统的袁世凯。⑤对人民权利和自由的规定，较之以往的规定，内容更完备，地位更突出。⑥在制度设计和立法技术方面存在许多不足之处。如对中央与地方的关系和地方政府组织没有作规定；对临时大总统的弹劾程序存在规定不清楚的立法技术问题。《中华民国临时约法》是中国宪法史上第一部具有较为完备的近现代宪法的属性，并发挥了一定宪法作用的临时宪法。它是中华民国共和政体正当性和合法性的宪法表现，从而使存废《中华民国临时约法》成为共和或专制的分水岭。

（二）北洋军阀政府时期的宪法

1. 1913 年《中华民国宪法草案》（《天坛宪草》）。《天坛宪草》是以《临时约法》为依据进行起草的，分为国体、国土、国民、国会、国会委员会、大总统、国务院、法院、法律、会计、宪法之修正及解释，共 11 章 113 条。设定了更为明确的立法、行政、司法三权分立体制，进一步强化了对大总统权力的制约；设立参众两院和国会委员会，国会组织更为完善；强调国务员对众议院负责，已具有议会内阁制的意味，初步形成了一种总统制与议会内阁制相结合的混合制政权组织形式；设会计一章，对税收、预算、审计等制度作了规定，具有创新和发展的意义。

2. 1914 年《中华民国约法》（《民三约法》、《袁氏约法》）。《中华民国约法》共 10 章，依次为：国家、人民、大总统、立法、行政、司法、参政院、会计、制宪程序、附则，计 68 条。其根本目的是实行总统独裁制，削减国会的权力。彻底否定了民国的共和制度，为袁世凯复辟帝制作了法律和制度准备。

3. 1923 年《中华民国宪法》（贿选宪法）。《中华民国宪法》是中国制宪史上颁布的第一部正式成文宪法。直系军阀曹锟以每票 5000 元大洋的价钱收买议员，“选举”他为中华民国大总统，匆匆赶制出该部宪法。它是在《天坛宪草》的基础上修订而成的，与《天坛宪草》相比较，增加了“主权”、“国权”和“地方制度”三章，条文增加到了 141 条。从内容和形式上看，《中华民国宪法》基本上可以算是一部比较完备的宪法。确立了形式上的议会内阁制，而实质上是总统专制；规定中央与地方军阀分权；对人民的权利自由给予许多法律限制。

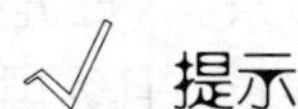

1923 年《中华民国宪法》是中国制宪史上颁布的第一部正式成文宪法。

4. 1925 年《中华民国宪法草案》。皖系军阀段祺瑞执政府于 1925 年 12 月起草，因段政府在“拥有”宪法议决权的国民代表会议召开前便倒台，该草案也就胎死腹中。该草案规定了总统制，实行总统集权，各省有权制定本区宪法，总统实行间接选举，学校教育“党派中立”等。

（三）南京国民政府时期的宪法

1. 1931年《中华民国训政时期约法》。《中华民国训政时期约法》是南京国民政府的一部宪法性法律。除简短序言外，有总纲、人民之权利义务、训政纲要、国民生计、国民教育、中央与地方之权限、政府之组织、附则8章，共89条。该法有以下特点：①以法律的形式确立了国民党的一党专政。它规定：“训政时期由中国国民党全国代表大会代表国民大会行使中央统治权”，“国民党全国代表大会闭会时，其职权由国民党中央执行委员会行使之”。②在一定程度上反映了孙中山先生的宪法思想。孙中山先生的宪法思想主要可以概括为三点，即三民主义的理想、以权能分离为基础的五权宪法的架构和建国三时期。这些思想，在《训政时期约法》都或多或少有所体现。③五权分立的政府架构初步形成。《训政时期约法》规定国民政府设行政院、立法院、司法院、考试院和监察院。④规定了该时期的经济制度、基本经济政策和教育制度、基本文化政策。《训政时期约法》设“国民生计”、“国民教育”专章。⑤第一次规定国家标志。在《总纲》中，对民国的国旗和首都作了规定，这在民国制宪史上还是第一次。⑥缺乏必要的民主性。形式上具有宪法属性，但实质上除了强调以党治国，南京国民政府实为国民党政府外，还对人民权利进行诸多限制和虚化国民大会。

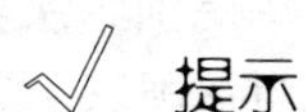

> 1931年《中华民国训政时期约法》在中国制宪史上第一次规定了国家标志。

2. 1936年《中华民国宪法草案》（《五五宪草》）。《五五宪草》除简短引言外，内容分为总纲、人民之权利义务、国民大会、中央政府、地方制度、国民经济、教育、宪法之施行及修正，共8章148条。《五五宪草》具有下列特点：①起草过程长，且为国民党一党所操纵。《五五宪草》的起草工作历时3年多才完成，历经国民党四届五中全会、四届六中全会、五届一中全会的多次议决，最后在五届一中全会执委会的宪法审议委员会的审查和修改后，才由国民政府予以公布。②将国体定位为“三民主义共和国”。③规定了较为广泛的人民权利和诸多限制措施，采行“民权之间接保护”原则。④在人民与政府的关系方面，主张政权与治权的分离。设立国民大会，人民直接行使或通过国民大会间接行使政权，包括选举、罢免、创制和复决四权；政府行使治权。⑤在中央政府的组织上，实行总统制和五权分立的政府组织体制。⑥在中央和地方的关系上，实行均权制和县地方自治制度。⑦对国家领土和有关经济、教育的规定，在当时具有一定的积极意义。

3. 1947年《中华民国宪法》。《中华民国宪法》分总纲、国民大会、总统、行政、立法、司法、考试、监察、中央与地方之权限、地方制度、选举罢免创制复决、基本国策宪法之施行及修改，共14章175条。《中华民国宪法》具有下列特点：①在中央政权组织形式上，采行总统制与责任内阁制相结合的混合体制。②在中央与地方的关系上，实行单一制下的地方分权制和省县地方自治制度。③在“基本国策”一章中，除规定国民经济和教育文化外，还增加了国防、外交、社会安全、边疆地区等内容。④从形式上看，较大幅度地增加了章节和条文。

三、人民革命根据地的宪法性文件

（一）1931、1934年《中华苏维埃共和国宪法大纲》

《中华苏维埃共和国宪法大纲》由前言和17条具体规定组成。主要内容包括：①确认革命政权的性质即工农民主专政，任务为反对帝国主义和封建主义，保证苏维埃区域工农民主专政的政权和达到它在全中国的胜利。②规定工农兵代表大会是政权的组织形式，其组织活动原则是民主集中制。③规定工农劳动人民在政治、经济、文化各方面的基本权利，凡是工农劳动者阶级、阶层都有参政权以及言论、出版、集会、结社、信教的自由，都享有劳动、生存、受教育的权利，男女平等。④宣布民族平等，规定外交政策的基本原则，宣布中华民族的完全自由与独立，不承认帝国主义在华的一切特权。《中华苏维埃共和国宪法大纲》是中国历史上由人民代表机关正式通过并公布施行的第一部具有新民主主义性质的宪法性文件，但内容还不够完备，体例也不够健全，照搬苏联模式。

（二）1941年《陕甘宁边区施政纲领》

《陕甘宁边区施政纲领》由序言和21条具体规定组成。主要内容包括：①规定边区政府的主要任务；②规定抗日人民的权利；③规定实行民主建政，实行三三制原则；④规定对地主、资本家的经济政策，以促进经济发展；⑤规定民族平等和自治的政策；⑥就司法制度、税收、教育、卫生、对待俘虏、武装部队、妇女地位等问题作了规定。该纲领对抗日根据地的政权建设、法制建设，对于团结和动员边区、全国各界群众抗击日本侵略者取得最终胜利，起了非常重要的作用。

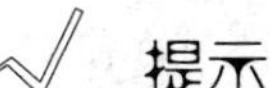

《中华苏维埃共和国宪法大纲》是中国历史上第一部具有新民主主义性质的宪法性文件。

（三）1946年《陕甘宁边区宪法原则》

《陕甘宁边区宪法原则》共5个部分，计25条。主要内容包括：①规定了新民主主义的政权组织形式，即各级人民代表会议制；②首次以专章将司法作为重要内容加以规定，确立了司法机关的地位和独立审判原则；③确认人民的权利自由，即法定的政治、经济、文化和武装自卫的权利以及物质上的保障；④进一步肯定并完善了《陕甘宁边区施政纲领》所确认的民族自治政策；⑤规定了基本经济制度和主要经济政策。该原则的制定和实施，不但对巩固新民主主义政权、推动人民解放战争的胜利起了积极作用，也为新中国成立后的法制建设积累了有益经验。

提示

运用所学知识，尝试将整个旧中国的各类宪法文件进行归类，如君权宪法、民权宪法、军权宪法、党权宪法或宪法大纲、宪法草案、临时宪法、正式宪法。

我要复习！

好，本单元的基本知识点学习完了，让我们在这里来复习一下吧。

你一定要知道的（如果已掌握请打钩）：

清末近代宪法出现的积极意义 □

民国宪法演变的主要特点 □

人民革命根据地的宪法性文件对当代中国宪法的借鉴意义 □

学习单元三　新中国宪法的产生和发展

一、新中国的历部宪法

（一）1949年《中国人民政治协商会议共同纲领》

《中国人民政治协商会议共同纲领》包括序言及总纲、政权机关、军事制度、经济政策、文化教育政策、民族政策和外交政策共7章60条。

提示

1949年《中国人民政治协商会议共同纲领》是新中国的一部临时宪法。

1. 基本内容。

（1）确认了国家性质和任务。第1条规定："中华人民共和国为新民主主义即人民民主主义的国家，实行工人阶级领导的、以工农联盟为基础的、团结各民主阶级和国内各民族的人民民主专政，反对帝国主义、封建主义和官僚资本主义，为中国的独立、民主、和平、统一和富强而奋斗。”

（2）规定了政权组织和原则。第12条第1款规定：“中华人民共和国的国家政权属于人民，人民行使国家政权的机关为各级人民代表大会和各级人民政府。各级人民代表大会由人民用普选方法产生之。各级人民代表大会选举各级人民政府。各级人民代表大会闭会期间，各级人民政府为行使各级政权的机关。”第15条规定：“各级政权机关一律实行民主集中制……”

（3）赋予人民广泛的权利和义务。在总纲第4～6条分别确认了人民享有选举权和被选举权，有思想、言论、出版、集会、结社、通讯、人身、居住、迁徙、宗教信仰及示威游行的自由权，有男女平等的权利。在总纲的第8条规定了中华人民共和国国民有保卫祖国、遵守法律、遵守劳动纪律、爱护公共财产、应征公役兵役和缴纳赋税的义务。

（4）规定了国家的经济、文教、民族、军事、外交等方面的大政方针。

2. 评价。共同纲领具有明显的过渡性和临时性的特征，它是新中国的一部临时宪法。它的贯彻落实对于建国初期国家的各方面工作还是起了重要作用：①巩固和发展了人民民主专政；②完成了民主革命遗留的任务；③恢复和发展了长期受破坏的国民经济；④为社会主义改造和建设创造了良好的前提条件；⑤加强了革命法制和反对帝国主义的斗争。

（二）1954年宪法

1954年宪法是我国第一部正式的社会主义宪法，包括序言及总纲、国家机构、公民的基本权利和义务、国旗国徽首都共4章106条。

1. 基本内容。

（1）确认了新中国的基本政治制度，规定了人民民主专政、人民代表大会制度和单一结构下的民族区域自治制度。

（2）确认了我国社会主义过渡时期的经济政策。规定了我国的四种生产资料所有制形式，即国家所有制、合作社所有制、个体劳动者所有制和资本家所有制，规定了国营经济在国民经济中的领导地位和优先发展的方针。

（3）规定了过渡时期的总任务是实现社会主义工业化和完成对农业、手工业和资本主义工商业的社会主义改造。

（4）确认了公民的基本权利和义务，国家的外交等方面的内容。

2. 评价。该宪法作为我国第一部正式的社会主义宪法，其指导思想、基本原则、主要内容和结构形式都颇为完备。其制定和实施对巩固人民民主专政、促进社会主义经济建设、

提示

1954年宪法是我国第一部正式的社会主义宪法。

团结全国各族人民进行社会主义革命和建设，发挥了积极的推动和保障作用。该宪法为我国以后的宪法修改提供了基本模式。但由于我国社会主义改造在1956年提前完成，使其带有明显过渡时期痕迹、具有某些政策工具色彩。其本身没有在宪法实施与监督上作出有效的程序规定。

（三）1975年宪法

1975年宪法格式与1954年宪法相同，但只有30条。该宪法继承了1954年宪法关于国家基本制度的规定，确认了我国已进入社会主义社会的历史事实，首次明确规定我国外交的和平共处五项原则。

提示

1975年宪法确认了我国已进入社会主义社会的历史事实，首次明确规定我国外交的和平共处五项原则。

该宪法存在较多不足：①强调社会主义社会长期存在的阶级斗争，应通过“无产阶级专政下继续革命的理论和实践”来解决，这为否定经济建设、将阶级斗争扩大化提供了宪法依据，也为极少数政治野心家践踏人权和法制、扭曲人民主权原则和篡夺国家权力准备了宪法工具。②在国家权力的配置上，将人民代表大会的组成规定以工农兵代表为主体，取消国家主席制度，规定中共中央主席统帅军队权和中共中央对国务院组成人员任免的提议权，取消检察院而其职能由公安机关行使，规定司法机关的检察和审判应走群众路线，规定地方各级革命委员会为地方人大的常设机关和地方各级人民政府，规定农村人民公社为政社合一的基层组织。③将公民的基本权利和义务缩减合并为4条，并将“拥护中国共产党的领导、拥护社会主义制度、服从中华人民共和国宪法和法律”放在首条，有加重义务的表现。④从宪法的形式上看，全文才30条，宪法典成了名副其实的宪法大纲，在语言上使用了大量政治标语和毛主席语录，概念模糊不清，甚至使用生活化语言。如序言最后：“全国各族人民团结起来，争取更大胜利!”第13条规定：“大鸣、大放、大辩论、大字报，是人民群众创造的社会主义革命的新形式。国家保障人民群众运用这种形式，造成一个又有集中又有民主……又有统一意志又有个人心情舒畅、生动活泼的政治局面……”第15条第3款规定：“中国人民解放军永远是一支战斗队，同时又是工作队，又是生产队。”

（四）1978年宪法

1978年宪法格式与1954年宪法相同，但只有60条。

提示

1978年宪法明确提出了统一台湾的历史任务。

1. 基本内容。

（1）确认国家新历史时期总任务，即在本世纪内实现工业、农业、国防和科技的社会主义现代化。

（2）强调要充分发扬社会主义民主，保障人民参加国家管理，管理各项经济事业和文化事业，监督国家机关和工作人员。

（3）重视社会主义法制建设，恢复设置人民检察院，加强其法律监督职能。

（4）注重科学、教育事业在国家社会主义四化建设中的地位和作用，规定了大力发展科学、教育事业的基本方针和政策。

（5）取消 1975 年宪法中的某些错误规定，如“全面专政”等，恢复了 1954 年宪法中曾经规定而被 1975 年宪法所取消的某些国家机关及其职权，使国家机关的组织和职权较为完备和具体。

（6）丰富了公民享有政治、经济和文化教育权利方面的内容。

（7）还明确提出了统一台湾的历史任务。

2. 评价。1978 年宪法在一定程度上纠正了 1975 年宪法的极左倾向，继承了 1954 年宪法的一些基本原则。但尚带有极“左”的痕迹，是一部还不完善的宪法。对极“左”的认识还不深入，特别是作为极“左”路线产物的“文化大革命”还未遭到全盘否定。如序言中仍坚持阶级斗争为纲和“无产阶级专政下的继续革命”的指导思想，肯定“文化大革命”的成就，并写进了对毛泽东主席的个人崇拜的词句；在地方国家机关中仍保留“革命委员会”的名称；关于公民的基本权利中仍保留了“大鸣、大放、大辩论、大字报”的权利条款等。

3. 1978 年宪法两次部分条文的修改。第一次修改是 1979 年 7 月 1 日，由第五届全国人大第二次会议以决议的形式通过，决定在县和县级以上各级人大中设立常委会，将县级人大代表的产生方式由间接选举改为直接选举，将地方各级“革命委员会”的名称恢复为地方各级“人民政府”，将上下级的人民检察院之间的关系由监督与被监督的关系改为领导与被领导的关系。第二次修改是 1980 年 9 月 10 日，由第五届全国人大第三次会议仍以决议的形式通过，决定删除公民基本权利关于“大鸣、大放、大辩论、大字报”的权利条款。

（五）1982 年宪法

1982 年宪法是由第五届全国人大第五次会议于 1982 年 12 月 4 日通过的，是新中国颁布的第四部宪法。其结构体系依次是：序言，总纲，公民的基本权利和义务，国家机构，国旗、国徽、首都，共分 4 章，计有 138 条。该宪法继承和发展了 1954 年宪法的基本原则，全面总结了我国社会主义革命和建设正反两方面的经验教训，反映了我国改革开放以来的巨大成就，规定了国家的根本任务和发展措施。其总的指导思想是坚持四项基本原则，明确地提出了

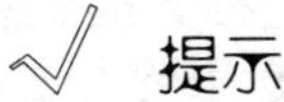

> 1982 年宪法是我国的现行宪法，共 4 章 138 条。

坚持中国共产党的领导、坚持马列主义毛泽东思想、坚持人民民主专政、坚持社会主义道路四项基本原则。它的制定和实施，标志着我国社会主义民主和法制建设上了新的台阶，标志着我国社会主义制度得到进一步巩固和完善，是新时期我国社会主义建设事业的根本指南和宪法保障。基本内容如下：

1. 把社会主义现代化建设确认为今后国家的根本任务，规定经济制度，倡导经济体制改革。规定“今后国家的根本任务是集中力量进行社会主义现代化建设。……逐步实现工业、农业、国防和科学技术的现代化，把我国建设成为高度文明、高度民主的社会主义国家”。从中国生产力的实际水平出发，规定了以公有制为基础的多种的所有制形式和以按劳动分配为主体的多种分配形式；肯定了各种形式的责任制；重视市场调节的重要作用；赋予全民所有制企业和集体所有制企业不同范围的经营自主权；规定了政府机构管理经济的职能等，从而有利于我国经济体制改革的深入进行。

2. 重视政治制度建设和国家机构的合理设置，倡导政治体制改革。扩大全国人大常委会的职权与完善其组织，如规定其享有立法权，增设专门委员会，以及规定常务委员不得担任其他国家机关的职务，以加强人民代表大会制度；为健全国家机构恢复了国家主席的建制；设立中央军事委员会领导全国武装力量，以确立军队在国家体制中的地位；实行行政首长负责制，以提高工作效率；为加强地方政权建设，县级以上各级人大设立常委会、省级人大及其常设机关享有地方性法规的制定权；恢复设立乡政权，改变乡村人民公社的政社合一体制，并把作为群众性自治组织的城市居民委员会和农村村民委员会列入宪法之中；规定部分国家领导人的限任制，即连续任职不得超过两届，以废除领导职务的终身制；规定一切国家机关和武装力量、各政党必须在宪法和法律的范围内活动，并负有维护宪法尊严，保证宪法实施的职责，一切违反宪法和法律的行为，必须予以追究。

3. 高度重视社会主义文化制度和精神文明建设。在序言中把建设高度文明的社会主义国家确定为国家根本任务和奋斗目标之一。社会主义文明包括物质文明和精神文明，精神文明包括科学文化建设和思想道德建设两个方面内容。总纲第20~23条，集中规定了文化建设的有关内容。第24条规定了思想建设的方式和内容，并将它贯穿于各级国家机关的职权和公民的基本权利义务之中。

4. 发扬社会主义民主，健全社会主义法制。规定“中华人民共和国的一切权力属于人民”。是我国国家制度的核心内容和根本准则。维护国家统一和民主团结，强调“中华人民共和国是全国各族人民共同缔造的统一的多民族国家”，“台湾是中华人民共和国的神圣领土的一部分”，“国家在必要时得设立特别行政区”等。在序言中宣告了自身的最高法律地位和最高法律效力。第5条又明确规定“国家维护社会主义法制的统一和尊严”，“一切法律、行政法规和地方性法规都不得同宪法相抵触”，“一切国家机关和武装力量、各政党和各社会团体、各企业事业组织都必须遵守宪法和法律，一切违反宪法和法律的行为，必须予以追究”，“任何组织或者个人都不得有超越宪法和法律的特权”。

二、现行宪法修正案

1982 年宪法在实践过程中，已经过 4 次部分修改，通过了 31 条宪法修正案，

（一）1988 年宪法修正案

1988 年 4 月 12 日第七届全国人民代表大会第一次会议通过了两条宪法修正案。第 1 条修正案增加规定允许私营经济的合法存在，对私营经济的性质、地位和采取的措施也作了规定，即“国家允许私营经济在法律规定的范围内存在和发展。私营经济是社会主义公有制经济的补充。国家保护私营经济的合法的权利和利益，对私营经济实行引导、监督和管理”。第 2 条修正案修改了宪法第 10 条第 4 款，规定“土地的使用权可以依照法律的规定转让”。

（二）1993 年宪法修正案

1993 年 3 月 29 日第八届全国人民代表大会第一次会议通过第 3 ~ 11 条宪法修正案。序言第七段增加“我国正处于社会主义初级阶段”、“根据建设有中国特色社会主义的理论”和“坚持改革开放”等内容，并将原来的“高度文明、高度民主”改为“富强、民主、文明”；序言第十段末尾增加“中国共产党领导的多党合作和政治协商制度将长期存在和发展”；将“国营经济”改为“国有经济”、“国营企业”改为“国有企业”；将“农村人民公社、农业生产合作社”，改为“农村中的家庭联产承包为主的责任制”；把原来规定的计划经济改为“社会主义市场经济”，将原来规定的“国家通过经济计划的综合平衡和市场调节的辅助作用，保证国民经济按比例地协调发展”改为“国家加强经济立法，完善宏观调控”；将县、不设区的市、市辖区的人民代表大会每届任期由原来的 3 年改为 5 年。

“中国特色社会主义理论、国有、家庭联产承包责任制、社会主义市场经济”皆于 1993 年入宪。

（三）1999 年宪法修正案

1999 年 3 月 15 日第九届全国人民代表大会第二次会议通过了第 12 ~ 17 条宪法修正案。在宪法序言第七自然段增加“邓小平理论”的内容，相应地将“根据建设有中国特色社

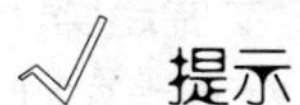

“邓小平理论、依法治国、危害国家安全”皆于 1999 年入宪。

会主义的理论”修改为“沿着建设有中国特色社会主义的道路”，并将“我国正处于社会主义初级阶段”修改为“我国将长期处于社会主义初级阶段”，增加“发展社会主义市场经济”的内容。《宪法》第5条增加规定：“中华人民共和国实行依法治国，建设社会主义法治国家。”《宪法》第6条增加规定：“国家在社会主义初级阶段，坚持公有制为主体、多种所有制经济共同发展的基本经济制度，坚持按劳分配为主体、多种分配方式并存的分配制度。”《宪法》第8条第1款增加规定；“农村集体经济组织实行家庭承包经营为基础、统分结合的双层经营体制。”相应地删去“家庭联产承包为主的责任制”的提法。《宪法》第11条增加规定：“在法律规定范围内的个体经济、私营经济等非公有制经济，是社会主义市场经济的重要组成部分。”相应地删去个体经济、私营经济是“社会主义公有制经济的补充”的提法，同时将本条的其他文字修改为“国家保护个体经济、私营经济的合法的权利和利益。国家对个体经济、私营经济实行引导、监督和管理。”将宪法第28条中的“反革命的活动”修改为“危害国家安全的犯罪活动”。

（四）2004年宪法修正案

2004年3月14日第十届全国人民代表大会第二次会议通过了第18～31条宪法修正案。将“三个代表”重要思想、“三个文明”协调发展载入宪法，丰富了现行宪法精神的内涵；将“社会主义事业的建设者”作为爱国统一战线的组成部分，扩大了爱国统一战线的范围；将“尊重和保障人权”、“公民的合法的私有财产不受侵犯”、“对公民的私有财产实行征收或者征用并给予补偿”等载入宪法，进一步强调了对人权和公民基本权利的保护；增加了“国家建立健全同经济发展水平相适应的社会保障制度”的规定，为我国建立完善的社会保障制度提供了宪法依据；将“戒严”修改为“紧急状态”，为我国建立完善的紧急状态制度提供了宪法基础；明确将《义勇军进行曲》作为国歌，首次载入宪法，完善了我国国家标志的宪法制度。还对乡镇人民代表大会的任期、国家主席的职权等内容作了修改。

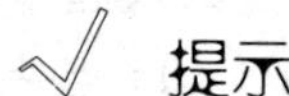

“三个代表、人权、私有财产、社会保障、紧急状态、《义勇军进行曲》作为国歌”皆于2004年入宪。

三、我国宪法的发展趋势

（一）政府行政权力在客观上将受到一定程度的限制

主要表现为：①立法限制。权力机关通过有关立法赋予企业更多独立自主的经营权，相应地限制了政府习惯性地干预企业经营活动的做法。②获得经营自主权的企业，特别是民办企业，对政府不当干预的抵制。③经济组织和企业还可通过行政诉讼等途径，借助司法监督的权威，对政府的非法干预进行排斥并获得救济。④政府的自律性措施，如中央政府对地方政府干预企业经营活动的限制等。在这种情况下，除必要的宏观调控外，政府经济职能主要靠政府行之有效的行政指导得以实现。

（二）以人民法院审判权为核心的司法权将得到扩大与加强

主要表现为：①人民法院获得了对行政案件的审判权。在司法实践中，随着公民、法人和其他组织宪法意识的提高，法院行政案件的审判权将会更加充实。②伴随国家赔偿法的制定实施，法院审判权还会进一步扩大与加强。③以人民法院独立行使审判权和人民检察院独立行使检察权为内容的司法独立，将会成为一项政治性较强的司法原则。

（三）中国共产党领导的多党合作与政治协商制度将得到进一步加强和发展

主要表现为：①中国共产党对民主党派的领导，将通过对统一战线的领导和在政协中的强有力作用而加强。中国共产党的领导不等于中国共产党可以直接干预民主党派的内部事务和把自己的意志强加于民主党派。它只能通过加强对统一战线的领导和强化在政协中的地位和作用来实现。②民主党派的参政将会朝着进一步制度化的方向发展。现有一系列民主党派参政的制度，将随着有关宪法制度的发展而进一步法律化，成为国家政治制度的重要组成部分。多党合作和政治协商丰富多彩的政治实践，可能创制新的宪法惯例，从而使中国共产党领导的多党合作和政治协商制度进一步制度化。

如何理解“当代中国实现公民政治权利的关键在于参与和公开化、透明化”？

（四）公民基本权利将得到重大发展

主要表现为：①财产所有已成为我国公民的一项基本权利。以前，虽然宪法也明确规定国家保护公民的合法收入、储蓄、房屋和其他财产的合法所有权和公民的私有财产的继承权，但没有给公民私有财产的所有权以应有的宪法地位。现行宪法的第四次修改，明确规定“公民合法的私有财产不受侵犯”等内容，使公民财产所有权有了宪法的根本保障，符合我国权利发展的要求。②迁徙自由在条件成熟时，也会成为公民一项基本的人身自由权。1954 年宪法规定了公民有迁徙自由权，现行宪法从当时的实际情况出发，没有将其列入公民的基本权利。从某种意义上看，这是计划经济体制的必然结果。在市场经济体制下，经济的发展需要自由劳动力，而迁徙自由是自由劳动力不可的缺少的条件。可以说，迁徙自由是市场经济的客观要求在公民权利方面的反映。③政治权利将进一步得到认同，并更加现实地为公民所实际享有。在市场体制下，公民政治权利与现实利益间存在一定的差距，公民参与政治的积极性缺乏经济利益的激励，使宪法规定的公民政治权利的许多方面被虚置或只有形式上的意义。在市场经济条件下，通过市场的纽带作用，公民的经济利益同政治权利将紧密地联系在一起。公民只有有效地参与政治，才能从根本上使政治决策体现和反映其经济利益，这样宪法规定的政治权利才会被公民认同和重视，最终为公民所实际享有。

（五）宪法监督制度将进一步完善

主要表现为：①可在全国人大设置专门的宪法委员会，从事宪法监督工作。②可建立由人民法院审理具体宪法纠纷案件的宪法诉讼制度。

我要复习！

好，本单元的基本知识点学习完了，让我们在这里来复习一下吧。

你一定要知道的（如果已掌握请打钩）：

新中国的历部宪法 □

现行宪法修正案 □

我国宪法的发展趋势 □

我的笔记

____

____

____

____

____

____

____

____

____

____

第三章 国家性质

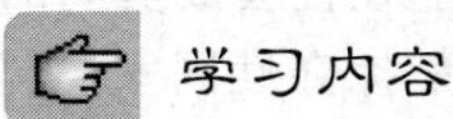

导学

1. 本章主要通过分析我国现阶段的阶级结构、阶级关系，以阐明国家的阶级构成和由其决定的人民民主专政制度的合理性与科学性，进而对我国政党制度和爱国统一战线制度有初步理解。

2. 请先预习《中国人民政治协商会议共同纲领》、《中华人民共和国宪法》和1949年联邦德国基本法后再进入本章的学习。

学习内容

学习单元一　概　述

一、国家性质的概念

国家性质，即国体，它是指社会各阶级在国家中的地位。包括统治阶级与被统治阶级的统治与被统治关系；统治阶级内部各阶级阶层之间的领导与被领导以及各种联盟与协作关系。

> **提示**
> 当下中国的统治阶级与被统治阶级是哪些呢？

（一）特点

1. 国家性质是整个国家制度的核心，在国家制度中具有重要地位。国家制度是一个国家的统治阶级通过国家的法律、政策等确立的有关国家本质和国家形式的制度的总和，主要包括国体、政体、政权组织形式和国家结构形式等方面的内容。

2. 在国家制度中，国家性质与国家形式的关系是内容和形式的关系，国家性质是国家制度的内在的质的规定方面，它最终决定国家形式。

3. 政体、国家政权组织形式和国家结构形式是国家制度的形式方面，它们反映并体现国家性质。

（二）相关学说

1. 国家契约论。这是一种用契约观点解释国家起源及性质的国家理论。国家契约论假定在国家出现以前，人类处于自然状态之中，受自然法的支配和制约，并享有自然权利，为克服自然状态的不足，人们通过订立契约，相互转让一部分权利（用潘恩的话说，就是将自己的权利“存在社会的公股中”），并由此产生公共权力和国家。按照国家契约理论，国家是社会契约的产物，是人们自由意志一致的结果，是为社会全体成员提供平等服务的社会组织。洛克、霍布斯、卢梭等是国家契约理论的主要代表，但他们的契约理论又各不相同。

2. 国家掠夺论或剥削论。这是一种认为国家是掠夺或剥削的产物，是统治者掠夺和剥削被统治者的工具的国家理论。马克思主义国家理论也被西方一些学者归入这一理论。

3. “暴力潜能”分配论。这是由制度变迁理论大师之称的美国的道格拉斯·C. 诺思教授倡导的一种关于国家性质的国家理论。认为契约论和掠夺论两种理论都是不全面的，暴力潜能是国家的重要属性，暴力潜能在社会成员间的不同分配产生不同性质的国家，即要么是契约性国家，要么是掠夺性国家。契约论假定主体间暴力潜能的平等分配，而掠夺论假定不平等的分配，正是暴力潜能分配理论使两者统一起来。

4. 阶级本质论。马克思主义国家理论认为，国家性质即国家的阶级本质，任何国家的实质都是阶级专政，是一个阶级压迫另一个阶级的工具。从国家的产生来看，国家是阶级矛盾不可调和的产物。从国家的组织来看，国家是统治阶级的组织。从国家的作用和职能来看，国家主要是统治阶级进行阶级统治的工具。

（三）决定国家性质的因素

1. 首要因素是国家政权的阶级本质。即社会各阶级在国家政治生活中的地位，这是决定国家性质的最直接、最主要的因素。社会各阶级在国家中的政治地位，反映了社会各阶级的政治力量对比关系。宪法作为一国政治力量对比关系最集中的体现，既反映统治阶级与被统治阶级之间的关系，也要反映统治阶级内部的关系，但主要反映统治关系。

2. 决定性因素是一国的经济基础。不同的阶级之所以在一国中具有不同的政治地位，其根本原因就在于他们各自的不同社会经济地位。只有在经济上占有统治地位的阶级才能成为一国国家政权的实际掌握者。一国的经济基

提示

如何理解经济基础对国家性质的影响？

础具体表现为一国的基本经济制度，它大多为现代宪法所确认。

3. 其他因素是一国的社会文化制度、意识形态、精神文明、历史传统、宗教习惯、革命特点等。正是由于各国国情的差异，才使得各国的国家性质又具体呈现出不同的特点和内涵。

二、各国宪法关于国家性质的规定

（一）主要资本主义国家宪法关于国家性质的规定

各主要资本主义国家的宪法大多没有关于国家性质的明文规定。一般在宪法中抽象地将体现国家性质的人民主权原则确定为其国家权力的来源，并在宪法中加以具体化，从而以“主权在民”、“增进全民福利”等语言掩盖其资产阶级专政的国家本质。如1787年美国联邦宪法的序言宣称其制宪目的为“增进全民福利并谋吾人及子孙永享自由和幸福”。1958年《法国宪法》第2条规定：“共和国的口号是自由、平等、博爱，它的原则是民有、民治、民享的政府。”

（二）社会主义国家宪法关于国家性质的规定

社会主义国家宪法都以规范的形式明确规定了国家性质。公开宣称国家政权的实质是无产阶级专政，国家实行社会主义制度。如1936年《苏联宪法》规定：“苏维埃社会主义共和国联盟是工农社会主义国家；苏联的政治基础，在由于推翻了地主和资本家的政权并争得了无产阶级专政，而成长和巩固起来的劳动者代表苏维埃。”《朝鲜宪法》第1条规定：“朝鲜民主主义人民共和国是代表全体朝鲜人民利益的自主的社会主义国家。”1960年《捷克斯洛伐克宪法》第1条规定：“捷克斯洛伐克社会主义共和国是以工人、农民和知识分子的巩固联盟为基础、以工人阶级为首的社会主义国家。”1972年匈牙利宪法、1965年罗马尼亚宪法、1976年波兰宪法、1968年民主德国宪法，以及我国1954年宪法、1982年宪法都有类似的明文规定。

（三）各民族民主主义国家宪法关于国家性质的规定

各民族民主主义国家宪法对国家性质的规定显得比较复杂、混乱。有些侧重于吸收社会主义国家宪法关于国体规定的精神；有些侧重于吸收主要资本主义国家宪法关于国体规定的精神；还有的以君主、宗教领袖、宗教教义作为国家权力和社会制度的基础。如1976年《伊朗宪法》第2条规定：“只有一个真主（‘安拉是唯一的真主’），只承认它的统治并归顺它的意向。”1991年《泰国宪法》第3条规定：“国家权力来自于全体泰国人民。国王作为国家元首，根据本宪法的规定，通过国会、内阁和法院行使国家权力。”第6条又规定：“国王处于倍受尊敬崇拜的地位，任何人不

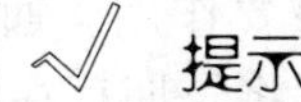
提示

你认为宪法明确规定国家性质更好些还是模糊阐述更好些？

得冒犯。任何人不得对国王作任何指控。”

三、我国宪法对国家性质的规定

（一）共同纲领

1949年9月，在中国共产党倡导下召开的中国人民政治协商会议第一届全体会议通过了起临时宪法作用的《中国人民政治协商会议共同纲领》。在序言中指出：“中国人民民主专政是中国工人阶级、农民阶级、小资产阶级、民族资产阶级及其他爱国民主分子的人民民主统一战线的政权，而以工农联盟为基础，以工人阶级为领导。”第1条明确规定：“中华人民共和国为新民主主义即人民民主主义的国家，实行工人阶级领导的，以工农联盟为基础的、团结各民主阶级和国内各民族的人民民主专政，反对帝国主义、封建主义和官僚资本主义，为中国的独立、民主、和平、统一和富强而奋斗。”

（二）1954年宪法

1954年宪法是我国的第一部宪法，它根据过渡时期我国阶级关系的特点和状况，对我国的阶级性质作了明确的规定。第1条规定：“中华人民共和国是工人阶级领导的、以工农联盟为基础的人民民主国家。”第2条第1款规定：“中华人民共和国的一切权力属于人民。……”

（三）1975、1978年宪法

1975年宪法规定：“中华人民共和国是工人阶级领导的以工农联盟为基础的无产阶级专政的社会主义国家。”它对国家性质的规定是明确的，但是不切合国家实际的阶级状况。1978年宪法接受了1975年宪法的有关规定，这种不合实际的规定没有得到纠正。

（四）1982年现行宪法

现行《宪法》第1条第1款明确规定：“中华人民共和国是工人阶级领导的、以工农联盟为基础的人民民主专政的社会主义国家。”在序言中对人民民主专政的政权基础作了规定，指出将进一步继续巩固和发展爱国统一战线，进一步发挥人民政协的重要作用。通过宪法修正案，强调了中国共产党领导的多党合作和政治协商制度将长期存在和发展。

我要复习！

好，本单元的基本知识点学习完了，让我们在这里来复习一下吧。

你一定要知道的（如果已掌握请打钩）：

决定国家性质的因素 □

我国宪法对国家性质的规定 □

学习单元二　我国的国家性质

一、概述

我国的国家性质是人民民主专政的社会主义国家，其核心内容就是人民民主专政。我国现行《宪法》第1条规定："中华人民共和国是工人阶级领导的、以工农联盟为基础的人民民主专政的社会主义国家。社会主义制度是中华人民共和国的根本制度。禁止任何组织或者个人破坏社会主义制度。"序言进一步确认："工人阶级为领导的、以工农联盟为基础的人民民主专政，实质上即无产阶级专政。"

（一）人民民主专政的实质就是无产阶级专政

1. 人民民主专政与无产阶级专政的一致性。

提示

你如何理解"人民民主专政的合作性、开放性，无产阶级专政的对抗性、封闭性"？

（1）从国家领导权的归属来看，无产阶级（通过其政党）掌握国家领导权是无产阶级专政的根本属性；在我国现阶段，无产阶级即工人阶级，我国的人民民主专政是由工人阶级（通过其先锋队——中国共产党）来领导的，工人阶级是领导阶级，它的先锋队——中国共产党是人民民主专政的领导核心。

（2）从阶级基础来看，二者都以工农联盟为其阶级基础。

（3）从国家职能来看，二者都是为了维护人民当家做主的权利，保卫社会主义制度，并对极少数敌对分子实行专政。

（4）从担负的历史使命来看，都是要消灭阶级，消灭剥削，最终实现共产主义。

2. 采用"人民民主专政"替代"无产阶级专政"的原因。

（1）"人民民主专政"反映了我国革命的历史特点。即中国革命是在半殖民地半封建社会的历史条件下进行的，其革命政权是在反帝反封建和反官僚资本主义的斗争中逐步建立起来的，有其广泛的人民基础。

（2）"人民民主专政"表明了我国的阶级状态和政权的阶级基础。在我国工人阶级比重小，农民占绝对优势，这决定了我国必须以工农联盟为基础创建革命政权。

（3）"人民民主专政"反映了我国革命政权特别重视比工农联盟更广泛的劳动者和非劳动者的联盟，建立广泛的爱国统一战线。

（4）"人民民主专政"的提法最终取决于我国现阶段的多种所有制并存、存在多种分配方式的社会经济结构。

(5)“人民民主专政”的提法直接体现了对人民实行民主和对敌人实行专政的两个方面，从而准确地体现了我国国家政权的民主与专政职能。

（二）人民民主专政的特点

1. 人民民主专政的发展历程具有跨时代性。跨越了新民主主义革命和社会主义革命两个历史时期。经历了工农民主政权，抗日民族民主政权，新民主主义政权和实质上是无产阶级专政的人民民主专政政权。先后完成了民主革命的任务，开展了社会主义革命与建设。

2. 人民民主专政具有坚实的政治基础。在革命实践中，在中国共产党领导下先后建立了反帝反封建的革命统一战线、抗日民族统一战线、反蒋爱国统一战线和社会主义初级阶段的广泛爱国统一战线。统一战线是以工农联盟为基础的工人阶级与其他可以合作的阶级结成的阶级联盟，在不同的革命时期，它都是人民民主专政不可缺少的广泛的政治基础。

3. 专政对象和方式具有特殊性。专政的对象只是极少数敌视和破坏我国社会主义制度的国内外的敌对势力和敌对分子。专政方式采取惩罚管理与思想改造相结合，劳动生产与政治教育相结合的原则，依法定方式和程序进行。除极少数罪大恶极、血债累累、民愤极大，必须判处死刑立即执行外，一般不采取像十月革命后俄国那样驱逐出国，甚至是从肉体上消灭的专政方式。

二、人民民主专政的基本内容

（一）对人民实行民主和对敌人实行专政

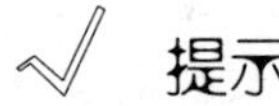

> 你如何理解人民民主专政中的民主与专政？

人民是相对于敌人而言的，是指以其存在和活动推动历史向前发展的那些社会阶层、阶级和社会集团。人民是一个历史概念。抗日战争时期，人民是指一切主张抗日的阶级、阶层和社会集团；解放战争时期，人民是指一切反帝反封建和反官僚资本主义的阶级、阶层和社会集团；中华人民共和国建国初期，人民是指中国工人阶级、农民阶级、小资产阶级、民族资产阶级及其他爱国民主分子；社会主义初级阶段，人民是指全体社会主义劳动者、拥护社会主义的爱国者、拥护祖国统一的爱国者和社会主义事业的建设者。

“民主”一词来自古希腊文，本指多数人的统治，民主作为国家制度是指掌握国家政权的阶级内部依据平等、少数服从多数的原则管理国家、实行阶级统治的一种政治制度。专政一词来自古罗马文，本指独裁，专政作为国家制度是指掌握政权的阶级依据暴力对被统治阶级进行压迫的一种政治制度。人民民主专政保留民主与专政，一方面基于阶级斗争的长期性和复杂性；另一方面基于社会主义民主政治建设的必要性和紧迫性。

（二）工人阶级为领导、以工农联盟为基础

工人阶级通过共产党实现对国家的领导是人民民主专政的首要的根本标志，中国共产党是中国的领导核心，它主要通过政治领导、思想领导和组织领导的方式来实现对国家的领导。无产阶级能否取得国家政权以及取得国家政权后能否巩固其统治，一个关键的问题就是工农联盟。我国是农业农村人口占绝大多数的发展中国家，农民问题始终是中国革命和建设的根本问题。中国工人阶级与农民阶级在根本利益上的一致性决定了建立工农联盟的可能性。中国工农联盟是在中国共产党的领导下在长期的革命和建设中建立和巩固起来的，为人民民主专政和统一战线的基础，是中国革命和建设取得胜利的根本保证。知识分子并不是一个独立的阶级，而是出身于不同社会阶级的特殊阶层。在社会主义条件下，知识分子已成为工人阶级的组成部分，他们凭借其知识、技能和经验从事脑力劳动，是社会主义革命和建设不可或缺的依靠力量。如我国现行《宪法》序言指出："社会主义的建设事业必须依靠工人、农民和知识分子。"第23条规定："国家培养为社会主义服务的各种专业人才，扩大知识分子的队伍，创造条件，充分发挥他们在社会主义现代化建设中的作用。"

（三）坚持爱国统一战线

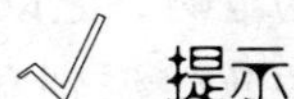

"爱国统一战线"是否最广义地扩张了人民民主专政中"人民"的内涵？

所谓统一战线，就是指无产阶级及其政党在革命和建设中，为了获得最广泛的同盟军以壮大自己的力量，同其他革命阶级以及一切可以团结的人们所结成的政治联盟。它是一个比工农联盟更加广泛的联盟。统一战线在抗日战争时期表现为抗日民族统一战线；在解放战争时期和中华人民共和国建国初期表现为人民民主统一战线；在社会主义初级阶段表现为爱国统一战线。中国大陆范围内，以工人、农民、知识分子为主体的全体社会主义劳动者和拥护社会主义的爱国者组成的以社会主义为政治基础的联盟，这个联盟是爱国统一战线的主体；广泛团结台湾同胞、港澳同胞、海外侨胞，以拥护祖国统一为政治基础的联盟。爱国统一战线的组织形式是中国人民政治协商会议。

我要复习！

好，本单元的基本知识点学习完了，让我们在这里来复习一下吧。

你一定要知道的（如果已掌握请打钩）：

人民民主专政的特点 □

人民民主专政的基本内容 □

学习单元三 我国的政党制度

一、政党制度概述

（一）政党的概念

> **提示**
>
> 一切政党问题都是围绕国家政权而展开的。

政党是指由一定的阶级、阶层或集团的中坚分子组成的，并为实现反映其政治、经济利益的政治纲领、政治目标而奋斗的社会政治组织。政党是阶级斗争发展到一定阶段的产物，属于政治上层建筑的范畴，它既有别于国家机关，也有别于一般的政治派别和利益集团，还有别于一般的社会组织。政党具有以下特点：①政党具有鲜明的阶级性。它是代表一定阶级、阶层和社会利益集团的根本利益、反映其阶级意志的社会政治组织。②政党具有明确的政治纲领和政治目标。一切政党问题都是围绕国家政权而展开的。政党参与政治斗争的中心问题就是为了夺取和维护国家政权，以便更好地为所代表的阶级、阶层和利益集团服务。③政党具有完备的组织系统和严密的组织纪律。政党是以结社自由为法律基础建立起来的社会政治组织，一般都有从基层到中央的宝塔式的统一组织结构，并由一定的组织原则、组织纪律和权力关系维系和发展。

（二）政党制度的概念

政党制度是国家有关政党的组织、政党活动以及政党参与政权的方式和途径等一系列法律、政策和惯例的总和。政党制度是国家政治制度的组成部分，是政党活动的产物。政党制度后于政党而产生，是现代民主宪政的产物。政党制度是现代民主政治制度的重要内容，是公民实现结社权、有组织地参与国家权力分配的制度设计。政党制度往往与选举制度相结合，共同构成维系和实现公民权利与国家权力之间动态平衡的制度化途径。政党制度一般包括以下内容：①政党与国家政权的关系，包括政党的法律地位，政党参与国家政权的一些具体规定；②政党间的相互关系，如有的国家立法规定实行多党制，禁止政党联盟等。

（三）政党的发展历程

1. 早期的政党雏形。在奴隶社会和封建社会，各个利益集团、各个政治派别之间总是存在一些利益冲突，因此也组织了自己的“政党”。如古希腊、罗马的贵族党和平民党，12～15 世纪意大利的教皇派、皇帝派，中国明代的阉党、绿林党等，这些至多是些带有政治色彩的利益集团和派别。

2. 近现代意义的政党。近现代意义的政党起源于17 世纪英国的辉格党（代表工商业资本家和资本化的新贵族）和托利党（代表贵族、地主和王权），它们当时还是英国议会中的政治派别。直到 19 世纪随着英国宪章运动的兴起，为了各自在议会斗争中处于有利地位才发展成为政党，如 1833 年托利党改组为保守党，后来辉格党改组为自由党，自此英国进入保守党与自由党轮流执政时期。美国建国初期，也只是存在两大政治派别，那时以人划线，凡拥护汉密尔顿主张加强联邦政府权力者被称之为联邦党人，而凡拥护杰费逊反对加强联邦政府权力者被称之为反联邦党人。民主党和共和党的出现，标志着美国政党轮流执政历史的开始。

3. 无产阶级政党。无产阶级政党的出现，改写了世界政党制度的面貌。1847 年，马克思、恩格斯在伦敦创建第一个无产阶级政党——共产主义者同盟，之后，各国纷纷建立共产党。

（四）政党制度的发展历程

1. 资产阶级政党制度的发展。二战前，最早涉及政党制度的宪法是 1919 年的德国魏玛宪法，它将政党作为社团组织的一种形式，确定为公民共同生活的基本权利之一。该宪法第 124 条规定：“德国人民，其目的若不违背刑法，有组织社团及法团之权。此项权利不得以预防方法限制之。”该条规定以保证公民结社权的方式承认了政党的合法性。1907 年，英国保守党首创“影子内阁”的宪法惯例。1924 年，英国工党取代自由党，与保守党成为英国轮流执政的两大政党。1921 年，墨索里尼组建“法西斯国民党”，德国也成立纳粹党（国家社会主义党），将资本主义政党改造成为实施专制独裁的政治工具。

> 世界上最早的政党法是 1967 年联邦德国政党法。

二战后，一些资本主义国家鉴于法西斯政党对国家政权干预的负面影响，及害怕共产党对资产阶级政权的动摇和颠覆，于是纷纷在宪法或宪法性法律中对政党组织及其活动进行规制，从而建立了更完备的资产阶级政党制度，以更好地为资本主义民主宪政服务。如 1958 年《法国宪法》第 4 条规定：“各政党和团体可自由地组织和进行活动，但必须遵守国家主权和民主原则。”1949年《德国联邦宪法》第21条也规定：“各政党应相互协作以实现国民的政治意愿。它们的建立是自由的。根据各政党的目的或根据其党员的态度判明，如企图破坏民主和自由的根本秩序，推翻这种秩序或阴谋颠覆德意志联邦共和国，都是违反宪法的。有无违宪问题，由联邦宪法法院决定之。”联邦德国于1967年还颁布了政党法（世界上最早的政党法）。美国在1950年颁布了麦卡伦国内安全法，1954年颁布了共产党管制法，以禁止共产党的合法活动。

2. 无产阶级政党制度的发展。1936年苏联宪法明确规定了苏联共产党的性质和它在国家生活中的领导地位和核心作用。中国、朝鲜、波兰等社会主义国家的宪法，不仅规定了共产党在国家政治生活中的主导地位和领导核心作用，还对其他民主政党和社会团体的参政、议政作了明确规定。如1976年《波兰宪法》第3条规定：“在社会主义建设中，波兰统一工人党是居领导地位的社会政治力量。波兰统一工人党、统一农民党和民主党的合作是人民统一阵线的基础，人民统一阵线是全体劳动人民和爱国公民，即波兰统一工人党党员，其他政党党员的非党人士——不论其对宗教的态度如何——的各社会组织在围绕波兰人民共和国的切身利益方面进行活动采取的共同立场。”

（五）政党制度的基本类型

两党制否认第三政党存在吗？

1. 一党制。一党制是指在一国内执政党为唯一合法政党或者虽然存在多个合法政党，但在国家政治生活中自始至终只有同一个政党居于支配和核心地位的政党制度。一般以宪法典的形式予以确认。主要有三种表现形式：①法西斯体制下的一党制。它是指由唯一的法西斯政党垄断国家政权，并在宪法和法律中明令禁止任何其他政党的存在，这与资产阶级的民主制度是相违背的。二战前和二战期间的德国、意大利，1975年前的西班牙、1974年前的葡萄牙，都采用过这种政党制度，但它们均已退出历史舞台，不过法西斯政党仍存在于欧美。②非洲、太平洋地区的发展中民族民主国家采用的一党制。它存在的理由是该国是在该现执政党的领导下推翻殖民统治、取得民族独立和民主革命胜利的，但这些国家宪法也承认公民的民主权利和代议制度。如1980年《多哥宪法》第10条规定：“多哥国家体制是建立在多哥人民联盟这个唯一政党的原则基础上。”1974年《缅甸宪法》第11条规定“国家实行一党制。缅甸社会主义纲领党为领导国家的唯一政党。”③社会主义体制下的一党制。一般以宪法的形式规定共产党为唯一合法政党，同时也规定了人民广泛的民主权利和自由。如1936年《苏联宪法》第126条规定：“为了适合劳动者的利益和发挥人民群众的组织上的自动性和政治上的积极性起见，保证苏联公民有权结成各种社会团体，即工会，合作社，青年组织，体育和国防的组织，文化、技术和科学等团体；而工人阶级、劳动农民和劳动知识分子中最积极最觉悟的公民，则自愿结成先锋队，成为所有一切社会团体和国家机关的领导核心。”

2. 两党制。两党制是指在一国内由两个主要的势均力敌的政党，通过竞选来交替组织政府，轮流执掌国家政权的政党制度，也称两党对峙制。两党制下并不否认第三政党的存在，只是以宪法惯例形式确认了比较稳定的两个政党轮流执政。这两个政党也不一定是固定的，如一战前的英国为保守党与自由党轮流执政，而一战后，工党取代自由党而与保守党交替执政，但自由党还存在，此外还存在社会民主党等。在美国，自政党制度形成以来，则是民主党与共和党一直在轮流执政（1885 年～2013 年共129 年间，前48 年，共和党占优势，执政了32 年；而后81 年民主党则占优势，执政了45 年，至今仍为民主党执政）。实行两党制的国家还有加拿大、澳大利亚、新西兰等。

3. 多党制。多党制是指在一国内存在众多合法政党，相互竞争组织政府，但又不存在由两个政党垄断国家政权的政党制度。多党制被广泛采用，主要存在于实行议会制政体的欧洲、拉美和南亚国家。大致可分为：法、意为代表的极化多党制；瑞典、挪威为代表的有限多党制；德国为代表的稳定多党制。日本、泰国、印度、巴基斯坦、巴西、阿根廷、秘鲁等，都实行多党制。如1967年的巴西宪法就明确规定：巴西实行“以多党和保障人的基本权利为基础的代表制度和民主制度”。

（六）各国有关政党制度规定的形式

政党制度规定的形式以习惯为主，宪法、政党法明文规定为辅。

绝大多数国家的政党制度是长期以来政党干预政治的习惯所形成的，一般没有系统的明文规定。少数国家的政党制度由宪法典规定：在代议制国家一般规定关于组织政党的自由权利，关于政党的政治功能，关于政党活动的限制；在社会主义国家一般规定共产党在国家中的领导地位，民主政党的合法参政地位；在民族主义国家的宪法一般规定某一民族主义政党的一党统治，禁止其他政党的存在。

现代世界各国宪法对政党制度的规定涉及的主要内容包括：结党自由；采取的政党制度的种类；无产阶级政党在社会主义国家的领导地位；政党与国家之间的关系；政党的组织和活动原则；政党立法的宪法依据。1967 年7 月24 日联邦德国颁布了世界上第一部《政党法》，对政党的宪法地位、作用、内部组织、候选人的产生、经费等均作了比较具体明确的规定。这是世界上最早的政党立法。德国于2002年修订了《政党法》，对政党接受公共资金和捐款作出了更加严格的规定，同时制订了更为严厉的处罚措施。自2002年7月起，任何政党从联邦到地方各级部门的工作人员，如果在提交给联邦议院议长的工作报告中，未能如实地说明该党的收入或资产来源情况，将被处以3年有期徒刑或巨额的罚款。对有关将捐款化整为零以及其他隐瞒收入的行为，将予以严厉打击，并规定任何政党今后不得收受任何公司在得到公用事业方面的合同后，用来表示感谢的捐款。任何政党今后只允许收受总额不超过100欧元的现金捐款。凡是收到总额超过5万欧元的捐款的政党，必须立即向联邦议院议长报告，并将有关情况予以公布。

至今共62个国家有或曾经有政党法。其中，欧洲19个国家：德国、芬兰、西班牙、瑞典、马其顿、匈牙利、波兰、捷克、保加利亚、波黑、立陶宛、阿尔巴尼亚、爱沙尼亚、阿尔及利亚、俄罗斯、波斯尼亚、乌克兰、罗马尼亚、白俄罗斯。亚洲20个国家：泰国、韩国、巴基斯坦、土耳其、印度尼西亚、伊朗、缅甸、蒙古、也门、约旦、乌兹别克斯坦、哈萨克斯坦、柬埔寨、塔吉克斯坦、阿富汗、东帝汶、亚美尼亚、巴林、黎巴嫩、以色列。非洲19个国家：埃及、扎伊尔、圣多美和普林西比、马里、莫桑比克、加蓬、毛里塔尼亚、尼日尔、布隆迪、赤道几内亚、几内亚、安哥拉、摩洛哥、索马里、乍得、马尔代夫、苏丹、赞比亚、喀麦隆。美洲4个国家：阿根廷、巴西、玻利维亚、墨西哥。

二、我国的政党制度

（一）我国现有政党概述

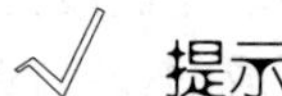

提示

我国大陆现有9个合法政党，分别是：中共、民革、民盟、民进、民建、农工党、致公党、九三学社、台盟。

1. 中国共产党（中共）。《中国共产党章程》在总纲中规定："中国共产党是中国工人阶级的先锋队，同时是中国人民和中华民族的先锋队，是中国特色社会主义事业的领导核心，代表中国先进生产力的发展要求，代表中国先进文化的前进方向，代表中国最广大人民的根本利益。党的最高理想和最终目标是实现共产主义。"中共是我国的执政党，为我国第一大党，现有党员已超过8500万，其组织原则为民主集中制，其组织体系为中央、地方和基层三个层次。

2. 中国国民党革命委员会（民革）。民革的主要工作对象是原国民党及与国民党有历史联系的人士、同台湾各界有关系的人士、致力于祖国统一的人士以及其他有关人士，其中包括国家机关工作人员和科技、文教 、卫生战线的知识分子。民革积极参与对国家事务的管理和对国家经济建设 、政治生活中重大问题的协商，有3000多名成员担任了中央或地方各级人大、政协和政府的领导职务。除台湾、西藏外，民革在30个省、自治区、直辖市建立了省级组织，现有党员10.2万人，共有基层组织2800多个。

3. 中国民主同盟（民盟）。民盟是主要由从事文化教育以及科学技术工作的高、中级知识分子组成，具有政治联盟特点，接受中国共产党领导、同中国共产党通力合作，进步性与广泛性相统一、致力于中国特色社会主义事业的参政党。截至2012年底，民盟共有成员15.7万人，其中教育界占56.6%，文化艺术新闻出版界占5.8%，科技医卫界占17.7%。省级组织30个，市、县级组织410个。盟员中有1.7万余人担任各级人大代表和政协委员，有917人担任县处级以上政府部门的领导工作，还有一些人担任特约检察员、特邀监察员、特约审计员、国土资源监察专员、教育督导员、特约监督员。民盟成员中，有许多人在自己的专业岗位上做出了出色的成绩，享誉国际或获得国家表彰。

提示

中国民主同盟（民盟）是我国大陆第二大政党。

4. 中国民主促进会（民进）。民进是以从事教育文化出版工作的高中级知识分子为主、具有政治联盟性质、致力于建设中国特色社会主义事业的政党，是同中国共产党通力合作的参政党。截至2012年12月31日，民进在全国29个省、自治区、直辖市建立了地方组织，有市县级组织335个，基层组织6816个，会员13.3万余人，平均年龄50.5岁。全会成员中有各级人大代表2066人，各级政协委员11 600人，其中全国人大代表62人，全国政协委员80人；在政府和司法机关担任处级以上领导职务的920人。

5. 中国民主建国会（民建）。民建是主要由经济界人士组成的、具有政治联盟特点的、致力于建设中国特色社会主义事业的政党，是中国共产党领导的多党合作和政治协商制度中的参政党。民建在全国30个省、自治区、直辖市和大中城市都建立了组织，现有成员14万多人，大多数为经济界和其他方面的代表性人士。其中，有3338人担任各级人大代表、16 637人担任各级政协委员、3709人担任区、县级以上各级政府和司法机关领导职务，还有4152人担任各级特邀、特约监察员、检察员职务。

6. 中国农工民主党（农工党）。农工党是以医药卫生、人口资源和生态环境领域高中级知识分子为主、具有政治联盟特点、致力于建设中国特色社会主义事业的政党，是同中国共产党通力合作的参政党。目前，农工党在30个省、自治区、直辖市建立了组织，党员总数12.56万人。

7. 中国致公党（致公党）。致公党前身是由华侨社团——“美洲洪门致公堂”发起的洪门（又称红帮、天地会、三点会、三合会）组建的海外组织。是以归侨、侨眷中的中上层人士和其他有海外关系的代表性人士组成的，具有政治联盟特点的，致力于建设有中国特色社会主义的政党。目前，致公党在北京、上海、天津、重庆、广东、广西、福建、云南、四川、江苏、浙江、辽宁、湖南、安徽、山东、海南、贵州、湖北、西安等省、市都有地方组织。现有成员约4万人。

8. 九三学社。九三学社是以科学技术界高、中级知识分子为主的具有政治联盟特点的政党，是接受中国共产党领导、同中国共产党通力合作的亲密友党，是进步性与广泛性相统一、致力于中国特色社会主义事业的参政党。截至2012年底，九三学社有30个省级组织，292个设区市市级组织，26个县级市组织，5236个基层组织，全国社员总数已达13.2万余人。社员中担任各级人大代表的共有1938人，担任各级政协委员的共有10 029人，担任县处级以上政府及司法机关领导职务的共有1042人。九三学社先后拥有170余位中国科学院院士（学部委员）和中国工程院院士，许多成员为中国科技事业做出了卓越贡献。九三学社社员王淦昌、邓稼先、赵九章、陈芳允、程开甲获"两弹一星功勋奖章"，王选、黄昆荣获2001年度国家最高科学技术奖，师昌绪荣获2010年度国家最高科学技术奖，谢家麟荣获2011年度国家最高科学技术奖。

9. 台湾民主自治同盟（台盟）。台盟是由居住在大陆的台湾省人士组成的社会主义劳动者、社会主义事业建设者和拥护社会主义爱国者的政治联盟，是接受中国共产党领导、同中国共产党通力合作的亲密友党，是进步性与广泛性相统一、致力于中国特色社会主义事业的参政党。目前，台盟在17个省、直辖市建立了组织，现有成员2700多人。

（二）宪法修正案第4条的意义

1. 这是宪法第一次对我国政党制度所作的完整表述。该条修正案是对我国政党制度发展历史和现实状况的科学概括和总结，同时也在成文宪法的层面上认同了政党制度的国家根本问题和根本制度的地位。在此之前宪法没有系统完整地规定政党制度，但中国共产党领导的多党合作的政党关系在我国政治生活却是存在的。特别在十一届三中全会以来，中国共产党领导的多党合作关系逐渐在中国共产党的文件和政策中被制度化了，如1989年12月30日的《中共中央关于坚持和完善中国共产党领导的多党合作和政治协商的意见》便对有关内容作了专门规定。在此以前中国共产党领导的多党合作制度已经成为我国的宪法惯例。

我国宪法修正案第4条规定："中国共产党领导的多党合作和政治协商制度将长期存在和发展。"

2. 表明由中国共产党领导的多党合作关系是一项重要的宪法关系。不仅为政党关系提供了宪法准则，也为有关方面的立法提供了宪法依据。中国共产党和各民主党派都是这种政党（党派）宪法关系的主体，中国共产党领导的多党合作关系是各政党（党派）必须严格遵守的宪法准则。长期以来，我国政党（党派）关系，除了上述有关内容由宪法规定外，政党（党派）关系的内容、范围以及处理政党（党派）关系的准则和依据都是由政党或党派在自己的政策和文件中予以规定的，没有提升到宪法和法律的层面，没有被很好地纳入宪法和法律调整的轨道，政党关系领域，政党（党派）与国家关系领域的法制建设滞后于整个法制建设的步伐。

3. 为有中国特色的政党制度的发展确定和指明了方向。该条修正案表明中国共产党的领导将会进一步加强和改善；中国共产党与民主党派、各民主党派之间的合作关系在致力于社会主义事业的基础上，在中共十六字方针的指导下，将在国家和社会生活更为广泛的领域内得到加强和发展。

（三）中国共产党的领导

中国共产党的领导是指中国共产党作为执政党，对国家进行领导，民主党派承认并接受中国共产党在国家政权中的领导与执政地位，参与政权，共同执行和遵守在中国共产党领导下经法定程序制定的国家法律和政策。

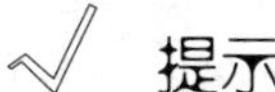
提示

多党合作制下中国共产党的领导是政治原则、政治方向和重大方针政策的政治领导，而不是组织人事领导。

1. 政治原则的领导。政治原则的领导是由邓小平提出的，我国现行宪法所确认的，作为宪法指导思想之一的四项基本原则，即坚持社会主义道路，坚持人民民主专政，坚持中国共产党的领导，坚持马列主义、毛泽东思想。政治原则的领导，就是中国共产党要把各民主党派及全国各族人民的思想、认识统一到四项基本原则上来，共同为建设有中国特色的社会主义而奋斗。

2. 政治方向的领导。政治方向的领导是指各民主党派及多党合作制度必须始终不渝地坚持社会主义方向。所谓政治方向的领导就是中国共产党领导和组织各民主党派在多党合作中坚持社会主义方向，通过社会主义制度的自我完善和发展，建设有中国特色的社会主义的政治、经济、文化，以适应和促进生产力和社会主义社会的全面发展。

3. 重大方针政策的领导。重大方针政策的领导是指关系到我国政治、经济和文化发展，对我国社会主义市场经济建设、民主政治建设和文化建设有重大指导作用的有关党和国家的方针政策。重大方针政策的领导，就是在多党合作中，在中国共产党的主持下，领导各民主党派根据马克思主义的基本原则，从我国的实际情况出发，制定出科学的、合理的、切实可行的重大方针政策，克服民主政治建设、市场经济发展、精神文明建设以及社会主义法制建设中的盲目性和自发性，以便积极稳妥地推行社会主义建设事业。

（四）多党合作

多党合作是指在中国共产党领导下，中国共产党和各民主党派以共同致力于社会主义事业为目标，以四项基本原则为政治基础，在长期的革命和建设实践中逐步建立起来的一种有中国特色的新型政党关系。

> 提示
> 如何理解“长期共存、互相监督、肝胆相照、荣辱与共”是多党合作的基本方针？

1. 特点。

（1）中国共产党和各民主党派都是合法政党，各民主党派在宪法范围内具有政治自由、组织独立和法律上的平等地位。各民主党派都有自己的纲领、章程和组织机构；在政治上可以自由地发表对国家大政方针的意见，提出自己的政治见解和纲领；在组织上可以独立开展活动，自主地决定内部机构、人事安排和组织发展。

（2）中国共产党在长期与民主党派合作的过程中，形成了“长期共存、互相监督、肝胆相照、荣辱与共”的基本方针。“长期共存”是指中国共产党与民主党派的合作关系在共同的目标和一致的政治基础上将长期存在，只要阶级没有被最终消灭，共产党领导的与民主党派的合作关系就要存在下去。“互相监督”是指中共和各民主党派在合作关系中相互进行监督，提出意见和批评。“肝胆相照、荣辱与共”意指中共与各民主党派的合作关系要更加亲密和密切，坦诚以待，成则共荣，败则诸损，因此应该同进退共患难。

2. 主要内容。

（1）参加政权。即民主参政，是中共和各民主党派的合作关系在党政关系领域里的表现。它是指在中国共产党领导和执政的前提条件下，各民主党派的成员依法定程序进入中央和地方各级国家机关，担任人大代表和一定的国家机关领导职务，即在国家政权中，中共是执政党和领导党，各民主党派为参政党。各民主党派成员通过人民代表大会代表选举，当选全国和地方各级人大代表，参与行使人民代表大会的权力，决定国家的大政方针，进行立法。经各级人民政府首长提名，担任政府及其部门的有关领导职务。在各级司法机关担任一定的领导职务。政府及其部门可以请民主党派成员兼职、任顾问和参加有关的咨询机构等。

（2）政治协商。即指在多党合作的过程中，中国共产党和各民主党派就有关国家、民族和社会发展方面的重大问题进行交流商讨，以便在沟通思想，达成共识的基础上集思广益地作出重大的政治经济决策的一项制度。民主协商会是中共中央主要领导人就中国共产党将要作出的大政方针，邀请各民主党派的领导人和无党派人士代表举行的协商会。民主协商会大概每年举行一次。小范围的谈心会是中共中央领导人根据形势发展需要，不定期地邀请各民主党派主要领导人和无党派代表人士，就有关问题在小范围进行交流和沟通思想的一种政治协商方式。座谈会是由中国共产党邀请民主党派、无党派人士参加座谈，目的是通过交流情况，传达文件，听取民主党派和无党派人士提出的政策性建议或讨论某些专题问题。座谈会大致每两个月举行一次。

(3) 民主监督。是中国共产党与各民主党派在多党合作的政治基础上，通过相互提意见和建议，并展开批评的一种重要的多党合作内容。中国共产党对各民主党派的领导与监督，民主党派对中国共产党及其所领导政权的监督。包括对宪法和法律、国家的基本政策、国民经济和社会发展规划、国家财政预算决算、党政机关工作人员履行职责等方面的监督。

（五）我国政党制度的特点

1. 中国共产党是执政党。中国共产党是人民民主专政的社会主义国家的领导核心，其执政地位独具稳定性与不可替代性，不同于多党轮流执政。中国共产党施加影响的范围不限于组织政府（行政权），还包括立法权与司法权，不同于实行三权分立的资本主义国家（其执政党仅限于组织政府）。中国共产党对各民主党派进行政治领导，既非组织隶属关系，也非毫无关系。

2. 各民主党派是同中国共产党合作的参政党。中国各民主党派是与中国共产党密切合作的友党而非反对党。中国各民主党派的参政地位是长期、稳定的，而非在野党。中国各民主党派只接受中国共产党的政治领导，它们在组织上是独立的。中国共产党与各民主党派都以宪法为根本活动准则，双方是执政与参政而非在朝与在野的关系。各民主党派参政的基本点是参政议政与互相监督。

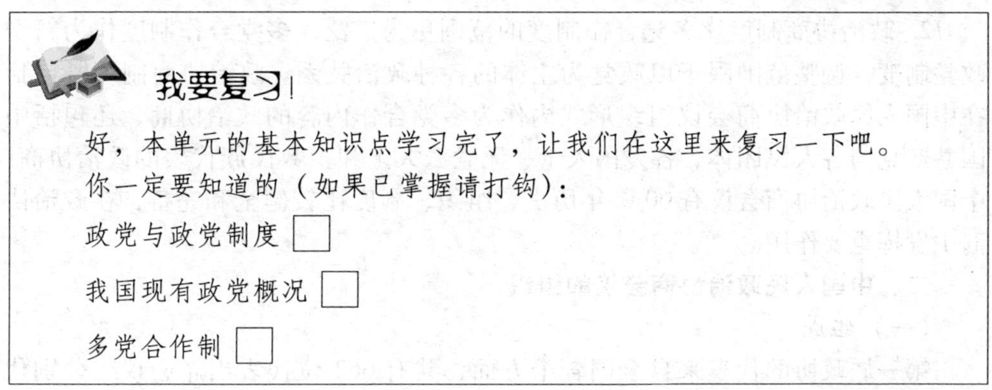

我要复习！

好，本单元的基本知识点学习完了，让我们在这里来复习一下吧。

你一定要知道的（如果已掌握请打钩）：

政党与政党制度 □

我国现有政党概况 □

多党合作制 □

学习单元四 政治协商制度

一、政治协商制度概述

（一）概念

提示

政治协商制度是我国的爱国统一战线制度，多党合作制度是我国的政党制度，两者宪法地位平等。

政治协商制度是指在中国共产党领导下，以多党合作为基础，由各民主党派、各人民团体、各爱国人士、无党派人士和少数民族代表参加的，以中国人民政治协商会议为组织形式，就国家的大政方针，各族人民生活中的重大问题进行民主、平等地讨论和协商的一种政治制度。政治协商制度是与多党合作制度并列的，多党合作制度是我国的政党制度。政协是我国政党制度的重要组织形式。中国人民政治协商会议是我国爱国统一战线的组织形式。现阶段，中国人民政治协商会议是中国共产党领导的，包括全体社会主义劳动者、拥护社会主义的爱国者和拥护祖国统一的爱国者组成的广泛政治联盟的组织形式。它是各党派、各人民团体、各界代表进行政治协商、民主监督和参政议政的重要场所。

（二）特点

1. 中国共产党的领导是政治协商制度的重要内容。政治协商制度是由中国共产党创立的。中国共产党在政治协商过程中始终起着组织和领导作用。政协主席都是中共党员。政治协商的成果主要是通过中国共产党的活动得以实现。中共通过执政党和领导党的作用和影响，借助国家权力将政治协商的成果制定成为国家的法律和政策。

2. 政治协商制度比多党合作制度的范围更为广泛。多党合作制度作为新型政党制度，调整范围限于以政党为主体的各种政治关系。政治协商制度既包括在中国人民政治协商会议组织形式内作为多党合作内容的政治协商，还包括中国共产党与各人民团体、各爱国人士、无党派人士和少数民族代表的政治协商。中国人民政治协商会议有 60 多年历史，组织、制度比较健全和完备，在政治协商中发挥重要作用。

二、中国人民政治协商会议的组织

（一）组成

第一届政协的代表来自全国各个方面，共有 662 位代表出席会议，分别代表中国共产党、各民主党派、各人民团体、各地区、人民解放军、少数民族、宗教界、海外华侨等 45 个单位。第二届开始，各地区代表和人民解放军代表不再是政协的组成单位。根据现行《中国人民政治协商会议章程》的规定，人民政协全国委员会由中共、各民主党派、无党派人士、人民团体、各少数民族和宗教界代表、台湾同胞、港澳同胞和归国侨胞的代表以及少数特邀人士组成。凡赞成政协章程的党派和团体，经中国人民政治协商会议全国委员会的邀请，可参加人民政协全国委员会。

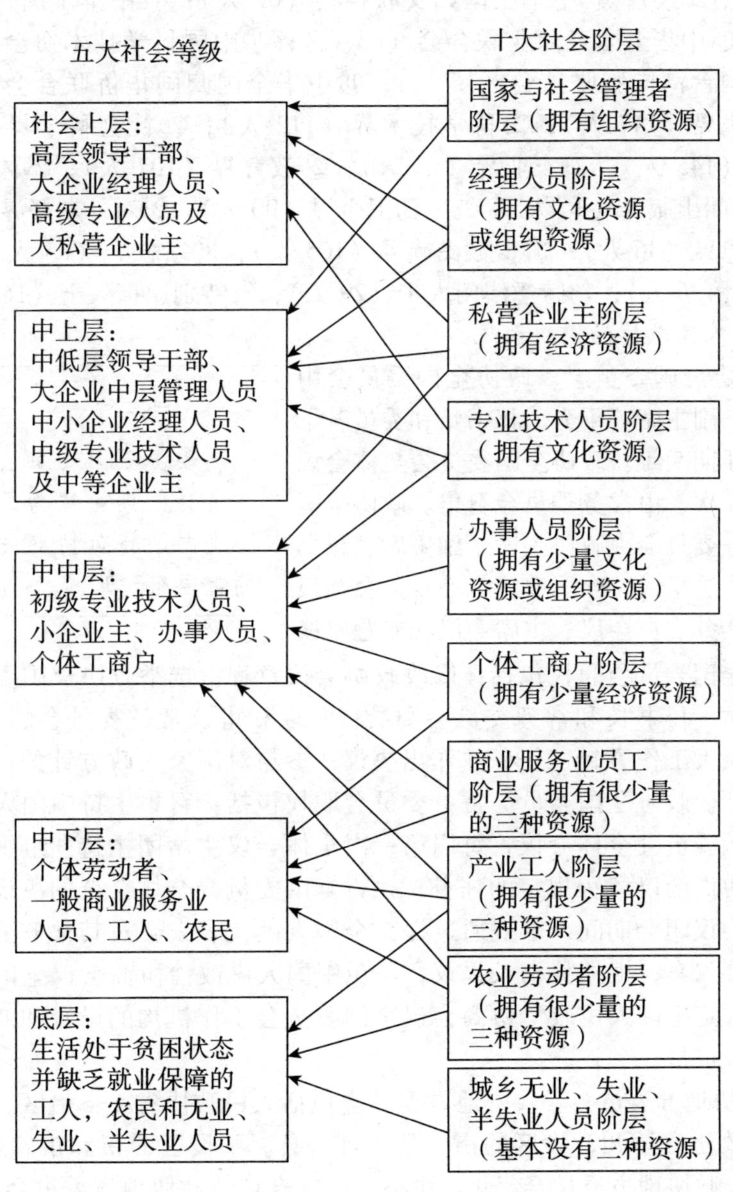

如十一届政协全国委员会共2237名委员，由34个单位组成：①中国共产党（99人）；②中国国民党革命委员会（65人）；③中国民主同盟（65人）；④中国民主建国会（65人）；⑤中国民主促进会（45人）；⑥中国农工民主党（45人）；⑦中国致公党（30人）；⑧九三学社（45人）；⑨台湾民主自治同盟（20人）；⑩无党派民主人士（65人）；⑪中国共产主义青年团（12人）；⑫中华全国总工会（63人）；⑬中华全国妇女联合会（67人）；⑭中华全国青年联合会（29人）；⑮中华全国工商业联合会（65人）；⑯中国科学技术协会（44人）；⑰中华全国台湾同胞联谊会（15人）；⑱中华全国归国华侨联合会（30人）；⑲文化艺术界（147人）；⑳科学技术界（112人）；㉑社会科学界（68人）；㉒经济界（145人）；㉓农业界（65人）；㉔教育界（107人）；㉕体育界（22人）；㉖新闻出版界（46人）；㉗医药卫生界（90人）；㉘对外友好界（39人）；㉙福利保障界（36人）；㉚少数民族界（105人）；㉛宗教界（65人）；㉜特邀香港人士（126人）；㉝特邀澳门人士（29人）；㉞特别邀请人士（166人）。

（二）人民政协的组织系统

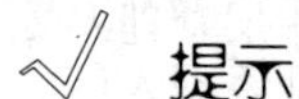

提示

政协全国委员会、地方委员会任期一律为5年。政协是中国特色协商民主制度的重要组织形式。

1. 政协全国委员会。政协全国委员会由主席一人、副主席若干人、秘书长和委员若干人组成，任期5年。政协全国委员会全体会议每年举行一次，由常务委员会召集。政协全国委员会常务委员会由政协主席、副主席、秘书长和常务委员组成。全国政协常务委员会会议制度分为常务委员会议、主席会议和专题座谈会。政协全国委员会职权包括：修改政协会议章程；选举政协全国委员会的主席、副主席、秘书长和常务委员会委员；听取和审议常务委员会的工作报告；讨论政协重大工作方针、任务并作出决议；参与对国家大政方针的讨论，提出建议和批评。政协全国委员会常务委员会职权包括：召集主持中国人民政治协商会议全国委员会全体会议，每届第一次全体会议主席团主持；组织实现中国人民政治协商会议章程规定的任务；执行全国委员会全体会议的决议；全国委员会全体会议闭会期间，审查通过提交全国人民代表大会及其常务委员会或国务院的重要议案；根据秘书长提议，任免中国人民政治协商会议全国委员会副秘书长；决定中国人民政治协商会议全国委员会工作机构的设置和变动，并任免其他领导成员。

2. 政协地方委员会。政协地方委员会包括人民政协省、自治区、直辖市委员会以及政协自治州、设区的市、县、自治县、不设区的市和市辖区委员会，任期5年。政协地方委员会每年至少举行一次会议。政协地方委员会职权包括：

选举本地方委员会的主席、副主席、秘书长和常务委员；听取和审议常务委员会的工作报告；讨论并通过有关决议；参与对国家和地方的重要问题的讨论，提出建议和批评。政协地方委员会常委会职权包括：召集地方委员会全体会议，每届第一次会议选举主席团主持；组织实行人民政协章程规定的任务和全国委员会所作的地区性决议；执行地方委员会全体会议的决议；地方委员会全体会议闭会期间，审议通过提交同级地方人民代表大会及其常务委员会或人民政府的重要议案；根据秘书长的提议，任免地方委员会的副秘书长；决定地方委员会工作机构的设置和变动，并任免其他领导成员。

三、中国人民政治协商会议的职能

（一）政治协商

政治协商是指对国家和地方的大政方针以及政治、经济、文化和社会生活中的重大问题在决策前进行协商和就决策执行过程中的重要问题进行协商。

主要内容有：国家在社会主义物质文明、精神文明和民主法制建设及改革开放中的重要方针政策及重要部署，政府工作报告，国家财政预算，经济与社会发展规划，国家政治生活方面的重大事项，国家的重要法律草案，中共中央提出的国家领导人人选，国家省级行政区划的变动，外交方面的重要方针政策，属于祖国统一的重要方针政策，群众生活的重大问题，各党派之间的共同事务，政协的内部事务及其他属于爱国统一战线的重要问题。

主要形式为：全国政协全体会议、主席会议、常务委员专题座谈会、各专门委员会会议、根据需要召开各民主党派、无党派人士、人民团体、少数民族人士和其他各爱国人士的代表参加的协商座谈会等。

（二）民主监督

民主监督是指对国家宪法、法律和法规的实施、重大方针政策的贯彻执行，国家机关及其工作人员的工作，通过批评和建议进行监督。

尝试思考中国人民政治协商会议的政治协商、民主监督、参政议政职能各自存在哪些不足？如何完善？

主要内容有：国家宪法、法律、法规的实施情况，中共中央与国家领导机关制定的重要方针政策的贯彻执行情况，国民经济与社会发展计划及财政预算执行情况，国家机关及其工作人员在履行职责、遵守法纪、为政清廉等方面的情况，参加政协全国委员会的各单位和个人遵守政协章程和执行政协协议的情况等。

主要形式为：全国政协全体会议、常委会会议或主席会议，向中共中央、全国人大常委会、国务院提出建议案，各专门委员会提出建议或报告，委员视察，委员提案，委员举报或其他形式提出批评和建议，参加中共中央、国务院有关部门组织的调查和检查活动。

（三）参政议政

参政议政是指通过参与人大代表选举、推荐并评议国家领导人、担任国家机关领导职务等形式直接或间接地参与执掌国家政权。其凸显了中国共产党与各民主党派在国家政权问题上的执政党与参政党间的亲密合作关系。政治协商与民主监督的职能活动实质上也体现了参政议政的职能。主要内容：参加国家政权，参与国家事务的管理，参与国家大政方针和国家领导人选的协商，参与国家方针、政策、法律、法规的制定执行。

我要复习！

好，本单元的基本知识点学习完了，让我们在这里来复习一下吧。

你一定要知道的（如果已掌握请打钩）：

政治协商制度的概念 □

中国人民政治协商会议的组织与职能 □

我的笔记

第四章

政权组织形式

导　学

1. 本章通过介绍、分析人民代表大会制度，从宪法体制层面阐明国家机关与国家权力的总体构成、国家权力横向配置和在此基础上形成的同一级国家机关的相互关系，进而对我国选举制度有初步理解。

2. 请先预习《中华人民共和国宪法》、《中华人民共和国选举法》和 1947 年中华民国宪法后再进入本章的学习。

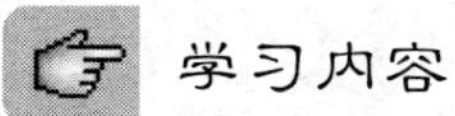

学习内容

学习单元一　概　述

一、政权组织形式的概念

（一）定义

政体是关于国家权力的归属以及基于国家权力运用的需要而设置的相应国家机关，并在这些国家机关间进行权力配置的国家政治制度（政治形式）。政权组织形式是有关国家权力在归属已定的情况下，在不同国家机关之间进行权力配置以保证国家权力有效运用的政治制度。国家结构形式是指国家的统治阶级依据一定的原则和方式划分国家的内部区域，调整国家整体与组成部分、中央和地方以及地方与地方间关系的制度。

政权组织形式是宪法的基本内容，以明确规定在国家机关间进行权力配置的基本原则，设立相应的国家机关并赋予其职权，规定各种国家机关在运用国家权力（职权）过程中的关系。在现代社会，政权组织形式正是宪法建构政治社会（国家）的方式。

（二）政体、政权组织形式、国家结构形式三者的关系

政体概念有广义和狭义两种含义。狭义的政体是指国家权力，尤其是有关国家主权归属的制度。广义的政体除含有狭义政体概念的内涵外，还包含国家权力在国家机关之间的配置及在此基础上形成的国家机关之间的相互关系之内涵。政权组织形式实质上是一种国家权力划分关系。它包括两个方面的内容：一是从横向划分国家权力并在同一级国家机关之间进行权力配置；二是从纵向划分国家权力，并在上下级国家机关之间进行权力配置，形成中央与地方、地方与地方之间国家机关的相互关系。国家结构形式实质上是一种纵向的国家权力配置关系。

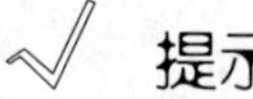

提示

国家权力的归属、配置和运用是正确认识政体、政权组织形式、国家结构形式这些概念的关键所在。

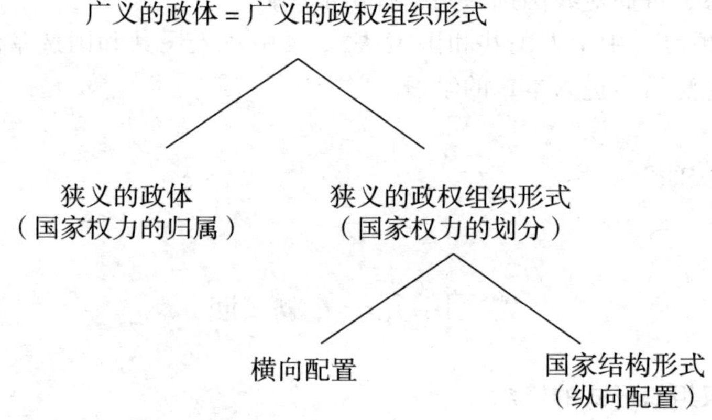

二、政权组织形式的种类

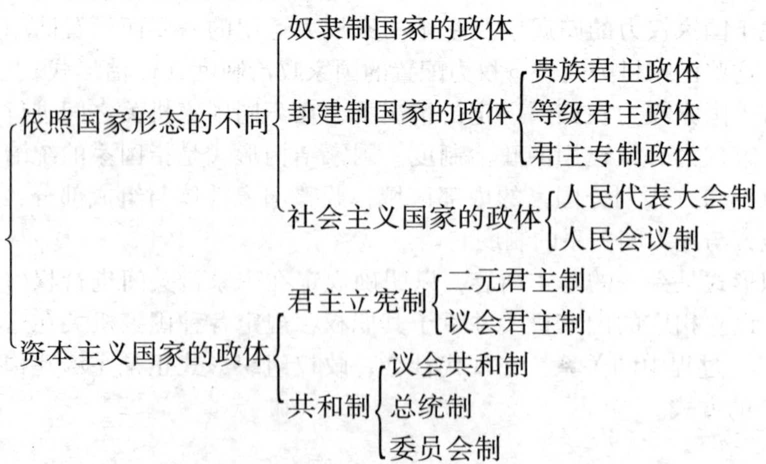

（一）共和制政体的政权组织形式

共和制是指国家权力，尤其是主权属于人民，作为国家代表的国家元首由选举产生并有一定任期的一种政体。

1. 总统制。总统制大致可分为美国式和法国式两种。美国式总统制有如下特点：总统与国会议员分别由选民选举产生；总统既是国家元首，又是行政首脑；总统对选民负责，不对议会负责；国会与总统各有一定任期，国会除对总统依法行使弹劾权外，不能以不信任等理由迫使总统辞职，而总统也不能解散国会；政府成员一般由总统提名，经参议院同意后任命。法国式总统制即指总统作为国家元首拥有实权，由议会中的多数党组阁，成立政府，对议会负责，议会可以倒阁的一种具有议会制特色的总统制。

如何理解议会共和制下的“倒阁”制度？

2. 议会共和制。在议会共和制的国家，国家元首为虚权元首，仅在形式上代表国家。议会由选举产生的议员组成，政府由议会中的多数党或政党联盟组成。政府（内阁）对议会负责，议会可以通过不信任案倒阁，政府也可依宪法程序解散议会，重新组织大选。

3. 委员会制。委员会制是以瑞士联邦行政委员会制为代表的一种政权组织形式。在瑞士，国家权力被分为立法权、行政权和司法权三种，立法权由国民院和联邦院组成的联邦议会行使。联邦行政委员会由议会选举 7 人组成，分别执掌行政委员会所属 7 个部。行政委员会是一个合议制机构，每周开一次会，法定开会人数为 4 人，委员会就有关问题平等地进行讨论，以出席会议的委员过半数票通过决定。7 人互选 1 人为委员会主席，另 1 人为副主席，任期都为 1 年，不能连任。

4. 人民代表会议制。人民代表会议制下最高权力机关由选举产生，受选民监督。国家机关在职权上有所分工，但不存在分权关系。最高行政机关和其他国家机关由最高权力机关产生，对它负责，它们的职权来自于权力机关的赋予。

（二）立宪君主政体的政权组织形式

立宪君主政体是一种国家权力在形式上或在一定程度上属于君主个人所有，君主作为国家元首代表国家，实际上不享有或享有有限国家权力的一种政体。

1. 议会君主制。议会君主制是指君主作为国家元首，仅在形式上代表国家，在国家机关的权力配置中不享有实质意义上的国家权力。国家权力主要在议会以及由议会产生的政府和司法机关间进行配置，议会和政府（内阁）关系处于整个国家机关关系的轴心。现代英国、日本等立宪君主政体的国家都实行这种政权组织形式。

2. 二元君主制。二元君主制是指君主作为国家元首，尚拥有相当国家权力，君主作为国家机关在整个国家机关权力配置和国家机关相互关系中占有重要地位，议会权力较小，政府对君主负责的一种政权组织形式。一战前的德意志帝国和明治宪法下的日本都是这种政权组织形式。现代国家中，只有像约旦、沙特阿拉伯等少数国家仍保持这种政权组织形式。

（三）相近政权组织形式之区别

1. 二元君主制与议会君主制。二元君主制国家里君主是权力中心；而议会君主制国家里议会是权力的中心，君主的权力多为形式上或者礼仪性的。二元君主制国家里内阁由君主组织，对君主负责；而议会君主制国家里内阁由议会下院的多数党组织，对议会负责。

2. 议会共和制与议会君主制。①就国家元首而言。议会共和制国家元首为总统；议会君主制的国家元首为君主。②就国家元首的责任而言。议会君主制国家的君主对自己的行为不仅不负政治责任，也不负法律责任；而议会共和制国家的总统在有叛国或者违宪行为时可能受到议会的弹劾。③就国家元首的待遇而言。议会君主制国家的君主及其家族享有巨额的皇室经费；而议会共和制的总统只有个人的薪俸。

我要复习！

好，本单元的基本知识点学习完了，让我们在这里来复习一下吧。

你一定要知道的（如果已掌握请打钩）：

政体、政权组织形式、国家结构形式三者的关系 □

政权组织形式的种类 □

学习单元二　我国的政权组织形式

一、我国的政权组织形式是人民代表大会制度

（一）人民代表大会制度的概念

提示

人民代表大会制度下，其他国家机关由同级人大产生，对它负责，受它监督。

1. 定义。人民代表大会制度是我国现阶段的一种社会主义的人民民主共和政体的具体政权组织形式，是指依据宪法和有关法律的规定，由人民按照一定的原则和程序，选举人民代表组成全国人民代表大会和地方各级人民代

表大会，作为国家的权力机关，再由各级权力机关产生同级其他国家机关，这些国家机关要对人民代表大会负责，并接受其监督的一种国家政权组织形式。

人民代表大会制度是一种共和制政体，而且是为了实现一切权力属于人民的原则而建立起来的政治制度。人民代表大会统一行使属于人民的国家权力；人民代表大会产生的同级其他国家机关，行使人民代表大会通过宪法和法律赋予的特定范围内的职权。我国宪法和组织法比较全面、具体地列举了各种国家机关的职权。权力机关产生同级其他国家机关，他们向权力机关报告工作，并接受权力机关的监督。

2. 特点。

（1）在组织原则上采用民主集中制。全国与地方各级人民代表大会都由人民直接或者间接选举产生，对人民负责，受人民监督，选民或者原选举单位有权罢免自己选出的不称职的代表。人民代表大会在讨论和决定问题时实行少数服从多数的原则。其他国家机关由同级人民代表大会产生，对它负责，受它监督。在中央与地方的关系上，下级服从上级，地方服从中央。

（2）在组织结构上采用一院制。世界各国的代议机关从组织结构来看，有单一结构和复合结构两种。单一结构是指代议机关由一院组成；复合结构是指代议机关由两院或者多院组成。前者如我国只有人民代表大会；后者如美国有参议院和众议院、英国有上议院和下议院。

（3）在机构设置上设有常设机构。在许多国家的代议机构中并不设常设机构，因为它们的议会本身是经常活动的，议会的会期都很长。但在我国，人民代表大会每年的会期都较短，人大本身并不是经常活动的，因而县级以上各级人民代表大会都设立了同级的常务委员会作为自己的常设机构，以在人民代表大会闭会期间行使国家权力。

（二）人民代表大会制度的基本内容

“中华人民共和国的一切权力属于人民”（我国现行《宪法》第2条第1款）。一切国家权力属于人民，这是人民代表大会制的核心，是人民主权宪法原则的集中表述。这里的“人民”是集合概念，“一切国家权力属于人民”反映了国家权力的最高性和统一不可分割性及公民权利的优先性。“人民行使国家权力的机关是全国人民代表大会和地方各级人民代表大会”（我国现行《宪法》第2条第2款），“全国人民代表大会和地方各级人民代表大会都由民主选举产生，对人民负责，受人民监督”（我国现行《宪法》第3条第2款）。各级人民代表

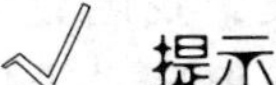

提示

尝试在我国现行宪法典中找出全部与人民代表大会制度有关的条款，并概括其基本特点。

大会是人民行使国家权力的国家机关，它由人民普选产生，直接对人民负责，受人民监督。

“中华人民共和国的国家机构实行民主集中制的原则”（我国现行《宪法》第3条第1款）。民主集中制是我国人民代表大会制的组织原则。全国人民代表大会的“常设机关是全国人民代表大会常务委员会”（我国现行《宪法》第57条），“全国人民代表大会常务委员会对全国人民代表大会负责并报告工作”（我国现行《宪法》第69条）。“县级以上的地方各级人民代表大会设立常务委员会”（我国现行《宪法》第96条第2款），“县级以上的地方各级人民代表大会常务委员会……对本级人民代表大会负责并报告工作”（我国现行《宪法》第103条第1款）。各级人民代表大会常务委员会是各级人民代表大会的常设机关，在各级人民代表大会闭会期间履行本级人民代表大会的职权，直接对本级人民代表大会负责，受其监督。“国家行政机关、审判机关、检察机关都由人民代表大会产生，对它负责，受它监督”（我国现行《宪法》第3条第3款）。“中华人民共和国主席、副主席由全国人民代表大会选举”（我国现行《宪法》第79条第1款）。“全国人民代表大会行使下列职权：……⑥选举中央军事委员会主席；根据中央军事委员会主席的提名，决定中央军事委员会其他组成人员的人选”（我国现行《宪法》第62条第6项），“中央军事委员会主席对全国人民代表大会和全国人民代表大会常务委员会负责”（我国现行《宪法》第94条）。国家元首、行政、军事、司法机关都由人大（及其常委会）产生，对它负责，受它监督。

（三）人民代表大会制度是我国根本政治制度的原因

1. 人民代表大会制直接体现了我国人民主权的最高宪法原则。我国的国家性质是人民民主专政的社会主义国家，人民（首先是工人阶级通过其政党——中国共产党）掌握国家政权是其最根本的内容，一切属于人民范畴的我国公民都是统治阶级的成员，我国宪法所规定的人民代表大会制正是从组织上、制度上和最高法律规范上保证了人民主权宪法原则的实现，因为各级人大及其常委会是由人民通过民主普选产生，人民正是通过其选举产生的代议机关行使国家权力的，各级国家机关又是通过人大产生，它们对人民负责，受人民监督。

2. 人民代表大会制是长期革命和建设的历史产物。人民代表大会制是我国国家制度的核心和一切政治制度（立法、行政、司法制度和选举、政党制度等）产生的组织基础和宪法基础。1954年宪法的颁布实施，标志着人民代表大会制度的正式建立。人民代表大会制度确立后，为了贯彻实施人民代表大会制度，陆续建立了一系列政治制度，如选举制度、法律制度、司法制度、工会制度等，形成了较为全面的新中国政治制度体系。

3. 人民代表大会制是我国公民行使国家权力和实现公民权利的最佳制度化途径。人民代表大会制为我国公民在行使公民权利尤其是公民的政治权利和自由时提供了制度保障和法律保障，而其他国家制度提供的选择不带有人民代表大会制的根本性，不能与之并列，更无法取代人民代表大会制的制度功能。人大制度所建构的是国家政治生活，在我国任何政治和政治生活，都是在国家这种政治社会内存在和开展活动的，因而受制于国家政治生活。人大制度支配着其他政治制度，由这些政治制度调节和规范的政治生活也直接或间接地受人大制度调节和规范。任何人（指公民）都将自觉或不自觉地被纳入人大制度所建构和组织的国家政治生活中。

二、人民代表大会制度的优越性

（一）人民代表大会制度便于人民参加国家管理

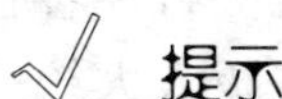

提示

如何理解“人民代表大会制度便于人民参加国家管理”？

人民对国家的管理有两种方式，即直接民主和间接民主。直接民主就是由人民直接管理国家，由全体人民共同作出决策和进行立法，并组织实施的一种管理国家的方式。间接民主是与直接民主相对而言的一种管理国家的方式，是指由人民选举代表以人民的名义管理国家。人民代表所具有的广泛代表性，为各阶层、各行业、各民族、各地方不同利益要求的人民参与管理国家提供了制度化的途径。人民代表大会制度建立了有效的人民同代表保持密切联系的通道和途径，有助于人民管理国家的意志在国家管理中贯彻和实现。人大代表受原选举单位和选民的监督，选民或者原选举单位都有权罢免自己选举的代表。有关法律要求代表与原选举单位或选民保持密切联系，倾听群众的意见和要求。人大制度所确立的人大与同级其他机关的监督与被监督关系，将政府、法院、检察院等国家机关间接地置于人民的监督之下了。在人民代表大会制度下，将包括人大在内的所有国家机关直接置于人民的监督下。

（二）人民代表大会制度便于集中统一地行使国家权力

人民代表大会制度既体现了主权在民的原则，指明了国家权力的源泉，又比较好地将国家权力集中统一到了国家权力机关手中，国家权力机关能够在充分体现人民意志，反映人民整体利益的基础上行使和运用国家权力。按照三权分立、相互制约的原则，人民统一的意志（多数）、统一的利益（多数）和权力，表现在总统和议会的关系上就可能形成彼此对立，相互冲突的两个方面。这样既不利于人民的意志和利益的贯彻和实现，也（有时）妨碍国家权力统一有效的使用。

人民代表大会制度根据国家管理的需要，设立了政府（行政机关）、审判机关、检察机关等国家机关，在统一国家权力的基础上分别赋予这些机关以行政权、审判权、检察权等职权，实现了国家权力在国家管理过程中的职权分工。这种权力配置关系，即国家权力机关统一行使国家权力（在国家管理过程中，国家权力机关的国家权力，也表现为各级人大的职权），其他国家机关分别行使宪法和法律规定的职权，既有利于国家机关在各自的管理领域进行国家管理，又有利于国家管理的统一性，从而最终有效地实现国家管理。三权分立的宪政体制在国家机关职权的分工制约方面，建立了较为合理的权力运行机制，但在国家管理统一运用国家权力方面，则缺乏有效的机制。

（三）人民代表大会制度能实现中央与地方国家权力的和谐配置

全国人大统一行使（全国）国家权力，表现和代表了全国人民的意志和利益，中央其他国家机关行使各自职权，在中央国家管理过程中实现全国人民的意志和利益；地方各级人大统一行使地方国家权力，表现和代表的是各级地方人民的意志和利益，地方其他国家机关行使各自职权，在地方国家管理过程中实现着各地方人民的意志和利益。全国人大与地方人大（含各级地方人大间）国家管理方面职权的分工，中央其他国家机关与地方其他国家机关（含其他各级地方国家机关间）职权的分工，既能在全国范围实现全国人民的意志和利益，又能在地方实现地方人民的意志和利益。

（四）人民代表大会制度有助于实现少数民族参加管理国家

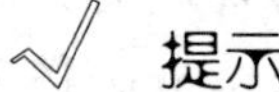

> 提示
>
> 如何理解“人民代表大会制度有助于实现少数民族参加管理国家”？

在全国人大和地方各级人大都应有与其民族关系状况相适应的少数民族代表，历届全国人民代表大会代表中，少数民族代表所占的比例均高于其人口数所占全国总人口数的比例。在各级人大中，也有相应的少数民族公民担任领导职务。全国人民代表大会常委会组成人员中，应当有适当名额的少数民族代表。在地方人大常委会的实践中，也有少数民族代表担任主任、副主任或委员，特别是在民族区域自治地方，法律明确要求由少数民族代表担任主任或副主任。人民代表大会制度还在国家机关的设置以及人民代表大会制度运作等方面为少数民族参加国家管理提供了一定的组织形式。如全国人民代表大会中设立了民族委员会，国务院设有民族事务委员会，少数民族较多的地方人大中设有民族事务机构。这些设置为少数民族参加国家管理提供了条件和保证。

三、坚持和完善人民代表大会制度

（一）坚持人民代表大会制度

提示

如何更有效地实现在人民代表大会制度中坚持中国共产党的领导？

1. 坚持中国共产党的领导。坚持中国共产党的领导就是要坚持党对人大制度的政治、思想和组织领导。党要制定路线、方针、政策，指明每一个时期的奋斗目标，确定与之相适应的工作任务和完成任务的步骤、措施与工作方法，为人大立法和国家机关的活动指明方向。党要推荐人大代表和国家机关的干部，从组织上保证党的路线、方针、政策的贯彻执行。党要宣传党的路线、方针、政策，向人大代表和国家机关工作人员以及广大群众进行细致的思想工作，使之理解党的路线、方针、政策的精神实质，自觉地以实际行动贯彻执行。

2. 坚持民主集中制和议行合一的组织原则。民主集中制原则是我国宪法规定的国家机关组织活动原则，民主集中制反映了在人民代表大会制度下人民与国家、国家机关间的（包括同一级国家机关间和上下级国家机关间）关系，反映了各种国家机关行使职权的组织原则。议行合一原则是与三权分立相对而言的一个国家权力配置原则，侧重于调整同一级国家机关间的关系，我国人民代表大会与同一级其他国家机关间的关系，体现了议行合一的原则。

3. 坚持一院制的组织形式。在人民代表大会制度下代表机关采行一院制的组织形式，国家权力统一由人民代表大会行使。人民代表大会制度采取一院制的组织形式，是由我国的民族关系状况、政权建设的历史和中国共产党对人大制度的领导等因素决定的。对于精简国家机关、提高管理效率也具有重要意义。

（二）完善人民代表大会制度

1. 理顺各级人大及其常委会与其他组织的关系。

（1）就各级人大及其常委会与同级党组织的关系而言。要明确区分党的职能和国家职能界限，杜绝以党代政、党政不分的现象。政党包括执政党本身不是政权机关，党同国家机关的性质不同、职能不同，组织形式和工作方式也不相同。党的决策不能代替人大的决策，党的路线方针政策不能代替国家宪法和法律。党必须在宪法和法律的范围内活动，要按照宪法和法律的规定进行执政，开展政治活动，尊重人大的决定和决议。我国宪法规定，一切国家机关和武装力量，各政党和各社会团体、各企业事业组织，以及每一个公民都必须遵守宪法和法律。中共党章也规定，党必须在宪法和法律范围内活动。党必须接受宪法和法律监督。党和国家的关系就是一种宪法和法律关系：一方面党依照宪法和法律的规定领导国家，进行执政；另一方面，党要按照宪法和法律开展活动。

这样既有助于理顺党政关系，也有助于推进我国的民主政治建设和法制建设。

（2）就各级人大及其常委会与同级国家行政机关的关系而言。各级人大及其常委会与同级国家行政机关是决定与执行、监督与被监督的关系。

（3）就各级人大及其常委会与同级人民法院、人民检察院的关系而言。各级人大及其常委会与同级人民法院、人民检察院的关系问题主要是人大监督与司法独立的关系问题。

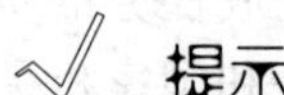

提示

如何看待“推动各级人大代表逐步实现全面专职化”这种观点？

2. 加强人民代表大会制度的组织机构建设。将已有的工作机构充分、有效地运转起来，特别是各级人大常委会和各专门委员会应该发挥其应用的作用。应该在结合现实情况的基础上，根据客观需要加强机构建设和组织建设，可增设专门委员会。对全国人大来说，目前应该增设的专门委员会主要有两个：①宪法委员会；②监察委员会。对地方各级人大来说，主要应该结合本地区的具体实际情况，相应地增设专门委员会。应加强地区、乡、镇人大的机构建设。根据宪法、法律的规定，地区不是一级国家政权，但实际上，地区不仅在事实上行使着一级国家政权的职能，而且在组织机构上，根据有关法律，既有地区行政公署，又有地区中级人民法院、省人民检察院地区分院，单单缺少相应的人大机构，这样配置的结果不利于加强人民代表大会制度。在乡、镇人大机构建设方面，主要应该健全其常设机关，以便落实本级人大的决议，经常性地监督乡、镇人民政府的工作，加强与代表和选民的联系，及时听取和反映群众的意见和要求。应加强各级人大及其常委会的组织建设，一方面应尽快实现代表结构的合理化，另一方面必须实现各级人大常委会的专职化。

3. 加强人民代表大会制度的制度建设。

（1）会议制度。对各级人大及其常委会来说，是以开会的形式行使职权，《全国人大议事规则》和《全国人大常委会议事规则》的颁布实施，为建立健全有关制度提供了法律依据。但有两个问题必须相应解决：①地方各级人大及其常委会和各级人大专门委员会也应制定和完善其议事规则；②由于议事规则中的诸多内容尚很原则，还有不少内容尚未涉及，因此还必须制定其他有关条例。

（2）各级人大常委会与代表的联系制度。实践工作中有主任接见代表日制度、代表小组活动日制度。常委会组成人员和机关干部分片负责、深入基层走访代表制度，等等，都行之有效。

（3）人大代表与选民的联系制度。实际工作主要是指双向联系的制度化，监督、罢免的制度化。

（4）人大代表的视察、调查制度与学习制度。

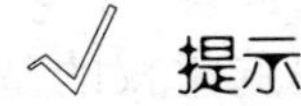

> **提示**
>
> 如何更有效地加强各级人大代表与人民之间的联系？

4. 提高人民代表大会成员素质。在选举过程中，尽可能地将那些政治品德、政治思想好，参政议政能力强的人选进去。这就要求我们既要依法选举，又要改革选举制度。在选举中要选出各方面素质较好、具有一定的社会活动能力和参政议政能力的公民当代表和人大常委会委员。有三个问题必须解决：认识，不能把代表仅仅看成是一种荣誉，更应明确它是一种责任；提名，主要是以各种方式产生的候选人应该地位平等。联合提名必须强调平等协商；候选人间的竞争，我国法律确认差额选举原则。对当选代表素质通过学习、培训等各种形式予以提高。定期组织新当选的人大代表和委员学习有关人民代表大会制度的知识和各种政治法律知识，交流代表和委员活动经验。

> **我要复习！**
>
> 好，本单元的基本知识点学习完了，让我们在这里来复习一下吧。
>
> 你一定要知道的（如果已掌握请打钩）：
>
> 人民代表大会制度的定义 □
>
> 人民代表大会制度的优越性 □
>
> 人民代表大会制度的完善途径 □

学习单元三　我国的选举制度

一、选举制度概述

（一）概念

1. 选举。选举即是选择、挑选、择贤之意，是一定的社会主体表达自由意志的行为。宪法意义上的选举，是指享有选举权的公民，按照自己的意志，按照法定的原则和程序，通过定期的、普遍的、自由的、平等的少数服从多数的选举，选出国家代议机关的代表和特定

> **提示**
>
> 我国现行选举制度下，“国家代议机关的代表”和“特定国家公职人员”都由选民选出吗？

国家公职人员的行为。

选举建立在公民选举权的基础上，是公民行使选举权的行为，公民享有平等的选举权是选举制度的基础；选举首先是选民选举意志的表达，按照少数服从多数的原则决定代表和公职人员的当选，是选举制度最基本的原则；从形式上，选举制度主要是通过法律予以表现的，选举法是集中规定选举制度的法律；选举制度具有鲜明的阶级性，它不过是为了每3年或每6年决定一次究竟由统治阶级中的什么人在议会里代表或压迫人民。

2. 选举制度。选举制度则是指一国统治阶级通过宪法和法律规定的，关于公民推选代表组成代议机关、选举国家公职人员以组建国家权力机关体系的原则、程序与操作技术的各项制度的总称。广义上的选举制度包括公民选举代议机关的代表和一切国家公职人员的制度，选举主体、客体和内容十分广泛。狭义上的选举制度仅指公民按照选举法的规定选举代议机关的代表的制度。选举制度大致包括以下内容：选举的基本原则；选举权的确定；选举的组织和程序；选举的范围；选民与代表的关系。

我国现行的《选举法》是指1979年7月1日第五届全国人民代表大会第二次会议通过、1982年12月10日第五届全国人民代表大会第五次会议修改、1986年12月2日第六届全国人民代表大会常务委员会第十八次会议修改、1995年2月28日第八届全国人民代表大会常务委员会第十二次会议修改、2004年10月27日第十届全国人民代表大会常务委员会第十二次会议修改、2010年3月14日第十一届全国人民代表大会第三次会议修改的《全国人民代表大会和地方各级人民代表大会选举法》。该法仅限于调整全国人大和地方各级人大代表的选举，故属于狭义选举制度范畴。我国现行的选举制度除了由《选举法》调整外，还体现于现行宪法典、各类组织法、调整各类国家公职人员的主体法（如人民代表法、公务员条例、法官法、检察官法等）等法律法规中。

（二）国外选举制度发展历程

1. 古代西方国家选举制度。

（1）萌芽状态的选举制度。产生于奴隶社会，并出现在实行共和政体的国家，如古希腊雅典共和国建国初期，由氏族贵族组成贵族会议，再由贵族会议选举出4名执政官来执掌国家政权。

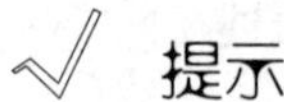

> **提示**
> 近代意义的选举制度产生于英国的代议制。

（2）封建社会的选举制度。总体上是君主专制而不存在选举问题，但也出现过少数的城市共和国，如意大利的威尼斯、热那亚、佛罗伦萨等，其政权就是由市民选举产生的。

（3）中世纪后期的选举制度。欧洲的许多国家产生了等级会议，如1188年西班牙的“国会”、1265年英国的“等级会议”以及后来法国的“三级会议”、德意志的“帝国会议”等，就是由贵族、僧侣和平民各自选出的代表组成的，这是近代选举制度的雏形。

2. 近现代意义选举制度。

（1）英国。近代意义的选举制度产生于英国的代议制。英国的代议制为美法等资本主义国家所采用。英国的议会由中世纪的等级会议演变而来，于1343年发展为两院制议会（上院为贵族院，由世袭贵族产生；下院为平民院，由资产阶级、城市市民组成），直到英国“光荣革命”结束后，真正由选民选出的议员组成的下议院才形成。1867年通过的选举改革法对农村选民的财产资格有所放宽，调整了选区。1884年的选举改革法又统一了城乡的选民资格。1885年的选举法第一次规定按人口多寡分配议席的标准，并规定了秘密投票和对选举舞弊的惩罚，简化了注册选举手续等。19世纪特别是20世纪后，英国选举法经过多次修改，已日臻完善。

（2）美国。1787年联邦宪法就规定了国会两院议员和联邦总统的选举原则和程序。1787年宪法颁布后以修正案的形式，对选民的投票权平等、性别平等、种族平等等给予了新的规定。

（3）法国。1789年法国大革命使三级会议变为国民会议。1791年宪法规定了议会的一院制，议员由两级选举产生，即由选民选举选举人，再由选举人选举议员，任期2年，规定了间接选举、秘密选举和公开投票等选举原则。1795年法国宪法规定了两院制。1875年宪法（参议院组织法、公共机关组织法和公共机关相互关系法）本身即是法国选举制度的重要内容。1946年法国宪法仍规定了两院制，其中国民议会实行直选，参议院实行间选。1974年的选举法降低了对选民的年龄限制（由21岁调为18岁）。

3. 社会主义性质选举制度。1871年法国巴黎公社革命，进行了无产阶级民主选举的伟大尝试，开创了由人民直接普选人民公仆的先例。俄国十月革命后，1918年宪法第四篇专门规定了社会主义性质的选举制度。社会主义选举制度与人民代表制相结合，在社会主义国家不断得到完善和发展。

（三）中华人民共和国选举制度发展历程

1. 1953年选举法。1953年2月11日，中央人民政府委员会第二十二次会议通过了《中华人民共和国全国人民代表大会及地方各级人民代表大会选举法》（简称1953年选举法），对全国和地方各级人大代表的选举程序

提示

1953年选举法的制定和颁布标志着新中国选举制度的建立。

和原则作了具体规定。1953 年选举法的制定和颁布标志着新中国选举制度的建立，为我国选举制度发展奠定了基础。其特点是：体现了选举权的普遍性和平等性原则，扩大了选民范围；实行直接选举与间接选举并用原则，提高了选举的民主性；采用无记名投票与举手表决相结合原则；对少数民族人大代表选举适当倾斜等。

2. 1954 年宪法。1954 年宪法对我国的选举制度的基本原则以根本大法的形式予以了确认，第 86 条、第 23 条、第 39 条、第 56 条、第 68 条等规定了选举的普遍性、平等性、直接选举与间接选举相结合等原则，第 38 条、第 61 条还规定了对人大代表的监督原则。

3. 1975 年宪法。1975 年宪法仅在第 3 条第 3 款规定了人大代表由民主协商产生和受监督原则，第 27 条规定了选举的普遍性原则。

4. 1978 年宪法。1978 年宪法的规定比 1975 年宪法更详细，第 21 条第 1 款、第 35 条第 2 款规定了民主协商和无记名投票原则、直接选举与间接选举相结合原则，第 28 条和第 35 条第 5 款规定了人大代表的监督和受监督原则，第 44 条规定了选举的普遍性原则等。

5. 1979 年选举法。1979 年 7 月 1 日，第五届全国人大二次会议通过了新选举法，对 1953 年选举法作了重大修改。进一步扩大了普选范围，除了依法被剥夺政治权利的人外，凡年满 18 周岁的公民都有选举权和被选举权；而 1953 年选举法和 1954 年宪法关于选举权和被选举权的享有主体例外包括了“有精神病的人和依照法律被剥夺选举权和被选举权的人”。扩大了直接选举的范围，将直接选举从乡镇一级扩大到县一级。实行差额选举。调整选区划分方法，根据便民投票原则，规定按居住状况、生产单位、事业单位与工作单位划分选区。改变了推选代表候选人的方法，规定任何选民或单位有 3 人以上附署，即可推荐代表候选人。规定了对代表的监督和罢免程序。

6. 1982 年宪法实施以后的修改。1982 年宪法对 1979 年选举法的有关制度予以了宪法确认。全国人大及其常委会在 1982 年、1986 年、1995 年、2004 年、2010 年对 1979 年选举法分别进行了修改。1995 年的修改主要体现在：将原先规定的省级人大与全国人大每一农村代表所代表的人口数与每一城市代表所代表的人口数之比由 5∶1 和 8∶1 统一调整为 4∶1；明确规定了各级人大代表中应有适当数量的妇女代表，并逐步提高妇女代表的比例；规定了乡镇选举委员会受上一级人民代表大会常委会的领导；规定香港与澳门特别行政区应选全国人大代表名额及其产生办法，由全

提示

我国选举“城乡同票同权”于 2010 年选举法修改中实现。

国人大另行规定；规定了代表当选与代表罢免的具体程序等。2004 年的修改主要体现在：对省级人大代表名额基数的修改；对人大代表候选人的提出程序的修改；对人大代表候选人介绍程序的修改；对县级人大代表罢免程序的修改；对选举活动、选举权的保障制度的修改。2010 年的修改主要体现在：取消4∶1，实行城乡平等选举权；强调人大代表广泛性，扩大基层代表数量；增设选举机构专章规定，分别规定选举委员会的产生与职责；提高乡镇代表总名额上限至160 名；禁止同时两地担任代表；增强候选人“透明度”；保障选民和代表的选举权；规定秘密写票处。

7. 我国现行选举法的未尽之处与发展方向。

(1) 扩大直接选举的范围。在普通行政地方已有条件扩大到省级以下的各级地方人大代表选举，在民族区域自治地方的自治区直接选举的范围可以扩大到自治区所辖的市一级地方。

(2) 引入竞争候选人制度。凸显选民或者代表联名推荐的代表候选人与其他途径代表候选人的同等地位。严格规定介绍候选人的方式与程序，规范候选人的介绍内容，完善代表候选人向选民介绍情况和接触选民的程序。

(3) 引入竞争当选制度。要求代表候选人在选区范围通过各种合法形式向选民或代表作介绍和宣传。由选举组织主持候选人辩论会，就各自的政见进行辩论。候选人应专门安排时间和地点就本选区事务接受选民或代表咨询并解答。

(四) 选举制度与政党制度的关系

政党制度与选举制度同属于现代宪政国家的政治制度的重要组成部分，共同反映着一国的国家本质和政权组织形式，二者有着非常密切的关系。一国选举制度的类型、地位和作用总是与本国的政党制度有关，而政党惟有通过一国具体选举制度的操作运行才能参与、执掌或影响国家政权。

在资本主义国家，资产阶级政党是通过选举参与国家权力分配的，它在一国选举活动中往往占据主导地位。为了执掌国家政权，资产阶级政党总是精心组织竞选机构和挑选候选人，通过组织竞选班子、筹措竞选经费、制定竞选纲领、精心决定和提出候选人、宣传鼓动、民意测验甚至威胁利诱、收买等手段拉拢选民，从而操纵和控制选举，以保证向代议机关和政府部门输送能代表本阶级和利益集团根本利益的代言人。

在社会主义国家，工人阶级是通过其先锋队——共产党，与其他同盟者借助于社会主义选举制度来实现执掌国家政权、维护人民根本利益的。如在我国，选举制度的运行是在中国共产党的领导下发挥作用和功效的。在各级人大代表的构成成分中，共产党员在比例上的优势和民主党派占有的一定名额以及其他非党派人士所占的名额，原则上反映了我国党派关系的实际状况，这种反映共产党领导地位和我国政党制度特点的代表结构正是通过我国选举制度的运行来达到的。

（五）当选制度

提示

尝试想象议会内阁制下实行多党制和比例选举制会出现什么后果呢？

1. 多数选举制。多数选举制是指在一个选区内得票最多的政党独占这个选区的全部议席，而得票较少的少数党则没有当选为代表的机会；或者指在一国选举中，由政党推选的候选人获得选票最多者担任国家元首。如根据1787年《美国联邦宪法》第12条修正案的规定，选举人投票选举总统和副总统，获选举人票数最多的候选人当选。根据1949年《联邦德国基本法》第54条规定，获得联邦大会多数选票的候选人当选为联邦总统。这种当选制度主要适用于一个选区推选一名议员或一国选举国家元首的情况。

2. 比例选举制。比例选举制主要适用于一个选区推选多名议员或代表的选举，这是按照一定的比例分配给参选的政党或利益集团相当于其实力的议席。现代各国的议会选举多采用此法。如1978年《西班牙宪法》第68条第3款规定："选举按比例代表制的准则在每个选区进行。"1982年《葡萄牙宪法》第155条第1款规定："议员按比例代表制和最大均数法选举产生。"

3. 一轮多数联盟制。一轮多数联盟制是指在选举过程中允许政党结成联盟参加选举，竞选联盟只要获得过半数选票即可独占本选区全部议席；如果没有任何竞选联盟或政党获得过半数选票，则在各竞选联盟或政党之间按其得票数比例分配议席而无须另行选举。它用于多党制国家。

4. 二轮多数选举制。二轮多数选举制是指在第一轮选举中采用绝对多数制，候选人须获得本选区有效票的过半数才能当选，否则进行第二轮选举；在第二轮选举采用相对多数制，得票多者当选。此制也为多党制国家采用，如法国1958年宪法都有此类规定，法国总统由普选产生，采用"多数两轮投票制"。即在第一轮投票中如无人获得超过半数的选票，则要进行第二轮投票，由选民在首轮选举中得票率第一和第二的两位候选人中选出一位担任总统。2012年法国总统选举第一轮投票4月22日举行，时任总统、人民运动联盟候选人萨科齐与社会党候选人奥朗德在首轮投票中胜出。2012年5月6日，社会党候选人奥朗德在第二轮总统选举投票中获得51.8%～51.9%的有效选票，战胜时任总统萨科齐，当选为法国新总统。

二、选举制度的基本原则

选举制度的基本原则是选举制度的重要组成部分，它是基于宪法的基本原则所产生的宪法的具体原则，是贯穿于世界各国选举制度的运行过程、反映世界各国选举制度的普遍价值及其功能的综合性、基础性和稳定性的原理和准则。各国宪法或宪法性法律皆就选举制度基本原则予以了规定。如瑞典的《政府组织法》第三章第1条规定："瑞典议会通过自由、直接及秘密投票方式选举产生。"1946年《日本宪法》第15条规定："公务员的选举，是保障成年者的普遍选举。在一切选举中，投票秘密不得侵犯。对于选举人所作的选举，无论在公私方面，都不得追究责任。"1958年《法国宪法》第3条第3款规定："依照宪法规定的条件，选举可以是直接的或者是间接的，它必须是普遍的、平等的和秘密的。"1975年《罗马尼亚宪法》第25条第2款规定："选举是普遍的、平等的、直接的和秘密的。"1982年《土耳其宪法》第67条第2款规定："选举和公民投票应依照自由、平等、秘密、直接、普遍投票和公开计票的原则，在司法机关的指导和监督下进行。"

（一）普遍选举原则

普遍选举原则，即普选原则，是指享有选举权的主体的普遍性，其基本含义为：在一国，凡具有本国国籍、达到法定年龄（现代通常规定为已满18周岁以上）的本国公民都有选举权。普遍选举原则是人民主权的宪法基本原则在选举制度中的具体体现，是公民的政治权利和自由的首要表现。它是相对于有限选举权而言。在资本主义国家，普遍选举原则经历了对选举权主体的财产限制，到与财产相关的住所限制、教育程度限制、性别限制和民族种族限制，到逐步减少以上限制的过程。在社会主义国家，普遍选举原则经历了对属于敌人范畴的选举权主体限制到扩大到全体公民享有选择权的规定过程。

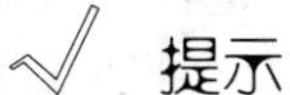

提示

我国公民享有选举权和被选举权的3项限制性条件是：国籍、年龄、附加剥夺政治权利。

在我国，根据现行《宪法》第34条和《选举法》第3条的规定，凡中华人民共和国年满18周岁的公民，不分民族、种族、性别、职业、家庭出身、宗教信仰、教育程度、财产状况和居住期限，都有选举权和被选举权；依照法律被剥夺政治权利的人没有选举权和被选举权。

1. 精神病患者的选举权。我国现行宪法和选举法并未否定这类群体的选举权与被选举权。如其病情不甚严重而有部分政治行为能力，可由其自行行使或让其监护人代理；如其病情严重而丧失了行使政治权利的能力，经选举组织确认，可暂不列入选民名单，但这不意味着其选举权的丧失，而是待其恢复政治行为能力后再行使。

2. 旅居国外中国公民的选举权。《选举法》第6条第3款规定："旅居国外的中华人民共和国公民在县级以下人民代表大会代表选举期间在国内的，可以参加原籍地或者出国前居住地的选举。”

3. 选举权主体的例外。因涉嫌危害国家安全罪或其他严重刑事犯罪而被羁押，正接受侦查或起诉、审判的人，或已被判刑关押，经人民法院或检察院批准被剥夺政治权利的，在羁押期间和被释放后仍被剥夺政治权利的期间，中止其选举权的行使；但其他时间仍享有选举权和被选举权。

4. 未被剥夺政治权利的犯罪嫌疑人、被告和犯罪分子的选举权。根据1983年第五届全国人大常委会第二十六次会议通过的《全国人民代表大会常务委员会关于县级以下人民代表大会代表直接选举的若干规定》，下列人员准予行使选举权：被判处有期徒刑、拘役、管制而没有附加剥夺政治权利的；被羁押，正在侦查、起诉、审判，人民法院或检察院没有决定停止行使选举权的；正在取保候审或被监视居住的；正在受拘留处罚的。上述人员参加选举，由选举委员会和执行监禁、羁押、拘留或劳动教养的机关共同决定，可以在流动投票箱投票，或者委托有选举权的亲属或其他选民代为投票。被判处拘役、受拘留处罚（行政拘留、司法拘留）或被劳动教养也可于选举日回原选区参加选举。

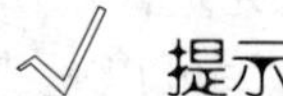

受刑事拘留的我国公民不可于选举日回原选区参加选举。

（二）平等选举原则

平等选举原则即选举权的平等原则，指主体实现选举权的效力上的平等，基本含义是：凡选民的法律地位平等，每位选民在每次选举中只有一个投票权，而不能同时参加两个或两个以上选区的选举；每一选票的票值相等，任何选民不享有特权，任何选民的选举权不受非法的限制和歧视。平等选举原则是公民平等权在选举制度中的具体体现，它是基于基本人权的宪法基本原则而产生的，源于近代自由、平等、博爱，反对封建特权和等级制度的天赋人权理论和思想。平等原则的实现也经历了一个过程，经历了以财产为中心的复数投票和等级投票制，到取消这种不平等的投票权实行平等选举权的过程。

我国宪法所规定的选举权平等着重于实质意义上的平等，而不单纯着重于形式上的平等。我国《选举法》第4条明确规定：“每一选民在1次选举中只有1个投票权。”我国选举权的平等也是相对的（形式上的不平等而实质上的平等）。

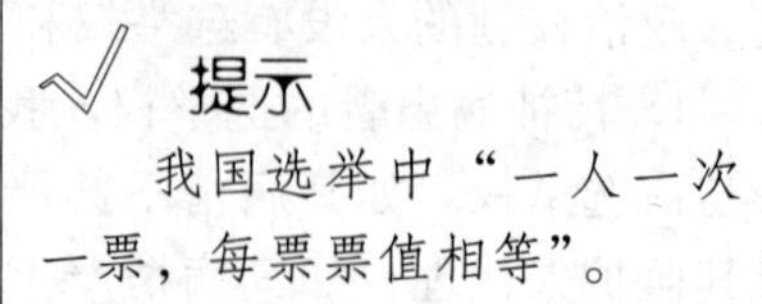

1. 对少数民族代表、妇女代表、归侨代表选举上的倾斜政策。如《选举

法》第 18 条第 1 款规定："有少数民族聚居的地方，每一聚居的少数民族都应有代表参加当地的人民代表大会。"第 20 条第 1 款规定："散居的少数民族应选当地人民代表大会的代表，每一代表所代表的人口数可以少于当地人民代表大会每一代表所代表的人口数。"第 17 条规定，在全国人大代表中，"人口特少的民族，至少应有代表 1 人"。

对妇女、归侨代表的规定也是如此，如《选举法》第 6 条第 1 款规定："全国人民代表大会和地方各级人民代表大会的代表应当具有广泛的代表性，……应当有适当数量的妇女代表，并逐步提高妇女代表的比例。"第 2 款又规定："全国人民代表大会和归侨人数较多地区的地方人民代表大会，应当有适当名额的归侨代表。"

2. 对军队和港澳台地区人大代表选举上的特殊政策。在全国人大代表的选举中，对军队和港澳台地区人大代表的选举是单独进行的，并制定了相应的特殊政策。如全国人大的军队代表有 265 名，占了全国人大代表总数的 9%。又如 1997 年第八届全国人大五次会议通过了《香港特别行政区选举第九届全国人民代表大会代表的办法》中规定了香港代表为 36 名。

（三）直接选举与间接选举原则

直接选举是指由选民直接投票选出国家代议机关代表和公职人员的选举原则。间接选举是指由下级代议机关，或选民选出的代表（选举人）选举上一级国家代议机关的代表和公职人员的选举原则。这两种选举原则是关于选举方式的规定，是人民主权的宪法基本原则的不同程序体现，只是直接选举原则体现的民主程度更高。在当今世界各国，这两个原则有分开使用、各有侧重的，也有相互结合使用的，具体视各国国情而定。

我国采直接选举与间接选举相结合原则。不设区的市、市辖区、县、自治县（旗）、乡、民族乡、镇的人大代表选举为直接选举；全国人大代表，省、直辖市、自治区、设区的市、自治州（盟）的人大代表，由下一级人大代表间接选举产生。国家公职人员的选举多采用间接选举。

（四）秘密选举原则

秘密选举原则，即无记名投票原则，其基本含义是：在选举中，选民不用署名，一般须亲自书写选票并将已填好的选票投入密封的投票箱或以直接以按电子表决器的形式自由表达选民意志，而由机器秘密统计投票结果。秘密投票原则与直接选举、间接选举一样是关于公民政治权利和自由的程序保障，是选民主体意志的最自由表达方式之一。

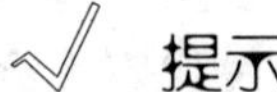

有线式“电子表决器”真正有助于实现无记名投票吗？引入无线式“电子表决器”的意义何在？

《选举法》第38条规定了秘密选举原则：“全国和地方各级人民代表大会代表的选举，一律采用无记名投票的方法。选举时应当设有秘密写票处。选民如果是文盲或者因残疾不能写选票的，可以委托他信任的人代写。”秘密选举原则只要求选民对代表候选人或其他人通过一定的方式要么表示同意、要么表示不同意、要么弃权，当然也可另选候选人以外的人，而不需要写出自己的姓名，它相对于记名投票、公开投票（如起立、欢呼、唱名、举手）更具有科学性，它对于消除选举中的舞弊行为、保护选民或选举人的政治自由具有重要作用。目前，我国的秘密选举已由单一的秘密填票投票方式发展到电子表决方式，这更能保护公民的选举权和隐私权，选举结果会更客观公正。秘密选举原则的实施，它往往与计票公开、选举结果公开等相关联。

三、选举程序

（一）直接选举程序

1. 成立选举组织机构。选举组织机构是具体负责选举事宜的组织管理机构。选举委员会是我国直接选举的具体组织机构，而各级人大常委会则是人大直接选举的领导或指导机关。《选举法》第8条第2款规定：“不设区的市、市辖区、县、自治县、乡、民族乡、镇设立选举委员会，主持本级人民代表大会代表的选举。不设区的市、市辖区、县、自治县的选举委员会受本级人民代表大会常务委员会的领导。乡、民族乡、镇的选举委员会受不设区的市、市辖区、县、自治县的人民代表大会常务委员会的领导。”第3款规定：“省、自治区、直辖市、设区的市、自治州的人民代表大会常务委员会指导本行政区域内县级以下人民代表大会代表的选举工作。”

《选举法》第10条规定了选举委员会的主要职责：划分选举本级人民代表大会代表的选区，分配各选区应选代表的名额；进行选民登记，审查选民资格，公布选民名单；受理对于选民名单不同意见的申诉，并作出决定；确定选举日期；了解核实并组织介绍代表候选人的情况；根据较多数选民的意见，确定和公布正式代表候选人名单；主持投票选举；确定选举结果是否有效，公布当选代表名单；法律规定的其他职责。

2. 划分选区。选区是进行选举的基本单位，是以一定的人口数为基础划分的选举代表的区域。《选举法》明确规定了划分选区的方法。该法第24条规定：“不设区的市、市辖区、县、自治县、乡、民族乡、镇的人民代表大会的代表名额分配到选区，按选区进行选举。选区可以按居住状况划分，也可以按生产单位、事业单位、工作单位划分。选区的大小，按照每一选区选 1 ~ 3 名代表划分。”为保证每一选票的价值平等，第 25 条又规定：“本行政区域内各选区每一代表所代表的人口数应当大体相等。”

3. 选民登记。选民登记是选举工作的重要一环，是公民取得选民资格的基本程序，也是我国对公民拥有选民资格的法律认可。《选举法》就选民登记予以了明确规定。第 26 条规定：“选民登记按选区进行，经登记确认的选民资格长期有效。每次选举前对上次选民登记以后新满 18 周岁的、被剥夺政治权利期满后恢复政治权利的选民，予以登记。对选民经登记后迁出原选区的，列入新迁入的选区的选民名单；对死亡的和依照法律被剥夺政治权利的人，从选民名单上除名。精神病患者不能行使选举权利的，经选举委员会确认，不列入选民名单。”第 27 条规定：“选民名单应在选举日的 20 日以前公布，实行凭选民证参加投票选举的，并应当发给选民证。”第 28 条规定了选民登记争议救济途径：对选民名单有不同意见，可向选举委员会申诉，选举委员会应在 3 日内作出处理决定。申诉人对处理决定不服的，可于选举日 5 天前向人民法院起诉，人民法院应在选举日前作出判决。

“选民登记”之诉的最短审判期限为5天。

4. 提名并确定代表候选人。人大代表候选人按选区或选举单位提名产生。《选举法》第 29 条第 2 款规定：“各政党、各人民团体，可以联合或者单独推荐代表候选人。选民或者代表，10 人以上联名，也可以推荐代表候选人……”第 31 条第 1 款规定：“由选民直接选举人民代表大会代表的，代表候选人由各选区选民和各政党、各人民团体提名推荐。选举委员会汇总后，将代表候选人名单及代表候选人的基本情况在选举日的 15 日以前公布，并交各该选区的选民小组讨论、协商，确定正式代表候选人名单。如果所提代表候选人的人数超过本法第 30 条规定的最高差额比例，由选举委员会交各该选区的选民小组讨论、协商，根据较多数选民的意见，确定正式代表候选人名单；对正式代表候选人不能形成较为一致意见的，进行预选，根据预选时得票多少的顺序，确定正式代表候选人名单。正式代表候选人名单及代表候选人的基本情况应当在选举日的 7 日以前公布。”

5. 介绍代表候选人。候选人的介绍环节是为了保障选民对代表候选人的知情权。《选举法》第 33 条规定：“选举委员会或者人民代表大会主席团应当向选民或者代表介绍代表候选人的情况。推荐代表候选人的政党、人民团体和选民、代表可以在选民小组或者代表小组会议上介绍所推荐的代表候选人的情况。选举委员会根据选民的要求，应当组织代表候选人与选民见面，由代表候选人介绍本人的情况，回答选民的问题。但是，在选举日必须停止代表候选人的介绍。”

6. 组织选民投票。在选举委员会的主持下，在各选区设立选举投票站；或召开选举大会进行投票。为解决那些不能到投票站或不能参加选举大会的选民的投票问题，通常以流动投票站（流动票箱）的形式上门接受投票。《选举法》第 40 条规定：“选民如果在选举期间外出，经选举委员会同意，可以书面委托其他选民代为投票。每一选民接受的委托不得超过 3 人，并应当按照委托人的意愿代为投票。”

7. 确定代表候选人的当选。

（1）确定本次选举是否有效。在直接选举中，选区全体选民的过半数参加投票，选举有效；每次选举所投的票数，多于投票人数的无效，等于或少于投票人数的有效；每一选票所选的人数，多于规定应选代表人数的作废，等于或少于规定应选代表人数的有效。

（2）确定代表候选人当选。根据《选举法》第 43 条的规定，代表候选人获得参加投票的选民过半数的选票时，始得当选；如获得过半数的代表候选人的人数超过应选代表名额时，以得票多的当选；如得票数相等而不能确定当选人时，应就得票相等的候选人重新投票，得票多的代表候选人当选。根据第 30 条第 2 款的规定，直接选举采用差额选举，代表候选人名额应多于应选代表名额的 1/3 ~1 倍。

提示

直接选举中代表候选人名额应多于应选代表名额的 1/3 ~1 倍；间接选举中代表候选人名额应多于应选代表名额的 1/5 ~1/2。

（3）宣布选举结果。选举结果应由选举委员会根据选举法确定是否有效，并予以公布。

（二）直接选举的特别规定

1. 补选代表。根据《选举法》第 54 条的规定，直接选举的县、乡镇人大代表在任期内因故出缺的，由原选区选民补选。补选不需要重新核对选民名单；从公布选民名单、代表正式候选人的确定到正式选举日，都可以少于选举法规定的期限。补选既可以采用差额选举，也可以采用等额选举。

2. 罢免代表。根据《选举法》第 47 条的规定，对于县级的人民代表大会代表，原选区选民 50 人以上联名，对于乡级的人民代表大会代表，原选区选民 30 人以上联名，可以向县级的人民代表大会常务委员会书面提出罢免要求。县级人大常委会受理代表罢免申请案后，如审查其程序合法，应将罢免案及时转告被提请罢免的人大代表，让其提出申辩意见。受理罢免案的县级人大常委会应将罢免要求与被提请罢免的人大代表的申辩意见，印发原选区选民。根据第50条的规定，罢免县级和乡级的人民代表大会代表，须经原选区过半数的选民通过。

3. 代表辞职。根据《选举法》第52条的规定，人大代表可以自愿提出辞职，其中，县级的人大代表可以向本级人大常委会书面提出辞职，乡镇人大代表可以向本级人大书面提出辞职。

提示

无故缺席两次本级人大会议的人大代表，其代表资格终止。

4. 代表资格的终止与停止。《中华人民共和国全国人民代表大会和地方各级人民代表大会代表法》（1992年颁布，2009年、2010年修正）第48条规定："代表有下列情形之一的，暂时停止执行代表职务，由代表资格审查委员会向本级人民代表大会常务委员会或者乡、民族乡、镇的人民代表大会报告：①因刑事案件被羁押正在受侦查、起诉、审判的；②被依法判处管制、拘役或者有期徒刑而没有附加剥夺政治权利，正在服刑的。前款所列情形在代表任期内消失后，恢复其执行代表职务，但代表资格终止者除外。"第49条规定："代表有下列情形之一的，其代表资格终止：①地方各级人民代表大会代表迁出或者调离本行政区域的；②辞职被接受的；③未经批准两次不出席本级人民代表大会会议的；④被罢免的；⑤丧失中华人民共和国国籍的；⑥依照法律被剥夺政治权利的；⑦丧失行为能力的。"

（三）间接选举程序

间接选举的程序相对简单，它不需要进行选区划分和选民登记，选举的组织工作在有关提名候选人、介绍候选人、投票程序、代表资格的终止与停止上与直接选举很相似，但也有自身的特点：

1. 选举的主持。选举的主持机构为各级人大常委会，其职责是：省级人大常委会决定本行政区域各级人大代表的名额；省级人大常委会和设区的市、自治州的人大常委会主持本级人大代表的选举，并做好上一级人大代表选举的准备工作；省级人大常委会有权根据选举法的规定，制定本行政区域的选举法实施细则；县级人大常委会任命本级选举委员会的组成人员并领导其工作；全国人大常委会主持全国人大代表的选举。

提示

选民或者代表10人以上联名，可以推荐代表候选人。

2. 候选人的产生。代表候选人由选举单位提名产生，各政党、各人民团体也可联合或单独推荐代表候选人，人大代表10人以上联名也可提出代表候选人。提名候选人完成后，由本级人大主席团汇总，交全体人大代表酝酿讨论决定。由地方各级人民代表大会选举上一级人民代表大会代表候选人的名额，应多于应选代表名额1/5～1/2。

3. 投票。根据《选举法》第33条的规定，人民代表大会主席团应当向代表介绍代表候选人的情况。推荐代表候选人的政党、人民团体和代表可以在代表小组会议上介绍所推荐的代表候选人的情况。

投票选举大会由主席团主持，采用无记名投票方式，以代表候选人获得全体参会代表的过半数者当选，其结果由大会主席团确定是否有效，并予以宣布。选举当选的人大代表候选人还须经代表资格审查委员会的审查，并经本级人大常委会确认是否有效。

4. 罢免。县级以上的地方各级人大举行会议时，主席团或1/10以上的人大代表联名，可以提出对由该级人大选出的上一级人大代表的罢免案。在人大闭会期间，县级以上的地方各级人大常委会主任会议或常委会1/5以上组成人员联名，可以向常委会提出对由该级人大选出的上一级人大代表的罢免案。向人大提出的代表罢免案，由大会主席团提交全体会议表决；向人大常委会提出的代表罢免案，由主任会议提交常委会全体会议表决。在表决前，罢免方应提出罢免案的说明，被罢免方可提出申辩意见。罢免案通过须经参会代表的过半数同意，且得将罢免决议报上一级人大常委会备案。如果被罢免的对象是常委会或专门委员会的组成人员，则其代表职务被罢免后，常委会或专门委员会组成人员的相应职务也被撤销。

5. 辞职。人大代表在任期内也可提出辞职，全国、省级、地市级人大代表应向选举他的人大常委会提出书面辞职。

（四）代表名额的确定

1. 名额基数。省级人大350名，地市级人大240名，县级人大120名（除人口不足5万人外），乡级人大40名（除人口不足2000人外）。

2. 名额限额。全国人大3000名，省级人大1000名，地市级人大650名，县级人大450名，乡级人大160名。

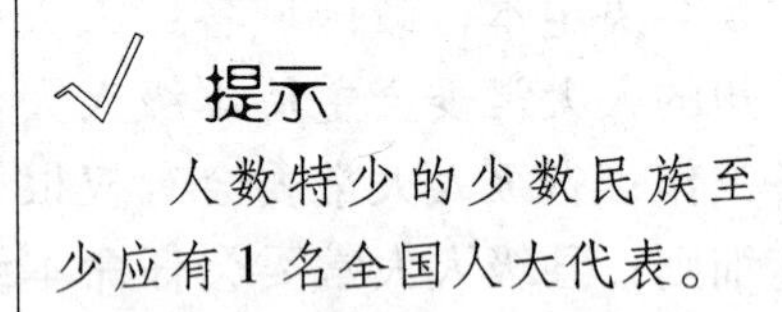

3. 名额递增率。省级人大每15万人（直辖市每2.5万人）增加1名代表，地市级人大每2.5万人增加1名代表，县级人大每0.5万人增加1名代表，乡级人大每0.15万人增加1名代表。

4. 少数民族的特别规定。聚居的少数民族（依占境内总人数的百分比）30%以上，代表数应当等于汉族代表数；15%～30%，可适当少于汉族代表数，但少数民族名额部分不得超过代表总名额的30%；15%以下，代表的人口数可适当少于但不得少于汉族代表数的1/2，人口特少的自治县，经省、自治区人大常委会决定的可以少于汉族代表数的1/2，人口特少的应有1名代表。散居的少数民族，代表的人口数可以少于汉族代表代表的人口数。

我要复习！

好，本单元的基本知识点学习完了，让我们在这里来复习一下吧。

你一定要知道的（如果已掌握请打钩）：

选举、选举制度的概念 □

选举制度的基本原则 □

我国的直接选举程序 □

我国选举制度的未来发展 □

我的笔记

第五章

国家结构形式

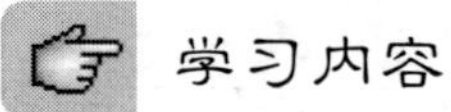

导学

1. 本章通过分析我国单一制国家结构形式的合理性，阐明了国家权力的纵向配置、上下级国家机关间的关系以及由此形成的各具特色的地方制度，进而对我国民族区域自治制度与特别行政区制度有初步理解。

2. 请先预习《中华人民共和国宪法》、《中华人民共和国民族区域自治法》、《中华人民共和国香港特别行政区基本法》和《中华人民共和国澳门特别行政区基本法》后再进入本章的学习。

学习内容

学习单元一 概 述

一、国家结构形式的概念

（一）定义

国家结构形式是指依据一定的原则和方式划分国家的内部区域，调整国家整体与组成部分、中央和地方以及地方与地方间关系的制度。它是宪法在组织政治社会中不可缺少的一个方面。没有国家结构形式的规定，宪法不可能组织近现代意义国家这种复杂的政治社会。国家结构形式也是宪法对公共权力进行纵向配置的方式。宪法中不规定国家结构形式，就不可能建立完整的国家权力运行机制。国家结构形式对国家权力的纵向配置为宪法建立自下而上或自上而下的国家机关及其相互关系打下了基础。

（二）决定和影响国家结构形式的因素

> 提示
> 如何理解民族因素对一国国家结构形式的影响？

1. 民族因素。单一民族国家由于不存在复杂民族关系问题，通常采用单一制，如日本、朝鲜、蒙古等；在多民族国家，各民族关系融洽且各民族虽形成杂居、聚居的局面但在地域上尚未达到成为单独国家的范围、其中一种民族的影响占绝对优势，这类国家通常采用单一制，如我国；若在多民族国家，聚居的各民族的地域范围差距不大而类同于一个国家，且未形成占主导地位的民族，这类国家通常采用联邦制，如苏联、俄罗斯等。

2. 经济因素。如果一国不同地域之间的经济发展水平存在较大的不平衡，或其经济产业之间差距悬殊，使之相互间在经济上既缺乏互补性，也缺乏密切联系，这样的国家通常采用联邦制，如巴西；反之，则采用单一制。

3. 地理因素。由于地理的关系，一个国家被自然地分割成若干部分，或在一国之内的不同地区的地理条件存在极大差异，从而使不同地区、部分之间形成了较为松散的联系，这样的国家通常实行联邦制，如马来西亚、英国、墨西哥等；反之，则实行单一制。

4. 历史因素。就历史传统而言，一国历史的发展中，中央集权与地方分权的政治体制各自存续的时间长短，对如今国家是采用单一制还是联邦制有很大影响。就特定的历史事实而言，其中对国家结构最具影响的是其殖民地历史，殖民者对其殖民地通常采用分而治之的策略；殖民者最后被迫撤离时，又通常故意制造其殖民地不同地区之间的矛盾，以便继续控制这些殖民地，这些原殖民地国家通常建立起联邦制国家，如加拿大、澳大利亚、印度等。

二、国家结构形式的种类

（一）单一制

> 提示
> 单一制在权力配置上，地方权力来源于中央的“授予”。

单一制是指由若干不具有独立性的地方，包括普通地方、自治地方和特别地方组成统一主权国家的一种国家结构形式。在实行单一制的国家，大多没在宪法中予以明确规定，只有少数国家宪法予以了明示，如1945年《印尼宪法》第1条第1款规定：“印度尼西亚是共和体制的单一国家。”单一制的主要特点包括：①从法律制度上看，单一制国家只有一部宪法，有关国家权力的配置和国家机关的设置及相互关系，均由该宪法予以规定。②从政权组织形式上看，除有个别特别地方外，中央和地方均采用相同的政府体制，即一般只有一套政府体制。③在权力配置上，地方权力来源于中央的授予，国家权力的重心在中央。④在国际关系中，只有一个国际法主体，其地方一般不能作为国际法的主体参与国际关系。⑤公民具有统一的国籍。⑥地方作为国家的行政区域单位，不具有独立性，没有从国家分离出去的权力。

（二）复合制

复合制是由两个或两个以上的国家，基于共同目的联合组成国家的一种国家结构形式。

1. 邦联制。邦联制是一种较为松散，且联合领域较为单一的国家结构形式，一般是若干国家为了促进或实现某种（些）特殊利益或目的，而建立起来的国家联盟的一种国家结构形式。邦联国家没有共同的宪法，也没有共同的国家元首，成员国家是独立的主权国家，邦联政府所作出的决议或制定的法律须经各国政府批准才能生效。如1781～1789年的美国。

2. 联邦制。联邦制是由两个或两个以上国家组成的统一联盟国家的一种复合制国家结构形式。实行联邦制的国家一般在联邦宪法中予以明确规定，如1949年《印度宪法》第1条规定："印度为联邦制。"联邦制的主要特点有：①有多部宪法，除联邦宪法外，还有成员国或加盟国的宪法。②有多套政府体制。在联邦制国家，除联邦中央政府体制外，各成员国或加盟国都还具有自己特色的政府体制。③在联邦制国家，联邦权力来源于成员国或加盟国的让与，一般由联邦宪法以列举的方式规定，剩余权力属成员国或加盟国。④联邦制国家，公民可有双重国籍，即公民既是联邦的公民，一般在国际法上使用联邦公民资格，又是成员国或加盟国的公民。⑤在国际关系中，有些联邦国家在法律上允许成员国或加盟国作为完全的国际法主体参与国际关系，如原苏联的一些加盟共和国（白俄罗斯、乌克兰）便具有这种资格。⑥在有些联邦制国家，成员国或加盟国在法律上拥有脱离联邦的权力。如1977年《苏联宪法》第72条规定："每一个加盟共和国都保留自由退出苏联的权利。"

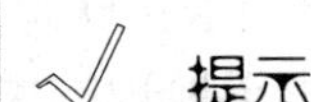

> 复合制在权力配置上，中央权力来源于地方的"让予"。

3. 联邦制与邦联制的区别。

（1）在中央的性质上。联邦有实质意义上的中央政府；邦联成立的中央机构只是形式意义上的，它只对成员单位起协调作用。

（2）在成员间的关系上。联邦成员单位间的关系是国家内部关系；邦联成员单位间的关系是国际关系。

（3）在中央决议的效力上。联邦中央决议的效力及于各成员单位及其公民；邦联的中央协调机构作出的决议仅仅约束各成员单位，对成员单位里的公民则没有直接的约束力。

我要复习！

好，本单元的基本知识点学习完了，让我们在这里来复习一下吧。

你一定要知道的（如果已掌握请打钩）：

国家结构形式的概念 □

国家结构形式的种类 □

学习单元二　我国的国家结构形式

一、我国是单一制的国家结构形式

（一）宪法和法律中的相关规定

现行《宪法》序言规定："中华人民共和国是全国各族人民共同缔造的统一的多民族国家"，"台湾是中华人民共和国的神圣领土的一部分"。第 3 条第 4 款规定："中央和地方的国家机构职权的划分，遵循在中央的统一领导下，充分发挥地方的主动性、积极性的原则。"第 4 条第 3 款规定："各少数民族聚居的地方实行区域自治，设立自治机关，行使自治权。各民族自治地方都是中华人民共和国不可分离的部分。"第 30 条规定："中华人民共和国的行政区域划分如下：①全国分为省、自治区、直辖市；②省、自治区分为自治州、县、自治县、市；③县、自治县分为乡、民族乡、镇。直辖市和较大的市分为区、县。自治州分为县、自治县、市。自治区、自治州、自治县都是民族自治地方。"第 31 条规定："国家在必要时得设立特别行政区。……"《香港特别行政区基本法》第 1 条规定："香港特别行政区是中华人民共和国不可分离的部分。"第 12 条规定："香港特别行政区是中华人民共和国的一个享有高度自治权的地方行政区域，直辖于中央人民政府。"《澳门特别行政区基本法》第 1 条规定："澳门特别行政区是中华人民共和国不可分离的部分。"第 12 条规定："澳门特别行政区是中华人民共和国的一个享有高度自治权的地方行政区域，直辖于中央人民政府。"

（二）我国国家结构形式的特点

我国的国家结构形式是高度的中央集权与一定程度的地方自治相结合的中国式单一制，它充分体现了我国民主集中制的宪法原则，其最大特点是包容性。在单一制国家结构形式

提示

我国国家结构形式的最大特点是包容性。

下，除外交、国防等全国性事务由中央政府统一管理外，其他各类国家事务可以按照民主集中制的原则由各级地方政权参与管理。在单一制国家结构形式下，全国可包括若干行政区域。在单一制国家结构形式下，全国可包括各层次的民族自治地方以实现少数民族的自治权。在单一制国家结构形式下，可以包括若干特别行政区。根据“一国两制”的方针，我国政府已对香港和澳门恢复行使主权并建立了香港和澳门特别行政区，并将在未来统一后的台湾也建立享有高度自治权的特别行政区。在单一制国家结构形式下，可因经济建设的需要设置若干经济特区。

（三）我国采取单一制国家结构形式的原因

1. 历史原因。

（1）我国有长期大一统中央集权的历史传统。自秦汉以来，除了短暂的地区分裂割据时期，我国一直采用高度的中央集权制，特别是自元朝以来的七百多年，我国再没有大的分裂局面，长期的中央集权制传统为我国1949年后采用单一制提供了大一统的政治心理基础。大一统中央集权的历史传统决定了我国对单一制国家结构形式的制度选择。农耕文化及在其基础上形成的儒家“大一统”观念，奠定了中央集权的文化底蕴；宗法制度和官僚制度加固了中央集权的政治基础；民族融合和对中华民族的认同，形成了中央集权国家的民族凝聚力；较为封闭的地理环境和抵御江河泛滥的需要，为中央集权国家提供了自然条件和驱动力；近代以来的外族入侵，危及了中华民族的生存，自保求存的民族生命本能，进一步加强了各族人民的团结。

（2）历史遗留问题的有效解决。自近代鸦片战争以来，香港、澳门虽然曾完全沦为西方列强的殖民地，但它们均已回归祖国；台湾虽然与大陆仍处于分治状态，但两岸民众从历史到现实都认同一个中国，而港澳台地区又采用了不同于大陆的资本主义制度，这些历史遗留问题又为我国采用单一制下的特别行政区自治制度提供了历史的合法性理由。

2. 民族原因。我国各民族的历史渊源与实际状况决定了我国宜采用包容民族区域自治制度的单一制国家结构形式。

提示

如何理解“大杂居、小聚居”的民族格局对我国国家结构形式的影响？

（1）各民族在长期的历史交往与融合中，以及共同抵御外侮、保家卫国、建设家园的历史进程中，共同创造了灿烂的中华文明。

（2）各少数民族与汉民族的地域分布呈现出大杂居、小聚居的民族格局，各少数民族在地域分布上基本上也没有形成一个主权国家所必需的独立领土要素。

（3）各民族的人口数量差距很大，特别是汉族人口占了全国人口的90%以上，这样的人口结构利于单一制的存在。

（4）各民族有长期而强烈的大中华民族认同感，虽然各民族均有各自的起源传说和图腾，甚至有不同的宗教和风俗习惯，但都认同是炎黄子孙，许多少数民族如满、土家族等甚至与汉民族完全融合，这是我国采用单一制的共同民族心理基础。

3. 经济原因。广大少数民族聚居区域地大物博，但经济欠发达，而汉民族聚居的沿海区域和港澳台地区经济发达，中国式的单一制国家结构形式有利于中央统筹安排，并调动地方的积极性和主动性，以实现各地区优势互补和共同繁荣，特别是在社会主义市场经济体制下推动少数民族不发达地区的发展和保持港澳台地区社会的持续繁荣。

4. 政治法律原因。

（1）单一制也是我国社会主义政治格局的需要。它有利于国家主权的独立和统一，保证社会主义民主政治的稳定发展，维护多民族间和地区间的安定团结，挫败国际反华势力和民族分裂势力利用民族、宗教问题和历史遗留问题干扰和破坏我国实现共同富裕、走向共产主义的政治目标。

（2）历史与现实的丰富法律文献还为我国实行单一制提供了强有力的法律依据。港澳台与大陆不同的政治法律制度、各少数民族地区尚存的地方风俗与法律惯例，也为我国在单一制下发展地方的有限自治提供了上层建筑方面的理由。

5. 地理原因。

（1）我国相对封闭的地理环境状况。东、东南部濒临大海，北部为关山、沙漠所隔，西部为茫茫戈壁、沙漠，西、西南部为喜马拉雅山山脉、横断山脉所阻，是实行单一制的历史地理原因，这有利于我国各民族的融合和经济文化交往以及国家政权的长期稳定。

（2）港澳台地理上与大陆的近距离分割为一个中国原则下特别行政区制度的存在赋予了某些地理上的理由。

二、我国中央与地方的权力划分

（一）中央与地方权力划分的含义

中央与地方权力划分是指宪法和有关法律就国家权力的行使和运用在中央和地方间的配置，一般表现为中央国家机关和地方国家机关享有不同范围、不同效力的职权。中央与地方间权力划分是国家结构形式纵向配置国家权力的基本内容，也是宪法对国家结构形式进行规定的主要方面。在联邦制国家，中央与地方权力划分表现为：联邦中央权力来源于成员国（州、加盟国）的让与，中央与地方的权力划分表现为成员国与联邦中央间的权力让与关系，即成员国将哪些权力在何种程度上让与给了联邦中央，以及联邦中央在行使这些权力时，成员国应如何配合（支持、服从或协助等）。在单一制国家，中央与地方权力划分表现为：中央通过法律授予地方一定权力或者对地方享有权力的承认和认可。

提示

我国中央与地方的分权大致上属于相对的地方分权制。

按照中央与地方权力划分的原则和程度不同，将中央与地方权力的划分分为三种情况：①彻底的地方分权制。实行较为彻底的地方分权原则，并在此基础上实行地方自治。②均权制。在中央与地方之间的权力划分上采取均权制的原则，即把国家权力合理地划归中央政府和地方政府，凡涉及全国一致之性质者，划归中央，有因地制宜者，划归地方。国家权力的重心既不倾向于中央集权，又不倚重于地方。③相对的地方分权制。在中央和地方权力划分上，采取相对的地方分权，或曰有限的地方分权，国家权力的重心在中央，但宪法和有关法律也对中央和地方的权力范围作了一定的划分。

（二）我国中央与地方权力划分的特点

1. 遵循在中央的统一领导下，充分发挥地方的主动性、积极性的原则。依据现行《宪法》第 3 条第 4 款规定：“中央和地方的国家机构职权划分，遵循在中央的统一领导下，充分发挥地方的主动性、积极性的原则。”中央同地方权力划分必须以中央的统一领导为前提，这是由单一制国家结构形式决定的。同时授予地方一定的权力，以充分发挥地方的主动性、积极性为目的。为贯彻此原则，我国对立法体制作了较大改革、赋予地方一定的立法权，进一步扩大了民族自治地方的自治权，地方在行政管理、经济建设等方面享有更多的自主权，设立特别行政区并赋予其高度的自治权。

2. 赋予不同种类的地方国家机关以不同的职权。按照宪法、地方组织法、民族区域自治法和香港特别行政区基本法、澳门特别行政区基本法的规定，普通行政地方、民族区域自治地方和特别行政区的国家机构，分别享有不同程度和范围的职权。普通行政地方的省、直辖市和省政府所在地的市的人民代表大会及其常委会有一定地方立法权；地方各级人大及其常委会有权依法决定本地区的重大事项。民族自治地方依法享有自治权。特别行政区则享有高度的自治权。

3. 层层分权。我国中央与地方的权力划分还意味着上下级地方国家机关在管理不同级别行政区域内地方国家事务和地方公共事业方面的权力划分。地方国家机关上下级间有着明确的法定的或事实上的隶属关系，从调动中央和地方的积极性出发，宪法、地方组织法及有关其他法律分别明确规定了省、市、县、乡镇的人民代表大会及政府的职权。

我要复习！

好，本单元的基本知识点学习完了，让我们在这里来复习一下吧。

你一定要知道的（如果已掌握请打钩）：

我国国家结构形式的特点 □

我国中央与地方权力划分的特点 □

学习单元三　行政区域划分

一、概述

（一）行政区域划分的概念

行政区域划分，简称行政区划，是指依照宪法和法律的规定，由特定的国家机关按照一定原则和程序，将国家领土划分为不同区域，设置相应的地方国家机关进行管理的一种国家制度。

行政区域划分具有以下特点：①行政区划的确定具有鲜明的阶级性。它属于国家统治阶级的一种有目的的活动，对国家的政治、经济和其他社会生活产生重大影响。②行政区划是一个历史范畴。其发展演变经历了一个漫长的过程，分为很多阶段。③行政区划受社会条件和自然条件的制约。划分行政区域一般要考虑这个国家和地区的政治、经济、文化以及民族、宗教、历史、地理等各方面的发展情况。④行政区划具有层次性。根据条件和实际需要来划分若干层次的行政区域，并相应地确立各个行政区域的行政等级，从而形成一国行政区域的结构体系。⑤行政区划具有承载功能。一方面，划定一级行政区划就要依法设置相应的国家机构；另一方面，某一地方行政区划里的居民可以享有的权利与需要履行的义务和其所属的行政地域紧密相关。

（二）我国行政区划的原则

1. 民族团结原则。我国是统一的多民族的国家，各民族人民在长期的共同生活中，形成了大杂居小聚居的分布特点。在行政区域划分时，遵循民族团结原则。要充分考虑到我国的民族成分及其分布特点，防止人为地割裂和

提示

我国的民族乡不属于民族区域自治地方。

改变历史形成的各民族的居住地域的行政区域范围和隶属关系，伤害民族感情，影响民族团结。要按照宪法和有关法律的规定，在少数民族较为集中的地方，设立民族自治地方和民族乡，从而在民族区域划分上保证少数民族有效地管理民族事务和地方国家事务。

2. 有利于经济发展的原则。我国幅员辽阔，地大物博，但社会经济发展却极不平衡。要求在进行行政区域划分时，充分照顾到社会经济发展的需要，尽可能在一定区域内将各种社会经济因素进行综合配置，形成地方的社会经济实力，促进地方社会经济的发展和地方间经济发展的综合平衡。

3. 便于人民参加管理国家的原则。行政区域划分必须服从于人民管理国家这一最高原则。人民管理国家既可以直接民主的方式进行，也可以间接民主的方式进行，但都与地域范围有十分密切的关系。如以直接民主的方式进行，行政区域以较小为宜；以间接民主的方式进行管理，行政区域则可以适当大些。

4. 照顾历史状况原则。行政区划由来已久，它随着国家政治、经济、文化的发展变化而不断发展变化，但这些变化具有较强的历史连续性。这种连续性，从形式上看表现为行政区域划分在总体上的相对稳定性。这是自然地理与人文地理相互作用的产物。因此，在进行行政区域划分时，尤其是在省、县等行政区域划分时，一定要照顾历史上的行政区划情况。

二、我国行政区划的历史变迁

（一）建国初期的行政区划

建国初期，我国行政区域划分主要包括两个方面的内容：①先后建立了大行政区；②调整省级行政区划。

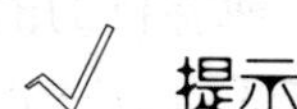

提示

尝试思考我国“大行政区”的行政区划在今天还有何影响。

1. 设置六大行政区。1949 年 3 月，正式成立东北人民政府，建立东北大行政区，下辖辽东、辽西、吉林、黑龙江、热河五省和沈阳、抚顺、鞍山、本溪等四市以及旅大行署。1948 年 8 月，在合并晋冀鲁豫和晋察冀两个边区的基础上成立华北人民政府，建立华北大行政区，下辖河北、山西、察哈尔、绥远、平原五省和北平、天津两市。1950 年 2 月，成立华东军政委员会，辖山东、浙江、福建、台湾四省和苏北、苏南、皖北、皖南四个行署以及上海、南京两市。1950 年 2 月，成立了中南军政委员会，下辖河南、湖北、江西、湖南、广东、广西六省。1950 年 7 月，成立西南军政委员会，下辖西康、贵州、云南三省和川东、川西、川南、川北四个行署以及重庆市。

2. 对省级行政区划的调整。新中国成立之前，全国共分 35 个省和 1 个地方，新中国成立后改建为 40 个省级行政单位，其中包括 29 个省、8 个行署区、

1 个自治区、1 个地方和 1 个地区。1952 年各行署区撤销，恢复了江苏、安徽、四川三省，并撤销了平原、察哈尔两省。

（二）1953 年～1956 年时期的行政区划

1953 年～1956 年是我国第一个五年计划时期。这一时期，行政区划的变化，表现为：①六大行政区的撤销。大行政区的撤销经过了两个阶段：一是将大行政区人民政府或军政委员会一律改为行政委员会，作为中央政府的派出机构，领导和监督地方政府的工作。由于这种建制上的变化，大行政区实际上已不具有行政区划制度上的意义了。二是为了进一步加强中央的集中统一领导，1954 年 6 月 19 日中央人民政府委员会第三十二次会议决定撤销大区的行政机构，由中央直接领导省和直辖市等省级行政单位，于是大行政区从形式上也不再成为一级行政区划了。②省级行政区划的较大变动。与大行政区划的调整相适应，省级行政区划也作了较大的变动。1954 年撤销了绥远、辽东、辽西、松江、宁夏五省，将绥远划归内蒙古，将辽东，辽西并为辽宁省，将松江并入黑龙江省。1955 年又撤销了西康省，1956 年撤销了热河省。这一时期，共有省级区划 30 个，包括 3 个直辖市和 27 个省。

（三）1956 年～1965 年时期的行政区划

1956 年～1965 年是人民公社、大跃进和经济困难时期，市、县级行政区划的变更和调整出现过较大的反复。由于受极“左”思想的影响，按照“大跃进”和人民公社的要求，一度大量增设新市，大量撤并县级行政区划，使一些市和县的设置与政治、经济发展的需要不相适应。1961 年前后，随着贯彻关于国民经济的“调整、巩固、充实、提高”的八字方针，市县行政区划中的上述错误做法得到了某些纠正。市在 1956 年为 171 个，1961 年增加到 206 个，县从 1956 年的 2683 个，减少到 1959 年的 1688 个，1965 年又恢复到 2125 个。

（四）“文革”时期的行政区划

1966 年～1976 年是我国政治生活极不正常的时期，在行政区划方面表现为行政区划工作经常处于混乱状态。其中涉及面较大的一次省级行政区划的变动是将内蒙古的东部 3 个盟（包括 4 个市、6 个县和 21 个镇），西部 3 个盟，分别划归辽宁、吉林、黑龙江、甘肃、宁夏 5 个省区。

（五）1976 年到现行宪法颁布前的行政区划

这时期随着党的工作重点的转移和“调整、改革、整顿、提高”八字方针的贯彻，我国经济逐步走上健康发展的轨道。适应政治、经济发展的需要，国家调整了部分地方行政区划，主要有：恢复了内蒙古自治区 1949 年 7 月原行政区划，将当时划归辽宁、吉林、甘肃、黑龙江、宁夏五省区的盟旗等仍划回内蒙古自治区；在云南、甘肃等省设置了 6 个自治县；同时全国还增设了 35 个市。

三、我国行政区划的审批层级和特点

（一）我国行政区划的审批层级

1. 全国人民代表大会。全国人民代表大会批准省、自治区和直辖市的设置和特别行政区的设立。示例：①如要把四川省整个省并入重庆市或者把它的某个市、县、乡、村等划归重庆市；②设立重庆直辖市和香港、澳门特别行政区；③将来设立台湾特别行政区。

提示

我国行政区划三级审批：全国人大、国务院、省级人民政府。

2. 国务院。国务院批准省、自治区、直辖市的区域划分；批准自治州、县、自治县、市的设置和区域划分。示例：①如把湖北省宜昌市整个市并入荆州市或者把市属的某个县、乡、村等划归荆州市；②在四川省内建立一个地级市；③在四川省内的某个地级市内设立一个县级行政区；④把四川省内某个县并入另一个县或者把某个县的乡、镇、村等划归省内的另一个县。

3. 省级人民政府。省、自治区、直辖市的人民政府决定乡、民族乡、镇的设置和区域划分。示例：①如在重庆市某个区内设立乡、民族乡、镇；②将同一个县内某个乡、民族乡、镇的某个村划归另一个乡、民族乡、镇。

（二）我国行政区划的特点

1. 四种类别的行政区域建制并存。①一般地域型。包括省、县、乡等，是我国基本的行政区域建制。②城镇型。其设置依据是人口的密集程度与社会经济文化的相对发达程度、发展需要，它包括直辖市、市、市辖区、镇等。③民族地域型。它包括自治区、自治州、自治县（旗）等三种民族自治地方，它们具有数量较少，所辖面积大的特点。④特殊地域型。其设置依据不是地理、人口等方面的因素而是为了某种特殊目的或者照顾某种特殊情形，比如设置特别行政区。

2. 多级建制并存。①两级设置。如直辖市主城区的行政区划就是市和区两级。②三级设置。如一般行政区域的划分就是省、县、乡等三级。③四级设置。体现在设立自治州的地方和实行行政公署管县、市管县的地方。

3. 虚实结合制。"实"指的是一级政权机关；"虚"指的是各级人民政府的派出机构。我国目前的行政区划是"四实三虚制"。"四实"包括省级行政机关、地级市行政机关、县级行政机关与乡一级行政机关。"三虚"包括行政公署、街道办事处和区公所。行政公署是在省、自治区与各县、市之间设立的省、自治区的派出机关；街道办事处是

提示

我国行政区划的"三虚"包括行政公署、街道办事处和区公所。

市辖区、县级市的派出机关；区公所是在县、自治县与各乡之间设立的县、自治县的派出机关。

4. 三级市建制并存。①直辖市为一级市，它与省、自治区平行。②地级市为二级市，它包括省会市、较大的市和普通地级市三种类型。③县级市为三级市，它是不设区的市。

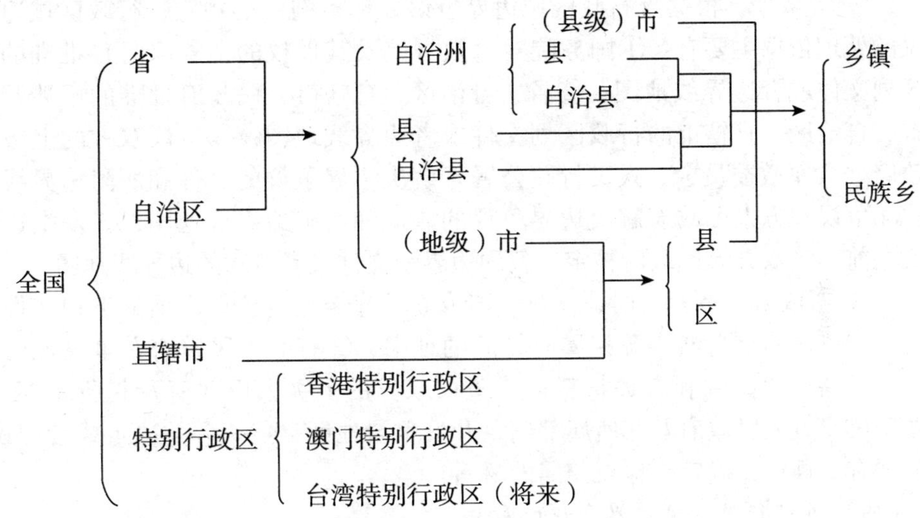

四、我国行政区域边界争议的处理

（一）行政区域边界争议的概念

行政区域边界争议是指省、自治区、直辖市之间，自治州、县、自治县、市、市辖区之间，乡、民族乡、镇之间，双方人民政府对毗邻行政区域界线的争议。

行政区域边界争议是一种行政争议：争议的内容是行政区域界线；争议双方是同级人民政府；争议的原因是毗邻行政区域界限不明确，对于已明确划定或者核定的行政区域界线，必须严格遵守，不得产生争议。

不得争议的行政区域界线包括：根据行政区划管理的权限，上级人民政府在进行行政区划时明确划定的界线；由双方人民政府或者双方的上级人民政府明确划定的争议地区的界线；发生争议之前，由双方人民政府核定一致的界线。

（二）主管机关和相关法规

行政区域边界争议的主管机关是各级民政部门。争议双方的共同上级民政部门会同有关部门，如土地主管部门在争议双方当事人参与下进行调解；经调解未达成协议的，会同有关部门提出解决方案供有权的人民政府决定。

提示

我国行政区域边界争议的主管机关是各级民政部门。

行政区域边界争议的相关法规：①1981 年 5 月 30 日国务院发布的《行政区域边界争议处理办法》（已失效）；②1985 年 1 月 15 日国务院发布的《国务院关于行政区划管理的规定》；③1989 年 2 月 3 日国务院发布的《行政区域边界争议处理条例》。

（三）解决行政区域边界争议的依据

1. 处理依据。根据《行政区域边界争议处理条例》的规定，行政区域边界争议的处理依据主要有：①国务院（含政务院及其授权的主管部门）批准的行政区划文件或者边界线地图；②省、自治区、直辖市人民政府批准的不涉及毗邻省、自治区、直辖市的行政区划文件或者边界线地图；③争议双方的上级人民政府（含军政委员会、人民行政公署）解决边界争议的文件和所附边界线地图；④争议双方人民政府解决边界争议的协议和所附边界线地图；⑤发生边界争议之前，经双方人民政府核定一致的边界线文件或者盖章的边界线地图。

2. 参考依据。参考依据是指新中国成立后直至发生争议之前的下列文件和材料：①依法确定自然资源权属时核放的证书；②有关人民政府在争议地区行使行政管辖权的文件和有关材料；③争议双方的上级人民政府及其所属部门，或者争议双方人民政府及其所属部门，开发争议地区自然资源的决定或者协议；④根据有关规定，确定土地权归属的材料。

（四）处理行政区域边界争议的程序

按照《行政区域边界争议处理条例》及有关法规的规定，边界争议处理程序步骤主要包括：①争议双方人民政府必须采取有效措施，防止事态扩大；②争议双方人民政府首先应进行协商解决；③经协商未达成协议，双方应当将各自解决方案并附边界地形图，报上级人民政府处理；④国务院和争议双方的上一级人民政府受理的边界争议，先应由同级民政主管部门组织调解，经调解未达成协议的，再由受理的人民政府作出处理决定；⑤处理边界争议的协议经双方签字生效，上级人民政府解决边界争议的决定，自下达之日生效，如涉及自然村隶属关系变更的，应按照《国务院关于行政区划管理的规定》中的有关行政区域界线变更的审批权限的程序办理；⑥协议和决定生效后，应按规定实地勘测边界线，并标绘大比例尺的边界线地形图；⑦地方人民政府处理的边界争议，必须按规定履行备案手续；⑧向有关群众公布正式划定的行政区域界线。

我要复习！

好，本单元的基本知识点学习完了，让我们在这里来复习一下吧。

你一定要知道的（如果已掌握请打钩）：

行政区域划分的概念 □

我国行政区划的审批层级和特点 □

我国行政区域边界争议的处理 □

学习单元四　我国的地方制度

一、地方制度概述

（一）地方制度的概念

地方制度，亦称地方政府制度，是指有关地方国家机关或自治团体的组织、职权以及行使职权的程序的法律、政策、惯例等的总和。

地方制度是国家政治制度的重要组成部分，其性质、内容和形式是由国家的性质决定的。地方制度作为一种普遍存在的社会政治现象，是与中央政治制度相对而言的。就内容而言，虽然各国不尽相同，但地方制度范围极其广泛。地方制度一般涉及地方国家机关的组织体系，地方国家机关的职权，中央与地方国家机关的相互关系等主要内容。

（二）近现代地方制度的特点

1. 中央政府与地方政府之间强调“分权”。地方权力来源于地方人民主权，地方分权仅仅是地方权力的让与而不是中央权力的授予。①“中央集权制”下的“权重中央”式的分权，地方政府权力来源于中央政府的授予。地方政府权力仅仅是中央政府权力具体落实到地方的表现形式，地方政府权力在整个权力架构中处于附属地位，中央政府可以根据实际统治的需要对地方政府所拥有的权力加以扩充、缩小甚至收回。在这种情况下，地方政府由于其权力来源的不稳定性则在处理各种事务方面必然缺乏自主性，只能是作为中央政府在地方的代表，而以一种当地居民眼中外来统治者代表的身份来保护其“属民”而不是“人民”的权益。“属民”与“人民”的区别在于属民中所蕴含的奴性，地方政府更多的是以一种统治者的身份来从当地居民身上获取更大价

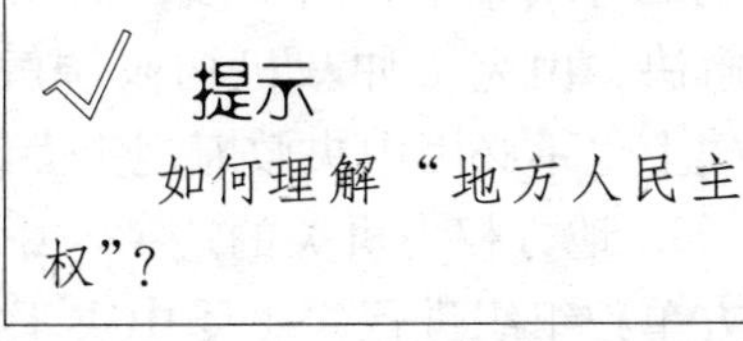

提示

如何理解“地方人民主权”？

值而满足中央政府统治的需要，而当地居民的利益与之相比而言则为次。所以它并不适应当代地方制度的要求，应该属于一种传统意义下封建地方制度的概念范畴。②“地方让与制”下的“权重地方”式的分权，地方权力来源于其统治范畴内的人民主权。中央权力只是地方权力让渡的结果。地方可以根据不同的情况让渡给中央不同大小、不同强弱的权力。地方因其自身权力来源的固有性、稳定性，则在处理各项事务中必然具有一种自主性。可以根据本地区人民自身的需要，辅以国家大局的需要去自主地处理各项事务，而不必考虑其处理该项事务的权力是否可能灭失。而中央政府统治的需要只有和当地居民利益保持一致或至少不抵触的前提下，方能被有效维护。进而能够真正强有力地去被维护的，就是当地人民的利益，推而广之使全体人民的利益得以有效维护，而不受国家公权力的肆意侵害。这种意义下的分权更能适应当代地方制度维护人民利益的需要。

2. 地方政府既独立于地方权力机关也独立于中央政府。依地方权力机关授权单独组织，不受中央政府组织的干涉和支配，与中央政府不存在行政上的隶属关系，仅仅存在的是法律上的协助合作关系，是宪法架构下的平等关系。地方政府依据地方权力机关的授权组织而产生。其权力来源于地方权力机关的授予，它对地方权力机关负责并受其监督。它同中央政府间不存在行政隶属关系，它不是中央政府机关在地方的分支机构，它与中央政府同为宪法架构下平等的两主体。虽然中央政府的统一政令它必须执行，但是它的执行依据并不在于它是中央政府政令在地方的执行机关，而在于它必须对其让与给中央政府的权力负责，因为中央政府的统一政令实质是各别地方政府让渡给中央政府的个别权力在治国大政方针上的反馈。由此，地方政府所作出的决定中央政府不能通过强制的行政命令加以干涉，而只能借助于法律，通过法律途径在宪法范围内加以解决，由宪法仲裁机构来调解其间的冲突。同样，地方政府各部门的构成、组建上也不必因中央政府规定而设，而是出于管理地方事务的实际需要而设。

3. 地方权力机关的选举与中央权力机关的选举分别单独进行。地方选举由地方单独组织进行，不受中央干涉，地方选举结果是地方权力机关产生的唯一途径。地方人民主权决定地方权力机关只能基于地方人民选举而产生，地方选举结果是地方权力机关产生的唯一途径。整个选举过程由地方人民自行组织，选举经费来源于地方财政，中央只负监督之责不行实际参与干涉之实。地方人民既作为地方主权的代表又作为国家主权的代表平等地享有地方选举权和中央选举权，两种权力的分别行使不受任何非法干涉。

4. 地方各项事务地方自治。地方各项事务由地方政府自行管理，对中央政府仅负守法从宪之责，不受中央非法行政干预。地方统治地方，中央对全国的统治有赖于地方的参与。中央对地方事务的管理更多是以一种协作者而不是主导者的身份出现，主导者只能是地方政府。地方自行制定切合本地实际的法律规章，依照地方法规与中央统一法规对地方各项事务进行管理。地方政令法规与中央政令法规发生冲突时，诉诸法律渠道，由宪法仲裁机构加以解决。原则上中央不干预地方事务，而地方发生自身无法克服的自然灾害或危及整个国家安全的不可抗事实时，中央可依宪法授权对该地方实施特殊管制，会同地方政府共同处理。

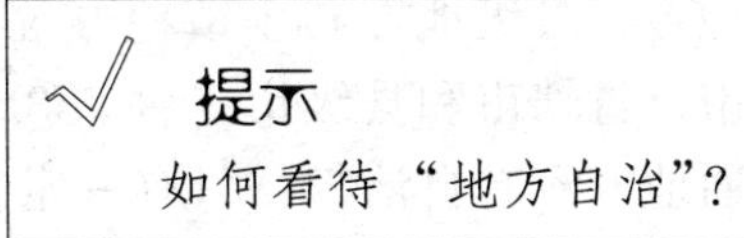

5. 各地方之间法律地位平等。相处于同一国家，共存于同一宪法下的不同地方的法律地位是平等的，独立地处理各自的地方事务，平等地参与中央事务。各地方之间只有大小之分而无权力强弱之别。地方权力的平等源于地方人民主权的平等。它们各自平等独立地管理各自的内部事务，不能因其各自大小不同，发展程度不一而产生力量上的强行干涉。它们各自平等地参与中央事务，在中央权力机关中拥有对等的或对等比例的代表，对中央事务拥有对等的发言权、参与决策权。各地方之间的关系为宪法意义下相互协作、相互支援关系。涉及跨地方重大工程事项时，由中央政府统一协调领导，各地方依受益程度平等地参与，互相协作支持、共同发展。其相互间处理各项事务上所产生的矛盾，可由中央政府调解，调解不成的由各方作为平等的法律主体以法律途径诉之宪法仲裁机构依据宪法进行裁决。

（三）我国地方制度的类型与特点

1. 类型。我国地方制度分为普通地方制度、民族区域自治地方制度和特别地方（行政区）制度三种不同形态的地方制度。①实行普通地方制度的地方，称为普通地方。这种地方不享有优越于其他地方的特殊权力，其权力来自于普通法律的授予。在我国，普通地方包括省、市、县、乡、镇等地方。②实行特别地方制度的区域，称为特别地方或特区，它们往往在政治、经济、文化的某一方面和某几方面享有优越于普通地方的特殊权力。这些权力一般是由特别法授予的。在我国，特别地方包括香港特别行政区和澳门特别行政区。③在我国还有民族区域自治地方，它是实行民族区域自治制度的地方，包括自治区、自治州（盟）、自治县（旗）。

如何理解我国地方制度的多样性与多层次性？

2. 特点。①多样性。由于地缘利益的不同、多民族的民族关系状况和为了解决某些历史遗留问题，我国实行普通地方、民族区域自治地方和特别行政区三种不同的地方制度。②多层次性。我国行政区划层级较多，在普通地方有省级地方、县级地方和乡镇地方等。同一种地方也有多种层次，如市地方就有直辖市、省辖市和县级市三种。③不同类型不同层级的地方享有的权力不同。在普通地方没有自治权，只有一定范围和程度的地方立法权（表现为制定地方性法规），民族区域自治地方享有民族自治权，特别地方（行政区）则享有高度的自治权。在不同层级的地方，享有的权力也不一样，如省享有制定地方性法规的权力，县则没有这种权力。

二、普通地方

在我国，普通地方是相对民族自治地方和特别行政区（地方）而言的一种地方。普通地方在法律上是以宪法和普通法律授权而建立的地方制度，包括省制、市制、县制和乡镇制等几种地方形式。

（一）省制

省是由省行政区域、省的人民和省国家机关及其职权构成的一种地方。省是相对独立的政治主体，享有一定的宪法地位，并通过省的全国人大代表参与中央政治。我国现有24个省地方。

1. 省的国家机关设置。

（1）省人民代表大会。是省的国家权力机关，通过间接选举的方式选举人民代表组成。省人民代表大会代表的基数为350名，代表总名额不得超过1000名。省人民代表大会设立常务委员会，作为它的常设机构。省人大常委会由本级人大在代表中选举主任、副主任若干人、秘书长、委员若干人组成，名额在35~65人，最多不超过85人。省人大还设有法制委员会、财政经济委员会、教育科学文化卫生委员会等专门委员会。

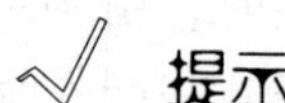

尝试思考近年来我国推进的“省直管县”改革对省制有何影响？

（2）省人民政府。是省的国家行政机关和省人大的执行机关。省人民政府由省长、副省长、秘书长和厅长、局长、委员会主任组成，实行省长负责制。省人民政府设立必要的工作部门，由省政府报请国务院批准。各省所设立的工作部门不尽相同，大致可分为综合、监督、经济、文教卫生、政法和其他六个部门。此外，还有行政直属机构和办事机构。省政府在必要时，经国务院批准，可以设若干派出机关——地区行政公署，监督检查所属地方政府的工作。

（3）省高级人民法院。省高级人民法院是省的国家审判机关，由院长1人，副院长、庭长、副庭长和审判员若干人组成，设有刑事庭、民事庭、经济庭、行政庭、执行庭等审判组织和审判委员会。

（4）省人民检察院。省人民检察院是省的国家法律监督机关，由检察长1

人，副检察长和检察员若干人组成。省高级人民检察院设立检察委员会，并可根据需要设立检察院分院。省检察院对产生它的国家权力机关和最高人民检察院负责，并接受其领导。

2. 省的权力。

（1）组织省的国家机关的权力。省的相对独立性主要通过组织省的国家机关予以体现的。省的人民代表大会由省的人民间接选举代表组成，并由人民代表大会产生省国家机关。

（2）拥有一定的地方立法权。省人民代表大会和省人大常委会在不同宪法、法律、行政法规相抵触的前提下有权制定地方性法规，省人民政府可以制定地方政府规章。

（3）拥有一定的财政权和管理省区划内地方事务的权力。省政府按中央预算案的规定，编制省财政预算，明确本级财政年度的收支情况，由省人大审议决定后由省政府及其工作部门组织实施。

（二）市制

市地方制度是我国地方制度的重要组成部分，现有直辖市、省辖市（包括自治区、直辖市所辖的市）和县级市三种。它们的宪法地位各不相同，权力也有较大的差异，但在机关设置和城市管理的基本方面则具有相似性。

1. 市的国家机关设置。市都设有人民代表大会、人民政府、人民法院、人民检察院，其构成和运作与同级其他地方大致相同。不同的市的国家机关设置有一定的差别，如直辖市设有中级法院和高级法院，省辖市设中级人民法院和区人民法院，县级市则只能设基层人民法院等。

2. 市的权力。

（1）市政立法。市政立法又称城市立法，指享有地方立法权的城市国家机关就有关城市管理和建设进行的立法活动。按照宪法和有关法律的规定，有权制定地方性法规的城市是：直辖市；省、自治区人民政府所在地的市；经全国人大及其人大常委会授权的市；经国务院批准较大的市。直辖市制定的地方性法规报全国人大常委会备案，其他市制定的地方性法规，必须报省、自治区人大常委会批准，并由省、自治区的人大常委会报全国人大常委会和国务院备案。市政立法还体现在城市所制定的政府规章中。与制定地方性法规的权限相对应，省、自治区、直辖市人民政府所在地的市，经国务院批准较大的市，经国务院特别授权的市可以依法制定地方政府规章。

（2）城市管理。城市规划管理，它是对城市的各项建设进行的综合部署和总体设计，是城市的宏观管理。城市经济管理，内容涉及工业、农业、环保、卫生、工商、税务、银行、审计、土地管理、财政等方面。城市的文教卫生管理包括城市教育、科技、文化、卫生等方面的管理。

（三）县制

县是我国具有悠久历史的一种地方制度。现行的县地方是由县的人民、县行政区域、县国家机关及其职能等构成的一种普通地方。

> 提示
>
> 尝试思考近年来我国推进的“强县扩权”改革对市制和县制有何影响？

1. 县的国家机关设置。

（1）县人大。县人大由选民直接选举的人民代表组成，县人大设立人大常委会，作为人大常设机关，一般由11～23人组成，最多不得超过29人。县人大是县的国家权力机关。

（2）县人民政府。县人民政府由县长、副县长、局长（科长）组成，县长、副县长由县人大选举产生，各局、委、办由县长提名，县人大常委会任命。县人民政府根据工作需要可以设立农业局、林业局、水产局、交通局、商业局、粮食局、物价局、工商局、城建局、卫生局、民政局、教育局、公安局、税务局、统计局、审计局、劳动人事局、土地局、监察局等职能部门。县人民政府还可根据需要，经省人民政府批准设立若干区公所，作为派出机关。

（3）县人民法院和县人民检察院。县人民法院和县人民检察院分别是县的国家审判机关和检察机关。县法院设有刑事、民事、行政经济、执行庭和审判委员会。县人民检察院设有批捕、起诉等科和反贪局、检察委员会等机构。

2. 县的权力。

（1）组织县级国家机关的权力，即组织县人大、县政府、县法院、县检察院。

（2）决定本县区域内属于自己权力范围的重大问题的权力。

（3）执行国家法律、法规、国家政策、国家计划、国家预算、上级国家机关的决议和命令的权力。

（4）管理全县范围内政治、经济、文化、民政、卫生、公安等方面工作的权力。

（5）司法权是县审判机关、检察机关适用法律、法规的审判权和法律监督权。

（四）乡镇制

乡镇是我国最基层的一级地方，一般被称为农村基层政权，有乡、民族乡和镇三种形式。乡镇也是宪法和法律主体，在我国地方制度中占有重要地位。乡镇地方由乡镇人民、乡

> 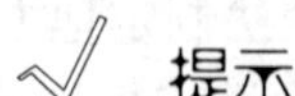
>
> 提示
>
> 如何看待近期浮现的“镇级市”改革提法？

镇行政区域、乡镇国家机关及其职权所构成。

1. 乡镇国家机关的设置。

（1）乡镇人民代表大会。乡镇人民代表大会由选民直接选举产生，设有主席和副主席1~2人。主席、副主席从乡镇人大代表中选举产生，不得兼任乡镇人民政府的职务。

（2）乡镇人民政府。乡镇人民政府设乡长、副乡长，镇长、副镇长，民族乡的乡长由建立民族乡的少数民族公民担任。乡（镇）长由乡镇人大选举产生。乡镇还配有5~7名工作人员，协助乡镇长管理司法、民政、公安、财粮、计划生育等方面的工作。

2. 乡镇的权力。

（1）组织乡镇国家机关的权力。一方面，由选民直接选举乡镇人大代表组成乡镇人民代表大会，另一方面，由乡镇人民代表大会产生乡镇人民政府。

（2）执行权。乡镇国家机关在本行政区域内执行宪法、法律、法规和上级的决议、决定等。

（3）管理权。乡镇国家机关享有依法管理本行政区域内的地方国家事务和地方公共事务的权力。

三、民族区域自治地方

（一）概述

1. 定义。民族区域自治地方是指实行民族区域自治制度的地方。民族区域自治制度是指按照宪法和民族区域自治法的规定，在国家统一领导下，在少数民族聚居的地方，设立民族自治机关，行使自治权，管理地方国家事务和民族地方事务，以实现少数民族人民当家做主的一项制度。

民族区域自治制度主要包括以下内容：民族自治地方的建立、区域界线、行政地方；自治机关的民族组成、职能和自治权利；自治地方内部的民族关系；民族自治地方与上级国家机关的关系。

2. 特点。

（1）民族区域自治以国家主权统一和领土完整为前提。民族自治区域是在中华人民共和国主权范围之内，统一接受中央政府的领导，它属于地方行政区域的范畴，其自治机关也只是地方国家机关。

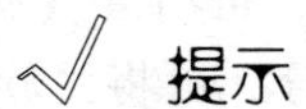

如何理解“既要反对大民族主义，也要反对地方民族主义”？

（2）民族区域自治以少数民族聚居区为基础。它不同于脱离一定地域的民族自治，要以（少数民族）聚居区为基础；它也不同于实行地方分权制所实行的地方自治，要保证少数民族公民的自治权。

（3）民族区域自治的核心和标志是由民族自治机关行使自治权。行使不行使自治权是民族自治地方的自治机关与一般的地方国家机关不同的根本标志，如果民族自治地方的自治机关不行使自治权，那它就不成其为自治机关而是一般的地方国家机关了，因而也就不能体现民族区域自治制度的优越性。

（4）民族自治区域的民族关系平等。“既要反对大民族主义，主要是大汉族主义，也要反对地方民族主义”（我国现行《宪法》序言及《民族区域自治法》序言）。“民族自治地方的自治机关保障本地方内各民族都享有平等权利”（《民族区域自治法》第48条）。

（二）民族自治地方建立的原则和种类

1. 原则。

（1）在少数民族聚居的地方可以建立以一个或几个少数民族聚居区为基础的自治地方。

（2）在一个民族自治地方的其他少数民族聚居的地方，可以建立相应的自治地方或者民族乡。在一个民族自治地方内的其他少数民族聚居的地方，具备建立民族自治地方条件的可以建立相应的民族自治地方；在一个民族自治地方内的其他少数民族聚居的地方，不具备建立民族自治地方的条件而具备建立民族乡条件的可以建立若干个民族乡。

（3）民族自治地方依据本地方的实际情况可以包括一部分汉族或者其他民族的居民区和城镇。

（4）审批原则。我国民族自治地方的建立和区划变动要经过认真的协商并履行法定的报批手续。《民族区域自治法》第14条第2款规定：“民族自治地方的区域界线一经确定，不得轻易变动；需要变动的时候，由上级国家机关的有关部门和民族自治地方的自治机关充分协商拟定，报国务院批准。”民族自治地方区域界线的任何变动都要经过国务院的批准。

2. 种类。按照民族区域自治地方的行政区划和级别可将民族区域自治地方分为自治区、自治州（盟）和自治县（旗）。按照民族区域自治的民族成分，可将民族区域自治地方分为：以单一少数民族聚居区为基础，如西藏自治区；以其中一个少数民族聚居区为基础，同时又包括另一个或几个人口相对较少的少数民族聚居区，如新疆维吾尔自治区；以两个或两个以上的少数民族聚居区为基础，如黔东南苗族侗族自治州、云南元江哈尼族彝族傣族自治县等。

提示

我国现有5个自治区、30个自治州（盟）、124个自治县（旗）。

（三）实行民族区域自治制度的必要性与优越性

1. 必要性。

（1）集中统一的传统是实行民族区域自治的基础。各少数民族先后加入封建王朝的版图，逐渐融合到中华民族的大家庭中，集中统一的大一统国家成为我国政治上的传统，统一不可分割的中华民族的国家观念牢固地竖立在各民族人民的信仰和追求之中，成为我国实行民族区域自治的基础。

（2）实行民族区域自治是我国少数民族居住与分布状况的必然要求。我国各民族在长期生活交往和社会发展过程中，形成了以汉族为主体的、各少数民族大杂居、小聚居的格局。我国根据各民族的分布状况和交错居住的特点，在少数民族聚居区实行民族区域自治，分别建立自治区、自治州、自治县。只有这样才能真正地实现民族平等和民族团结，切实保障少数民族人民当家作主的权利。

（3）实行民族区域自治是民族经济发展的客观要求。我国各民族经济发展极不平衡，汉族地区虽人口占多数，技术较先进，经济较发达，但资源相对缺乏。广大少数民族虽人口占少数，地处边区，经济发展相对落后，但资源比较丰富。国家在少数民族聚居区实行民族区域自治，并从物资、财政等方面帮助各少数民族经济发展，逐步克服和消除经济上的发展不平衡，实现各民族共同发展、繁荣的富裕之路。

2. 优越性。

（1）保证了聚居区内各少数民族充分行使区域自治权利。根据我国各民族大杂居、小聚居的特点，建立一个或者几个少数民族聚居区为基础的、不同行政地位的民族自治地方，使各少数民族都能够充分行使自治权，行使当家做主的权利。

（2）促进了社会主义民族关系的巩固和发展。国家通过宪法和法律赋予少数民族广泛的自治权，而且在物资、财政等各方面帮助少数民族，给予少数民族多项优惠政策支持其发展，确保少数民族更好地实现民族自治权，且正确地处理各民族之间的相互关系，使平等、团结、互助的社会主义民族关系得到了进一步的巩固和发展。

（3）维护了国家的领土完整、统一和独立。实行民族区域自治，各民族自治地方都是祖国领土不可分割的一部分；同时，各民族自治地方享有充分的自治权，成为本民族的主人和国家的主人，增强了民族凝聚力和维护祖国统一的责任感，使国家的统一从根本上得到保证，粉碎分裂祖国的各种阴谋和丑恶行径。

（4）促进各少数民族自治地区的政治、经济、文化的发展，实现各民族的共同繁荣和发展。一方面，中央在各方面大力帮助各少数民族加速发展经济和文化，各民族相互支援，团结互助；另一方面，可以最大限度地调动和发挥各少数民族地区的人力、物力等方面的积极因素，消除汉族和各少数民族经济发展的不平衡性，共同发展，走各民族共同繁荣、富裕的道路。

（四）民族区域自治地方的自治机关

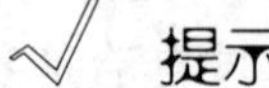

我国民族自治地方人民法院和人民检察院不属于自治机关的范畴。

民族区域自治地方的自治机关是按照宪法、地方组织法和民族区域自治法的规定设立的，在少数民族区域自治地方行使民族自治权的国家机关。其性质既是地方国家机关，行使宪法、地方组织法规定的地方国家机关的职权；也是自治机关，依照宪法、民族区域自治法和其他法律的规定行使自治权，管理本行政区域内地方国家事务和本民族的内部事务。民族区域自治地方的自治机关是民族自治地方的人民代表大会和人民政府。民族自治地方人民法院和人民检察院不属于自治机关的范畴，但其领导成员和工作人员中，也应当有实行区域自治的民族的人员。

1. 民族自治地方的人民代表大会。民族自治地方的人民代表大会由本地方人民通过直接或间接选举的方法选举人大代表组成，是民族区域自治地方的国家权力机关，对人民负责，受人民监督。民族自治地方的人民代表大会都是由实行区域自治的民族以及居住在本区域内的其他民族的公民按人口比例产生代表组成。在民族自治地方人大的组成中，应以实行区域自治的民族为主体，除实行民族区域自治的民族的代表外，其他居住在本行政区域内的民族也应当有适当名额的代表。人口特别少的其他民族，至少应当有1名代表。自治区、自治州的人大常委会由本级人民代表大会在代表中选举主任1人，副主任若干人、委员若干人和秘书长1人组成；自治县的人大常委会由本级人大在代表中选举主任1人，副主任若干人和委员若干人组成。民族区域自治地方的人大常委会中应当由实行区域自治的民族的公民担任主任或者副主任。

2. 自治地方各级人民政府。自治地方各级人民政府是同级国家权力机关的执行机关，由本级人民代表大会选举产生，对本级人民代表大会和上一级人民政府负责并报告工作。在本级人大闭会期间向其常务委员会负责并报告工作。自治区、自治州、自治县的人民代表大会和本级人民政府的任期相同，每届的任期均为5年。民族自治地方的各级人民政府的组成人员中，自治区、自治州的人民政府分别由自治区主席、副主席、州长、副州长和秘书长、厅长、局长、委员会主任等组成。自治县的人民政府由县长、副县长和局长、科长等组成。自治区主席、自治州州长、自治县县长由实行区域自治的民族的公民担任。同时，民族自治地方人民政府的其他组成人员和自治机关所属工作部门的干部中，应当合理配备实行区域自治的民族和其他少数民族的公民。民族自治地方的人民政府分别实行主席、州长和县长负责制。自治区主席、自治州州长、自治县县长分别主持本级人民政府工作，召集和主持本级人民政府全体会议和常务会议，政府工作的重大问题须经政府常务会议或全体会议讨论决定。

（五）民族区域自治地方的自治权

民族区域自治地方的自治权就是民族自治地方的自治机关依照宪法、民族区域自治法和其他法律规定，管理本地方、本民族内部事务的自主权。

1. 制定自治条例和单行条例。自治条例是指由民族自治地方人民代表大会依照宪法和民族区域自治法的规定，制定的关于本地方实行区域自治的组织和活动原则、自治机关的组成、职权以及自治地方有关重大问题的综合性规范文件；单行条例指民族自治地方人民代表大会，根据当地民族的政治、经济和文化的特点，制定的关于某一方面具体事项的规范性文件。

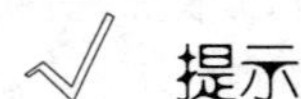

自治区的自治条例、单行条例，报全国人大常委会批准后生效；自治州、自治县的自治条例、单行条例，报所在省级人大常委会批准后生效。

2. 根据本地方、本民族的实际情况，变通执行国家的法律和政策。上级国家机关的决议、决定、命令和指示，如有不适合民族自治地方实际情况的，自治机关可以报经该上级国家机关批准，变通执行或者停止执行；该上级国家机关应当在收到报告之日起60日内给予答复。

自治条例和单行条例可以依照当地民族的特点，对法律和行政法规的规定作出变通规定，但不得违背法律或者行政法规的基本原则，不得对宪法和民族区域自治法的规定以及其他有关法律、行政法规专门就民族自治地方所作的规定作出变通规定。

3. 安排和管理地方经济建设事业的自主权。根据法律规定，确定本地方内草场和森林的所有权和使用权；依照法律规定，管理和保护本地方的自然资源，根据法律规定和国家的统一规划，对可以由本地方开发的自然资源，优先合理开发利用；在国家计划的指导下，根据本地方的财力、物力和其他具体条件，自主地安排地方基本建设项目；自主地管理隶属于本地方的企业、事业组织；依照国家规定，可以开展对外经济贸易活动，经国务院批准，可以开辟对外贸易口岸；与外国接壤的民族自治地方经国务院批准，开展边境贸易；民族自治地方在对外经济贸易活动中，享受国家的优惠政策。

4. 管理地方财政的自主权。民族自治地方的财政是一级财政，是国家财政的组成部分。凡是依照国家财政体制属于民族地方的财政收放，都应当由民族自治地方的自治机关自主地安排使用。在全国统一财政体制下，通过国家实行规定的财政转移支付制度，享受上级财政的照顾。民族自治地方的财政预算支出，按照国家规定，设机动资金，预备费在预算中所占比例，高于一般地区。在执行财政预算过程中，自行安排使用收入的超收和支出的结余资金。在执行国家税法的时候，除应由国家统一审批的减免税收项目以外，对属于地方财政收入的某些需要从税收上加以照顾和鼓励的，可以实行减税或者免税。自治州、自治县决定减税或者免税，须报省或者自治区人政府批准。根据本地方经济和社会发展的需要，可以依照法律规定设立地方商业银行和城乡信用合作组织。

5. 管理本地方的教育、科学、文化、卫生、体育事业方面的自主权。根据国家的教育方针，确立本地方的教育规划、教育体制、教育机构、教育设施等。各级人民政府要在财政方面扶持少数民族文字的教材和出版物的编辑和出版工作。自主地发展具有民族形式和民族特点的各项文化艺术事业。保护和整理民族历史文化遗产，继承和发展优秀的民族传统文化。自主地决定本地方的科学技术发展规划，普及科技知识。自主地决定本地方的医疗卫生事业的发展规划。自主地发展体育事业。依照国家规定，可以和国外进行教育、科技、文化艺术、卫生、体育等方面的交流。

提示

人民币上除汉字（汉语拼音）外，还有4种少数民族文字（蒙古族文字、藏族文字、维吾尔族文字、壮族文字）。尝试思考其于践行我国民族区域自治地方自治权的意义何在？

6. 其他方面的职权。民族自治地方的自治机关依照国家的军事制度和当地的实际需要，经国务院批准，可以组织本地方维护社会治安的公安部队。根据法律规定，管理流动人口的办法。结合本地方的实际情况，实行计划生育和优生优育。保护和改善生活环境和生态环境，防治污染和其他公害，实现人口资源和环境的协调发展。在执行职务时，使用当地通用的一种或者几种语言文字，必要时，可以以实行区域自治的民族的语言文字为主。

四、特别行政区

（一）特别行政区的含义

特别行政区是指根据我国宪法和有关特别行政区基本法的规定，在我国领土范围内设立的，具有特殊法律地位，实行特别的政治、经济和社会制度的地方。

特别行政区作为一个具有相对独立性的政治主体，享有高度的自治权。特别行政区所实行的各种制度，由全国人民代表大会以专门制定的基本法律确定，

> 特别行政区作为我国一个不可分割的地方行政区域，直辖于中央人民政府，其高度自治权来自全国人大的宪法授权。

这种基本法律具有宪法性法律的性质。“实行特别的政治、经济和社会制度”，主要是针对中华人民共和国现行的各种制度而言的。中国政府在中英、中葡联合声明中郑重指出，香港、澳门“现行社会、经济制度不变；生活方式不变”。《香港特别行政区基本法》则更明确地规定：“香港特别行政区不实行社会主义制度和政策，保持原有的资本主义制度和生活方式，50 年不变。”澳门特别行政区基本法也有类似规定。因此可以说特别行政区实行特别的政治、经济和社会制度是指资本主义政治、经济和社会制度及其生活方式。

中央政府负责特别行政区的外交和防务，特别行政区法院对外交、国防等国家行为无管辖权。特别行政区的行政长官和其他主要政府官员，由当地永久性居民且在国外无居留权的中国公民担任，并最终由中央政府任命。特别行政区的立法机关制定的法律不得与特别行政区基本法相抵触，并且须报全国人大常委会备案，并且各基本法的制定、修改权专属于全国人大，各基本法的解释权属于全国人大常委会。

（二）“一国两制”与设立特别行政区的意义

“一国两制”是指在中华人民共和国国家主权统一的前提下，大陆实行社会主义制度，香港、澳门及未来统一后的台湾地区实行资本主义的制度。“一国两制”方针最初提出的目的是解决和平统一台湾地区这一我国历史遗留的内政问题。1982 年 9 月，邓小平同志在会见英国首相撒切尔夫人时指出，关于收回香港问题，可以采用“一个国家，两种制度”的办法解决，这是第一次使用“一国两制”的概念。1982 年 12 月通过的我国现行《宪法》及时地把“一国两制”用法律的形式固定下来。《宪法》第 31 条规定：“国家在必要时得设立特别行政区。在特别行政区内实行的制度按照具体情况由全国人民代表大会以法律规定。”从而为以后对香港和澳门地区制定基本法提供了宪法依据。1997 年 7 月 1 日和 1999 年 12 月 30 日，中国政府先后对香港和澳门恢复行使主权，建立了香港、澳门特别行政区，使“一国两制”理论由构想变为现实。

> 提示
>
> “一国两制”方针最初提出的目的是解决和平统一台湾地区这一我国历史遗留的内政问题。

1. 特别行政区的设立是“一国两制”构想的具体化。宪法和两部基本法的制定，为“一国两制”的运作与实施奠定了基本的法律基础。“一国两制”的内容在两部基本法中得到具体化、法律化、制度化。1997 年 7 月 1 日和 1999 年 12 月 20 日，香港和澳门先后顺利回到祖国的怀抱，是按照“一国两制”的思想实现祖国和平统一大业的重要实践成果，证明“一国两制”构想是可行的、科学的。

2. 建立特别行政区有利于祖国的和平统一。香港、澳门问题的成功解决，为最终解决台湾问题创造了日益成熟的条件，积累了实践的经验。1995 年 1 月 28 日，江泽民同志发表了《为促进祖国统一大业的完成而继续奋斗》的重要讲话，提出了一系列发展两岸关系的新建议和解决台湾问题的基本方针，是邓小平同志“一国两制”构想在台湾上的进一步具体化，进步发展和完善了“一国两制”的理论，必将对祖国统一大业的进行产生广泛而深远的影响，为解决台湾问题提供宪法制度框架。

3. 特别行政区制度为宪法理论研究提出了新的值得探讨的领域和问题。建立特别行政区涉及许多复杂的政治法律问题，作为当代中国宪政实践的一种崭新模式，极大地丰富了我国宪法的内容。如：在单一制国家结构中，特别行政区与中央的相互关系问题；宪法在特别行政区的适用问题等。

（三）特别行政区相关宪法问题

特别行政区是中华人民共和国不可分离的部分。特别行政区政权是中华人民共和国的一级地方政权。虽然特别行政区具有一系列的显著特点，但是它的建立并不改变我国单一制的国家结构形式。但是，特别行政区的建立对我国乃至世界的宪法理论都产生了重大的影响，它对我国提出了一系列的宪法问题：

1. 宪法在特别行政区的适用问题。我国现行宪法作为一个整体对特别行政区是有效的，但由于在特别行政区实行“一国两制”，所以宪法中的某些具体条文不适用于特别行政区，这些条文主要是关于社会主义制度的规定，如四项基本原则。

2. 特别行政区的权力来源问题。根据我国宪法的规定，我国是单一制国家，这意味着地方享有的权力不论多大，都不是一种固有权力，而是中央的授权。特别行政区作为我国的一级地方国家机关，不论享有多大程度的自治权，都是中央政府授予的。它体现在特别行政区基本法的规定中：“全国人民代表大会授权香港（澳门）特别行政区依照本法的规定实行高度自治，享有行政管理权、立法权、独立的司法权和终审权。”“香港（澳门）特别行政区可享有全国人民代表大会、全国人民代表大会常务委员会及中央人民政府授予的其他权力。”

3. 特别行政区基本法的解释权问题。香港实行司法机关解释法律体制。长期以来，香港实行普通法制度，在普通法制度下，立法机关负责制定法律，司法机关负责执行法律。立法机关在法律公布后，不再拥有法律解释权，解释法律是司法机关的主要功能。而我国大陆实行的是立法机关解释法律体制。与香港地区的法律解释不同，根据我国宪法的规定，我国的立法机关不仅拥有立法权，还拥有立法解释权，而且这种解释权高于法院的司法解释权。考虑到保持我国法律解释的统一性与香港的司法传统、司法运作的实际需要，我国法律规定由全国人民代表大会授权香港特别行政区法院对基本法的条文作出解释。《香港特别行政区基本法》第 158 条规定："本法的解释权属于全国人民代表大会常务委员会。全国人民代表大会常务委员会授权香港特别行政区法院在审理案件时对本法关于香港特别行政区自治范围内的条款自行解释。"类似的规定见于《澳门特别行政区基本法》第 143 条。

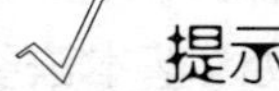

提示

特别行政区基本法的解释权属于全国人大常委会，全国人大常委会授权特区法院在审理案件时就特区自治范围内的条款自行解释。

（四）中央政府代表国家对特别行政区行使主权

中央政府负责管理特别行政区有关的外交事务，当然对于一般的经济、贸易方面的对外事务可以仍由特别行政区自主进行。中央政府负责管理香港特别行政区的防务，但是有关社会治安方面的对内防务由特别行政区政府自己负责，特别行政区政府在必要时可以请求中央政府协助，特别行政区的对外防务则由中央政府派驻特别行政区的军队负责，军费由中央政府负担。由中央政府任命特别行政区的行政长官和主要官员。全国人民代表大会常务委员会可以决定特别行政区进入紧急状态。该规定见于《香港（澳门）特别行政区基本法》第 18 条。在上述情况下中央政府可以发布命令将有关全国性法律在特别行政区实施。全国人民代表大会常务委员会享有解释特别行政区基本法的权力，但是，特别行政区的法院依照特别行政区基本法的授权行使对基本法的解释权。由全国人民代表大会行使特别行政区基本法的修改权。对基本法的修改均不得同中华人民共和国对香港、澳门既定的基本方针政策相抵触。基本法的修改提案权主体是全国人民代表大会常务委员会、国务院和特别行政区。其中特别行政区行使提案权必须经特别行政区的全国人民代表大会代表 2/3 多数、立法会全体议员 2/3 多数和行政长官同意后，才可交由特别行政区出席全国人民代表大会的代表团，向全国人民代表大会提出修改议案。

（五）特别行政区享有高度自治权

1. 立法权。《香港特别行政区基本法》第 17 条和《澳门特别行政区基本法》第 17 条规定特别行政区享有立法权。立法会制定的法律须由行政长官签署、公布方有法律效力，并须报全国人大常委会备案。如果全国人民代表大会常务委员会认为特别行政区立法机关制定的任何法律不符合基本法关于中央管理的事务及中央和特别行政区的关系的条款，可将有关法律发回，但不做修改。

在此之前，全国人民代表大会常务委员会需征求其所属的特别行政区基本法委员会的意见。经全国人民代表大会常务委员会发回的法律立即失效。该法律的失效，除特别行政区的法律另有规定外，无溯及力。对特区依据基本法规定的就其自治范围内的事项进行的立法，只要不涉及有关中央管理的事务及中央和特别行政区的关系的条款，全国人大常委会只进行一般备案。一般备案不影响该法律的生效。

若全国人大常委会认为特区立法不符合基本法关于中央管理的事务及中央和特别行政区的关系的条款，可将相关立法发回，该立法一经发回立即失效，无溯及力。

2. 独立的司法权和终审权。香港、澳门特别行政区法院对于国防、外交等国家行为无管辖权，除此之外，对于特别行政区内的一切案件具有管辖权，在规定范围内，特别行政区终审法院有最终裁判权，最高人民法院不是它的上诉法院。

3. 行政管理权。实行独立的财税和自由的关税制度；自行制定金融、贸易、工商、交通、科教文卫、宗教等方面的政策，可自行发行货币；负责维持社会治安。

4. 自行处理有关对外事务的权力。《香港特别行政区基本法》第152条、《澳门特别行政区基本法》第137条规定香港、澳门特别行政区可以“中国香港”、“中国澳门”的名义参加不以国家为组成单位的国际组织和国际会议。

（六）特别行政区自治权与民族区域自治地方自治权的区别

1. 立法方面。特别行政区立法会制定的法律，只需报全国人大常委会备案即可，无须经过批准。民族区域自治地方的人民代表大会及其常委会可以制定自治条例和单行条例，但要报全国人大常委会和省级人大常委会批准才能生效。

2. 司法方面。特别行政区的司法机关享有独立的司法权和终审权。民族区域自治地方的人民法院和人民检察院不是自治机关、不享有自治权，其职权与普通行政地方人民法院和人民检察院相同。

3. 财政方面。特别行政区的财政独立，其财政收入全部用于自身需要，不上缴中央财政，中央不在特别行政区征税。民族自治地方有管理财政的自治权，但民族自治地方财政权作为一级地方财政，是国家财政的重要组成部分，其财政收入和支出由国务院按照优待民族自治地方的原则规定。财政收入多于支出的，定额上缴上级财政；收入少于支出的，由上级财政补贴。

4. 外交事务方面。民族区域自治地方没有外交事务方面的自治权。特别行政区可以“中国香港”、“中国澳门”的名义，在外交事务属于中央人民政府管理的原则下单独同世界各国、各地区及有关国际组织保持和发展经济、文化关系。

（七）特别行政区政治体制的特点

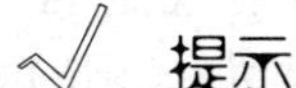
提示

如何理解“港人治港、澳人治澳”于我国单一制国家结构形式下的独特存在？

1. 港人治港、澳人治澳的高度自治。特别行政区享有高度自治权，包括行政管理权、立法权、独立的司法权和终审权；独立的财政权、货币发行权、出入境管制权等。特别行政区的行政机关和立法机关由特别行政区的居民组成，建立香港、澳门同胞自己的政权，自己管理香港、澳门，自己当家做主。中央人民政府不派遣干部到特别行政区担任公职，实行港人治港、澳人治澳。

2. 行政长官领导下以行政机关为主导。特别行政区的政治体制是以行政长官所领导的政府为主导，奉行司法独立、行政与立法之间相互制衡和相互配合的行政长官制的崭新的模式，既吸收了其他政治体制的优点，又较好地保留了原香港、澳门政制的合理因素，确保了香港、澳门的繁荣和稳定。

3. 司法权独立。特别行政区的司法权独立于行政权和立法权。特别行政区的法院独立进行审判，不受任何干涉，甚至最高人民法院、最高人民检察院对特别行政区司法机关也没有任何指导、监督的权力。特别行政区设立终审法院，享有终审权，以保持特别行政区司法制度的独立性。

（八）1999 年香港无证儿童案

1997 年 7 月 1 日，香港回归中国，《香港特别行政区基本法》正式实施，该法第 24 条规定，香港特区永久性居民在香港以外所生的中国籍子女“在香港特别行政区享有居留权和有资格依照香港特别行政区法律取得载明其居留权的永久性居民身份证”。据当时统计，这批人士约 160 万人，包括香港永久性居民在内地的婚生子女和非婚生子女，但特别行政区总面积只有 1068 平方公里，常住人口已达 650 万。为了减轻香港人口压力，香港政府与中央政府曾达成协议，对这批人进入香港居留实行许可证制度，每天最多允许 150 人进入香港。在香港回归前夕，社会上流传香港回归后将实施严格的居留管制制度，加上有些家长没有耐心等待居留审批，于是有些家长就让子女“偷渡”到香港。1997 年 7 月 9 日，香港临时立法会制定《1997 年入境（修改）（第 3 号）条例》，该条例只承认香港永久性居民中中国公民在内地的婚生子女构成香港永久性居民，规定了这批人进入香港居住的法律程序，并规定申请必须在香港以外进行，该条例对条例生效前“偷渡”来港的人有溯及力。香港回归后，特区政府对“偷渡”来港的儿童进行拘捕并计划遣返内地，要求他们办理申请批准手续后，按照顺序合法来港居住。

非法居留的1000多名无证儿童的家长纷纷起诉状告香港特区政府。香港高等法院经审理裁决如下：①《香港特别行政区基本法》第24条明确规定了享有居留权的主体，但没有规定确定与核实这批人的身份和他们行使权利的程序，这是对特区立法的保留；②特区入境条例设立居留权申请制度，符合基本法的精神；《香港特别行政区基本法》第22条第4款（即“中国其他地区的人进入香港特别行政区须办理批准手续，其中进入香港特别行政区定居的人数由中央人民政府主管部门征求香港特别行政区的意见后确定”）适用于根据第24条拥有居港权的内地人士；③香港永久性居民在内地的婚生子女与非婚生子女享有同等权利。

高院判决后，原告与被告均不服，向香港终审法院上诉。1999年1月29日，香港特别行政区终审法院作出终审判决：①香港永久性居民在内地的婚生子女与非婚生子女都享有在香港居住的权利；②只要具有特区政府颁发的居港权证，已经到港的儿童即使未经内地政府批准，也不能遣返；③香港终审法院享有宪法性管辖权，如果全国人大及其常委会的立法与基本法相抵触，香港法院也有权审查并宣布全国人大及其常委会的立法无效。认为临时立法会制定的有关法律不符合《香港特别行政区基本法》，《香港特别行政区基本法》第24条第2款第3项所指的香港居民所生子女，是包括在其父或母成为香港永久性居民之前或之后所生的子女；《香港特别行政区基本法》第22条第4款中对“中国其他地区的人”进入香港的限制不适用于这些人士。该判决扩大了原来根据香港《入境条例》香港永久性居民在内地所生中国籍子女获得香港居留权的范围，即认为：港人内地所生子女如能证明父或母是香港永久居民，便享有居港权，无须经内地有关机关批准，即可进入香港特区定居。

由于担心移民潮影响香港的繁荣稳定，特首董建华于1999年5月建议国务院提请全国人大常委会解释基本法。全国人大常委会于1999年6月对《香港特别行政区基本法》第22条第4款和第24条第2款第3项作出解释：《香港特别行政区基本法》第22条关于内地人士进入香港特别行政区定居的人数由中央人民政府主管部门征求香港特别行政区的意见后确定的规定适用于第24条所指香港永久性居民在内地所生子女。拥有居港权的内地居民必须同时持有单程证及居权证，同时其父母最少有一人必须在其出生时已成为香港永久性居民，才能根据《香港特别行政区基本法》第24条第2款3项的规定，享有居港权并来港定居。这一解释于1999年7月1日生效，但对既定判决无溯及力。1999年12月3日，香港特区终审法院裁定全国人大释法具有约束力。2002年1月10日，香港特区终审法院终院裁定1999年1月之前赴港的港人内地子女，拥有居港权，可以留港。

本案争议焦点在于：①《香港特别行政区基本法》第22条与第24条是否一并适用？第22条与第24条可以一并适用。依全国人大常委会1999年6月对基本法作出的解释，可视第22条为就第24条的解释和特别规定。两者不应视为法律冲突。②香港法院能否审查全国人大及其常委会的决定？香港法院无权审查全国人大及其常委会的决定。我国政权组织形式为人民代表大会制度，故全国人大及其常委会为我国最高国家权力机关及其常设机关，其下任何国家机关无权审查其权力行为。特别行政区的高度自治权为全国人大依宪法授权而来。③全国人大常委会是否有权解释《香港特别行政区基本法》，其效力如何？全国人大常委会有权解释《香港特别行政区基本法》，其解释与被解释的法律具有同等效力。依基本法规定，基本法解释权由全国人大常委会授权特区法院在有关基本法规定的自治范围内自行解释。

我要复习！

好，本单元的基本知识点学习完了，让我们在这里来复习一下吧。

你一定要知道的（如果已掌握请打钩）：

地方制度的概念 ☐

我国地方制度的类型与特点 ☐

民族区域自治地方的概念与自治权 ☐

特别行政区的概念与自治权 ☐

我的笔记

第六章

经济文化制度

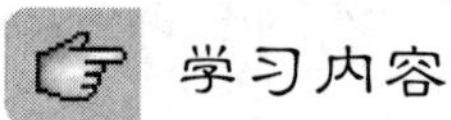导 学

1. 本章通过介绍、分析现行宪法规定的基本经济制度和基本文化制度，阐明了国家的经济和文化构成，国家、国家权力在经济生活和文化生活中的地位和作用，以及国家和其他宪法主体参与经济活动和文化活动所应遵守的基本准则，进而对我国社会主义精神文明建设有初步理解。

2. 请先预习《中华人民共和国宪法》后再进入本章的学习。

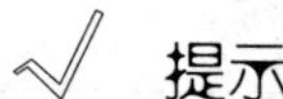学习内容

学习单元一 经济制度

一、经济制度概述

（一）概念

1. 定义。经济制度，是国家依据特定历史时期社会经济基础的客观要求和经济发展的实际状态所制定的，有关所有制结构、分配形式及经济发展的各种制度和政策的总称。经济基础（经济结构）是指人类社会一定历史发展阶段上占统治地位的生产关系的总和。主要包括以下内容：生产资料归谁占有；人们在生产过程中所形成的人与人之间的关系；劳动产品的分配形式。

> √ 提示
> 经济制度的核心问题在于所有制与分配制度。

广义的经济制度是一切与经济环节有关系的社会制度的总称。包括经济基础和作为上层建筑的经济管理制度（国家对国民经济的管理方式、物权关系、债权关系，即经济法与民法中的制度）。狭义上的经济制度仅指经济基础即生产关系的总和。生产关系是人们在生产、交换、分配和消费等过程中形成的人与

人之间的关系。主要包括以下内容：生产资料所有制形式、生产资料经营方式、产品的分配方式和消费方式。生产资料所有制形式是生产关系的核心，它决定着生产关系的其他方面，是经济制度的基础。

2. 特点。经济制度主要具备以下特点：从形式上看，它是由国家制定和认可的制度体系，属于上层建筑的范畴；从其依据上看，它要以一定社会发展阶段的生产关系为基础和出发点；从内容上看，它包括确认生产关系的制度、相应的经济管理体制和对公民及其他经济主体经济权利的保护制度。

宪法中是否有较为完备的经济制度，是衡量一个国家有无现代宪法的标准之一。

现阶段我国经济制度主要具备以下特点：①从宪法规定的国家根本任务看，确立了我国社会主义初级阶段经济制度的目的就是保证社会主义经济建设的顺利进行，促进社会主义经济的有序发展。②从生产资料的所有制看，现行宪法确立了以社会主义公有制为主体的多种所有制并存的所有制结构。③从分配制度上看，现阶段我国实行以按劳分配为主体的多种分配方式和分配政策并存的分配制度。分配制度是经济制度的重要组成部分。④从现阶段我国经济制度的重要任务看，建立和完善社会主义市场经济体制就是现阶段我国经济制度的重要任务。

（二）经济制度与宪法的关系

经济制度表现在宪法上就是对基本所有制结构、分配原则和国家基本经济政策的规定。宪法与经济制度有着密切的联系，经济制度是宪法的基础，而宪法的主要作用之一就是确认和保护有关的经济制度。从历史发展来看，宪法是经济制度发展到一定阶段的产物，作为资产阶级革命的产物，宪法是经济制度发展到需要用根本法予以制度化时产生的。从经济制度各种表现形式的关系来看，宪法是经济制度化的基本形式。

经济制度是国家确认为调整经济关系的制度，它由宪法、法律、政策等构成。在确认经济关系的诸法律、法规和政策中，宪法是最重要的形式。宪法对经济关系，特别是对生产关系的确认与调整构成一个国家的基本经济制度。第一次世界大战以后，特别是社会主义国家建立后，宪法法规的内容越来越多，越来越系统，规定经济制度已成为宪法不可缺少的重要内容。它们两者之间是上层建筑之间的关系，而不是经济基础与上层建筑的关系。

二、我国宪法关于经济制度的规定

（一）1982 年宪法

1. 第 6 条第 1 款：中华人民共和国的社会主义经济制度的基础是生产资料的社会主义公有制，即全民所有制和劳动群众集体所有制。

2. 第11条第1款：在法律规定范围内的城乡劳动者个体经济，是社会主义公有制经济的补充。国家保护个体经济的合法权利和利益。

3. 第18条第1款：中华人民共和国允许外国的企业和其他经济组织或者个人依照中华人民共和国法律的规定在中国投资，同中国的企业或者其他经济组织进行各种形式的经济合作。

（二）1988年修正案

1. 第2条：第10条第4款“任何组织或者个人不得侵占、买卖、出租或者以其他形式非法转让土地”修改为“任何组织或个人不得侵占、买卖或者以其他形式非法转让土地。土地的使用权可以依照法律的规定转让”。

2. 第1条：第11条增加规定：“国家允许私营经济在法律规定的范围内存在和发展。私营经济是社会主义公有制经济的补充。国家保护私营经济的合法权利和利益，对私营经济实行引导、监督和管理。”

（三）1993年修正案

1. 第5条：宪法第7条“国营经济是社会主义全民所有制经济，是国民经济中的主导力量。国家保障国营经济的巩固和发展”修改为“国有经济，即社会主义全民所有制经济，是国民经济中的主导力量。国家保障国有经济的巩固和发展”。

提示

尝试思考为什么“家庭联产承包责任制”与“社会主义市场经济”直至1993年才入宪？

2. 第6条：宪法第8条第1款“农村人民公社、农业生产合作社和其他生产、供销、信用、消费等各种形式的合作经济，是社会主义劳动群众集体所有制经济。参加农村集体经济组织的劳动者，有权在法律规定的范围内经营自留地、自留山、家庭副业和饲养自留畜”修改为“农村中的家庭联产承包为主的责任制和生产、供销、信用、消费等各种形式的合作经济，是社会主义劳动群众集体所有制经济。参加农村集体经济组织的劳动者，有权在法律规定的范围内经营自留地、自留山、家庭副业和饲养自留畜”。

3. 第7条：宪法第15条“国家在社会主义公有制基础上实行计划经济。国家通过经济计划的综合平衡和市场调节的辅助作用，保证国民经济按比例地协调发展。禁止任何组织或者个人扰乱社会经济秩序，破坏国家经济计划”修改为“国家实行社会主义市场经济。国家加强经济立法，完善宏观调控”，“国家依法禁止任何组织或者个人扰乱社会经济秩序”。

4. 第8条：宪法第16条“国营企业在服从国家的统一领导和全面完成国家计划的前提下，在法律规定的范围内，有经营管理的自主权。国营企业依照法律规定，通过职工代表大会和其他形式，实行民主管理”修改为“国有企业在法律规定的范围内有权自主经营。国有企业依照法律规定，通过职工代表大会和其他形式，实行民主管理”。

5. 第9条：宪法第17条“集体经济组织在接受国家计划指导和遵守有关法律的前提下，有独立进行经济活动的自主权。集体经济组织依照法律规定实行民主管理，由它的全体劳动者选举和罢免管理人员，决定经营管理的重大问题”修改为“集体经济组织在遵守有关法律的前提下，有独立进行经济活动的自主权。集体经济组织实行民主管理，依照法律规定选举和罢免管理人员，决定经营管理的重大问题”。

6. 第10条：宪法第42条第3款“劳动是一切有劳动能力的公民的光荣职责。国营企业和城乡集体经济组织的劳动者都应当以国家主人翁的态度对待自己的劳动。国家提倡社会主义劳动竞赛，奖励劳动模范和先进工作者。国家提倡公民从事义务劳动”修改为“劳动是一切有劳动能力的公民的光荣职责。国有企业和城乡集体经济组织的劳动者都应当以国家主人翁的态度对待自己的劳动。国家提倡社会主义劳动竞赛，奖励劳动模范和先进工作者。国家提倡公民从事义务劳动”。

（四）1999年修正案

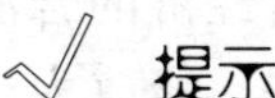

尝试思考1999年修宪将“家庭联产承包责任制”改为“家庭承包经营为基础、统分结合的双层经营体制”的意义何在？

1. 第14条：宪法第6条“中华人民共和国的社会主义经济制度的基础是生产资料的社会主义公有制，即全民所有制和劳动群众集体所有制。社会主义公有制消灭人剥削人的制度，实行各尽所能，按劳分配的原则”修改为“中华人民共和国的社会主义经济制度的基础是生产资料的社会主义公有制，即全民所有制和劳动群众集体所有制。社会主义公有制消灭人剥削人的制度，实行各尽所能、按劳分配的原则。国家在社会主义初级阶段，坚持公有制为主体、多种所有制经济共同发展的基本经济制度，坚持按劳分配为主体、多种分配方式并存的分配制度”。

2. 第15条：宪法第8条第1款“农村中的家庭联产承包为主的责任制和生产、供销、信用、消费等各种形式的合作经济，是社会主义劳动群众集体所有制经济。参加农村集体经济组织的劳动者，有权在法律规定的范围内经营自留地、自留山、家庭副业和饲养自留畜”修改为“农村集体经济组织实行家庭承包经营为基础、统分结合的双层经营体制。农村中的生产、供销、信用、消费等各种形式的合作经济，是社会主义劳动群众集体所有制经济。参加农村集体经济组织的劳动者，有权在法律规定的范围内经营自留地、自留山、家庭副业和饲养自留畜”。

3. 第16条：宪法第11条“在法律规定范围内的城乡劳动者个体经济，是社会主义公有制经济的补充。国家保护个体经济的合法的权利和利益。国家通过行政管理，指导、帮助和监督个体经济。国家允许私营经济在法律规定的范围内存在和发展。私营经济是社会主义公有制经济的补充。国家保护私营经济的合法的权利和利益，对私营经济实行引导、监督和管理”修改为“在法律规定范围内的个体经济、私营经济等非公有制经济，是社会主义市场经济的重要组成部分。国家保护个体经济、私营经济的合法的权利和利益。国家对个体经济、私营经济实行引导、监督和管理”。

（五）2004年修正案

1. 第20条：宪法第10条第3款“国家为了公共利益的需要，可以依照法律规定对土地实行征用”修改为“国家为了公共利益的需要，可以依照法律规定对土地实行征收或者征用并给予补偿”。

尝试思考2004年“私有财产”与“社会保障”入宪的意义何在？

2. 第21条：宪法第11条第2款“国家保护个体经济、私营经济的合法的权利和利益。国家对个体经济、私营经济实行引导、监督和管理”修改为“国家保护个体经济、私营经济等非公有制经济的合法的权利和利益。国家鼓励、支持和引导非公有制经济的发展，并对非公有制经济依法实行监督和管理”。

3. 第22条：宪法第13条“国家保护公民的合法的收入、储蓄、房屋和其他合法财产的所有权。国家依照法律规定保护公民的私有财产的继承权”修改为“公民的合法的私有财产不受侵犯。国家依照法律规定保护公民的私有财产权和继承权。国家为了公共利益的需要，可以依照法律规定对公民的私有财产实行征收或者征用并给予补偿”。

4. 第23条：宪法第14条增加1款作为第4款：“国家建立健全同经济发展水平相适应的社会保障制度。”

三、公有制经济

（一）概述

社会主义公有制经济是由社会全体劳动者或社会部分劳动者成员共同占有生产资料并实现按劳分配的经济形式，包括全民所有制经济即国有经济和劳动群众集体所有制经济两种。按劳分配是指按照劳动者向社会提供的劳动数量和质量来分配个人消费品的分配制度；按劳分配是社会主义公有制的要求，是由我国目前的社会主义生产力水平决定的，有利于巩固社会主义制度；有利于促进社会生产力的发展；有利于处理好先富与共富之间的关系。社会主义公有制经济通过以下途径建立：①取消帝国主义在华经济特权，没收官僚资本。②通过“赎买”方式，对民族资本主义工商业进行社会主义改造，使其逐步成为社会主义全民所有制经济。③改造个体所有制，建立社会主义集体经济。

（二）国有经济

国有经济，即社会主义全民所有制经济。它是由社会主义国家代表全体人民占有生产资料，并实行按劳分配的一种经济形式。国有经济控制着国民经济的命脉，国有经济是实现社会主义现代化的重要物质力量。国有经济具有以下特点：①全体社会劳动成员占有生产资料，在全社会的范围内实现了劳动者和生产资料的结合；②实行按劳分配，消灭了人剥削人的现象；③在国有经济里，人与人之间的关系是平等的，并实行民主管理。国有经济的范围包括：①矿藏、水流、森林、山岭、草原、荒地、滩涂等法律规定属集体所有以外的自然资源。②城市的土地以及根据法律规定属于国家所有的农村和城市郊区的土地。③银行、邮电、铁路、公路、航空、海运等国有企业、事业单位及其设施。

（三）集体经济

集体经济即社会主义劳动群众集体所有制经济，它指的是部分劳动群众共同占有生产资料，劳动者与生产资料在该集体范围内结合，并实行按劳分配的一种经济形式。集体经济具有以下特点：①集体经济的生产资料属于该集体的劳动者共同所有，劳动者既是生产资料的集体所有者，又是参加集体劳动的一员。②集体经济实行独立核算，自负盈亏，其效益取决于自身经营管理的好坏。③集体经济的全部收入除了以利税形式上交国家和用以扩大再生产外，大部分作为个人消费品在集体经济组织内部实行按劳分配。我国农村集体经济主要表现为农村中的家庭联产承包为主的责任制和生产、供销、信用、消费等各种形式的合作经济。家庭联产承包责任制是指以承包为纽带，家庭为基础，实行统、分经营相结合，联系产量计酬的经营管理制度。我国城镇集体经济主要为国有大中型企业从事辅助性生产和加工，城镇集体经济中的传统手工业具有很强的创汇能力，其在扩大劳动就业方面也起着重要作用。

四、非公有制经济

（一）劳动者个体经济

提示

如何理解非公有制经济已经成为我国社会主义市场经济的重要组成部分？

劳动者个体经济是指城乡劳动者以个人占有少量生产资料，以个人及其家庭劳动为基础，以不剥削他人劳动为特点的一种经济形式。其以个人自己劳动为基础进行生产与经营，客体为属于个体经济性质的企业、公司、组织及其相应的生产资料。我国现行宪法原先规定它是社会主义公有制的补充。1999 年修宪在个体经济和私营经济的政策上有所改变，将对个体经济和私营经济的政策统一起来，作为社会主义市场经济的重要组成部分，国家保护它们合法的权利和利益，对其实行“引导、监督和管理”（原来对个体经济是通过行政管理指导、帮助和监督）。2004 年修宪在此基础上又进一步规定：国家保护个体经济、私营经济等非公有制经济的合法的权利和利益。国家鼓励、支持和引导非公有制经济的发展，并对非公有制经济依法实行监督和管理。

（二）私营经济

私营经济是指公民个人占有一定的生产资料，以雇佣劳动为基础，在法律允许的范围内从事较大规模的生产与经营并获取利润的经济形式。私营经济以雇佣劳动为基础。经营者脱离具体劳动过程，雇佣他人进行生产与经营；规模较大，雇佣工人 8 人以上；内部关系是资本家和工人的关系，存在一定程度的剥削。其客体为属于私营经济性质的企业、公司、组织及其相应的生产资料，具体类型包括私营独资企业、合伙企业、有限责任公司。私营经济在我国社会主义现代化建设事业中发挥了巨大的作用，是社会主义市场经济的重要组成部分，国家保护私营经济合法的权利与利益，对私营经济实行引导、监督和管理。

（三）外商投资企业

提示

我国现行宪法规定中方个人不能同外方搞合资企业或合作企业，中外合资或合作的中方必须是企业或组织。

外商投资企业分为中外合资经营企业、中外合作经营企业和外商独资企业。中外合资经营企业是指由中国的企业或者其他经济组织与外商共同投资、共同经营，按照注册资本的比例分配利润和承担风险的一种经济形式。中外合作经营企业是由中国的企业或者其他经济组织与外商合作，由我方提供土地使用权、劳务、厂房和其他设施，由外商提供资金、技术、设备和原材料，合作兴办企业，双方的责任、权利义务、收益分配根据协议由合同加以规定的一种经济形式。外商独资企业是外商根据我国法律的规定，投资经营，产品自销，自负盈亏的一种经济形式。外商投资企业含有涉外因素，依法引进外国的资金、技术和其他资源为我国服务，依法并按合同约定享有的生产资料和经营利润。我国现行《宪法》第 18 条规定：“中华人民共和国允许外国的企业和其他经济组织或者个人依照中华人民共和国法律的规定在中国投资，同中国的企业或者其他经济组织进行各种形式的经济合作。在中国境内的外国企业和其他外国经济组织以及中外合资经营企业，都必须遵守中华人民共和国法律。它们的合法的权利和利益受中华人民共和国法律的保护。”

五、我国的经济体制和基本经济政策

（一）社会主义市场经济是我国的经济体制

1. 社会主义市场经济的特征。市场经济的特点包括：自由的企业制度、完备的市场体系、发达的契约关系和开放的经济市场。社会主义市场经济在所有制结构上，以公有制为主体，包括私人经济在内的多种经济成分共同发展；在分配制度上，以按劳分配为主体，多种分配方式为补充，并以共同富裕为最终目标；在宏观调控上，社会主义国家有更强大的宏观调控能力。

2. 社会主义市场经济体制的目标模式。建立健全以社会主义公有制为主体、多种经济成分并存的所有制结构，坚持多种经济形式共同发展的方针；进一步转换国有企业经营机制，从而建立适应市场经济要求、产权清晰、权责明确、政企分开、管理科学的现代企业制度；建立统一的、开放的、有序竞争的市场体系和符合市场要求的价格机制；转变政府职能，建立完善的以间接手段为主的宏观调控体系；建立以按劳分配为主体的、多种分配方式并存的、兼顾效率与分平的分配制度。

3. 已基本完成的社会主义市场经济体制改革。在农村实行家庭联产承包责任制和统分结合的双层经营体制；赋予国有企业经营自主权，使国有企业进入市场；调整和放开价格；改变单一的统购包销的流通形式，建立了多渠道的流通网络；初步建立了国家宏观间接调控体系；发展对外经济关系，实行国内市场与国际市场的接轨，开始按国际市场的一般规则处理涉外经济关系。

4. 正进行的社会主义市场经济体制改革。要加快企业改革的步伐，建立现代企业制度；要加快市场体制的培育，特别是发展金融市场、劳动力市场、房地产市场和信息市场；深入分配制度和社会保障制度的改革；要加快政府职能的转变和机构改革；加强经济立法，健全社会主义市场经济法律体系。

（二）我国的基本经济政策

提示

1988 年和 1993 年对宪法的两次修正总结和确认了我国改革开放的成就。

1. 坚持改革开放。《宪法修正案》第 3 条在“不断完善社会主义的各项制度”之前，增加了“坚持改革开放”的内容，进一步明确了要坚持改革开放的原则《宪法》第 14 条明确了作为基本经济政策的坚持改革开放的内容，而且指出了它的目的是要完善经济管理体制和企业经营管理制度，改进劳动组织，不断提高劳动生产率和经济效益，发展社会生产力。

2. 坚持社会主义生产目的和手段。

（1）我国社会主义生产目的是满足人民物质生活和文化生活的需要，包括劳动者的个人需要和公共需要两个方面。《宪法》第14条第3款规定："国家合理安排积累和消费，兼顾国家、集体和个人的利益，在发展生产的基础上，逐步改善人民的物质生活和文化生活。"

（2）发展生产是社会主义生产目的实现的手段。在我国现阶段，发展生产主要是要在适当增加投入的基础上提高劳动生产率，包括提高生产技术、实行科学管理、厉行节约、降低生产成本等。《宪法》第14条规定的"国家通过提高劳动者的积极性和技术水平，推广先进的科学技术，完善经济管理体制和企业经营管理制度"、"国家厉行节约，反对浪费"、"合理安排积累和消费"等都是实现社会主义生产目的的要求。

3. 保护公共财产和公民个人合法财产。

（1）我国现行《宪法》明确宣布："社会主义公共财产神圣不可侵犯。"这既表达了宪法对公共财产进行特殊保护的立场，又表明了与资本主义宪法的根本区别。

（2）宪法明确规定了社会主义公共财产即国家财产和集体财产的范围：国家机关、武装力量、社会团体所有的财产；国家和集体经济组织所有的财产；国家和集体所有的土地等自然资源。

（3）宪法规定了保护国有经济和集体经济的政策。"国家保障国有经济的巩固和发展"；"国家保护城乡集体经济组织的合法权利和利益，鼓励、指导和帮助集体经济的发展"。

（4）宪法规定保护公民合法私有财产。"公民的合法的私有财产不受侵犯"；"国家依照法律规定保护公民的私有财产的继承权"。

4. 公有制企业实行民主管理。具体表现为：①国家与企业的关系：国家代表人民，通过法律、经济政策、计划政策对企业进行宏观经济管理；②企业与职工（劳动者）之间关系：在企业内部，由企业的职工（劳动者）通过职工代表大会等形式参与企业的管理，职工代表大会作为基层民主形式，反映企业与职工的企业民主管理关系。

企业的经营自主权是实现对企业民主管理的前提条件。所以《宪法》规定，国有企业"在法律规定的范围内，有经营管理的自主权"，集体经济组织依法"有独立进行经济活动的自主权"。根据《宪法》的规定，职工代表大会是对企业进行民主管理的基本形式，此外职工还可以通过工会等对企业进行民主管理。

我要复习！

好，本单元的基本知识点学习完了，让我们在这里来复习一下吧。

你一定要知道的（如果已掌握请打钩）：

我国宪法关于经济制度的规定 □

我国的经济体制和基本经济政策 □

学习单元二　文化制度

一、概述

（一）文化制度的概念

文化制度即指国家制定和认可的规范有关文化活动，调整文化领域社会关系的法律、政策的总和。主要分为三个层面：物质文化层面，即器物文化；制度文化层面，即制度文化；观念文化层面，即观念文化。具体内容包括：教育制度；科技制度；医疗卫生制度；体育制度；文艺政策；宗教制度；新闻出版制度；其他的文化事业管理制度。

文化制度有以下特点：①文化制度属于上层建筑的范畴。以各种特有的形式和方式服务于自己赖以建立的经济基础。②文化制度具有鲜明的阶级性。是统治阶级以国家名义制定或认可的，体现了统治阶级文化价值观，并以不同的方式表现着统治阶级的利益、思想和情感，起着建立有利于统治阶级文化社会秩序的作用。③文化制度具有历史性和连续性。历史性是指不同历史时期的文化制度的性质、内容、目的不一样；连续性是指通过对以往时期的文化制度的批判继承来维系文化制度历史发展的连续性。④文化制度具有民族性。不同民族的国家的文化制度所体现出的这种民族特色就是文化制度的民族性。文化制度的民族性在宗教制度、教育制度中表现得尤为鲜明。

（二）精神文明的概念

精神文明是人类社会在改造客观世界的同时对自己主观世界改造所获得的精神成果。精神文明的范围一方面包括教育、科学、文化、艺术等有关人类智能方面的因素，另一方面包括理想、信念、道德等有关人类思想道德方面的因素。文化制度本身就是精神文明的重要内

提示

精神文明一般表现为教育的发达、科学的进步和思想道德观念的提高。

容和构成部分，又是加强精神文明建设的重要手段；精神文明是文化制度的价值取向和基本追求，指导着文化制度的发展方向。

物质文明指的是人类社会改造客观世界所获得的物质成果，表现为物质生产的进步和物质生活的改善。物质文明是精神文明的基础，精神文明为物质文明提供智力支持。政治文明是以政治制度和政治行为为核心内容，标识着人类政治生活进步与发展的状态，人权、民主、法治是近现代政治文明的标志。政治文明是广义精神文明的一个方面。精神文明是思想的上层建筑，政治文明属于政治的上层建筑。精神文明是政治文明的追求和目标，政治文明是精神文明的保障。

（三）文化制度与宪法的关系

宪法是文化发展到一定阶段的产物。民主的、大众的和科学的文化是宪法产生的重要条件，对近代宪法的产生起到了主要作用：近代资产阶级文化革命对近代宪法的产生起到了直接的促进作用；近代的资本主义文化为宪法产生提供了理论和技术条件。文化制度是宪法的重要内容，宪法是文化制度化的基本形式。宪法对文化制度的规定构成一个国家的基本文化制度。1919 年的《德国魏玛宪法》对文化制度进行了较为全面的规定，是资产阶级宪法对文化制度化的经典之作，标志着资产阶级宪法对文化制度的规定进入了一个新的时期。第二次世界大战后的资产阶级宪法进一步发展和加强了文化制度方面的规定，其中尤以 1947 年的《意大利宪法》和 1949 年《德意志联邦共和国基本法》最为典型。社会主义国家宪法一经产生就表现出了对文化制度的高度重视，1919 年的《苏俄宪法》、1924 年的《苏联宪法》和 1936 年的《苏联宪法》对文化制度作了较为系统全面的规定。

宪法也是近代精神文明的重要标志。资本主义的精神文明集中表现为资本主义的政治制度、文化制度及其观念，包括代议制、普选制等，是由资本主义宪法予以确认和保护的，因而宪法成了资本主义精神文明的标志。近现代宪法通过确认精神文明的一些重要内容和形式，对精神文明发挥着保护和促进的作用。

二、我国宪法规定的文化制度

（一）现行宪法相关规定

现行《宪法》在序言中对文化制度方面的规定主要有：明确指出了我国文化的民族性和历史性特点，序言指出：“中国是世界上历史最悠久的国家之一。中国各族人民共同创造了光辉灿烂的文化，具有光荣的革命传统。”总结了新中国成立以来文化建设的成就，指出

> **提示**
>
> 我国现行宪法是世界上惟一一部比较全面系统规定精神文明方面的内容，并直接使用“精神文明建设”概念的宪法。

"教育、科学、文化等事业有了很大的发展"。强调了知识分子的作用，指出"社会主义的建设事业必须依靠工人、农民和知识分子，团结一切可以团结的力量"。要求在和平共处五项原则的基础上发展同各国的文化交流，现行《宪法》在总纲中从第19条到第23条对我国的文化制度的基本内容作了规定。还在公民基本权利与义务中规定了公民在文化教育方面的基本权利与义务。在国家机构中规定了国家机关管理文化教育的职权。

现行《宪法》序言中，把精神文明建设作为国家根本任务进行了规定。即"把我国建设为高度文明、高度民主的社会主义国家"。"高度文明"包含高度的物质文明和高度的精神文明两个方面含义。1993年3月29日第八届全国人大第一次会议通过的《宪法修正案》第3条对这一段作了修正，指出"把我国建设成为富强、民主、文明的社会主义国家"，是国家的根本任务。2004年通过的宪法修正案第18条强调"推动物质文明、政治文明和精神文明的协调发展"。可见精神文明建设仍是宪法序言规定的国家根本任务之一。《宪法》第24条规定了精神文明建设的内容、范围、方式与途径、目标："国家通过普及理想教育、道德教育、文化教育、纪律和法制教育，通过在城乡不同范围的群众中制定和执行各种守则、公约，加强社会主义精神文明的建设。国家提倡爱祖国、爱人民、爱劳动、爱科学、爱社会主义的公德，在人民中进行爱国主义、集体主义和国际主义、共产主义的教育，进行辩证唯物主义和历史唯物主义的教育，反对资本主义的、封建主义的和其他的腐朽思想。"

（二）我国文化制度的内涵

1. 教育制度。把发展教育事业列为国家的一项基本政策；我国的教育制度由学前教育、初等教育、中等教育和高等教育等层次的教育构成；重视对劳动者进行全方位的教育培训；鼓励社会力量办学；推广全国通用的普通话。

2. 科技制度。发展自然科学和社会科学事业；奖励科学研究成果和技术发明创造；普及科学技术知识。

3. 医疗卫生制度。医疗卫生制度包括：医疗制度；医药管理制度；卫生制度。发展医疗卫生事业的目标：坚持以农村为重点、预防为主、中西医并重、依靠科技进步、为人民健康和经济建设服务的方针，积极发展卫生保健事业，实现人人享有初级卫生保健。

4. 体育制度。发展体育事业；开展群众性体育活动；增强人民体质。这也是我国在新世纪发展体育事业的目标和主要任务。

5. 宗教制度。宗教信仰自由——正常的宗教活动而不是邪教组织或者封建迷信活动；宗教与教育相分离；独立自主办教。

6. 其他文化制度。基本宗旨：为人民服务、为社会主义服务。包括文艺制度；新闻广播电视管理制度；出版制度；图书馆、博物馆、文化馆和名胜古迹、珍贵文物等管理方面的制度。

（三）我国精神文明建设的内涵

我国精神文明建设的指导思想是建设有中国特色的社会主义理论。即以马克思列宁主义、毛泽东思想和邓小平建设有中国特色的社会主义理论为指导，坚持党的基本路线和基本方针，加强思想道德建设，发展教育科学文化，以科学的理论武装人，以正确的舆论引导人，以高尚的精神塑造人，以优秀的作品鼓舞人，培养有思想、有道德、有文化、有纪律的社会主义公民。我国精神文明建设的主要目标：树立建设有中国特色社会主义的共同理想与坚定信念；提高公民素质与城乡文明程度；物质文明和精神文明协调发展。我国精神文明建设的主要内容包括：①思想建设。共产主义理想教育；爱国主义教育；艰苦创业精神教育。②道德建设。社会公德教育：文明礼貌、助人为乐、爱护公物、保护环境、遵纪守法；职业道德教育：爱岗敬业、诚实守信、办事公道、服务群众、奉献社会；家庭美德教育：尊老爱幼、男女平等、夫妻和睦、勤俭持家、邻里团结。③文化建设。繁荣文学艺术：多出优秀作品、坚持文艺为人民大众服务的方向、加强对文艺事业的领导和管理、提倡健康的文艺批评；发展新闻出版事业：坚持党性原则，坚持正面宣传；发展哲学与社会科学：加强重点学科建设、重视基础理论研究、要坚持百家争鸣的方针、做好哲学社会科学研究的规划工作、组织对重大问题的攻关；深化文化体制改革：制定和完善有关法规，规范文化市场行为。

提示

我国精神文明建设的指导思想是建设有中国特色的社会主义理论。

我要复习！

好，本单元的基本知识点学习完了，让我们在这里来复习一下吧。

你一定要知道的（如果已掌握请打钩）：

文化制度、精神文明的概念 □

我国文化制度的内涵 □

我国精神文明建设的内涵 □

我的笔记

第七章

国家机构

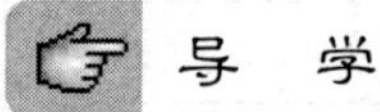

1. 通过本章的学习，要求学生掌握国家机构的概念，明确各类国家机关的性质、宪法地位、职权及法律限制，并对其立法含义与立法目的形成深刻认识。

2. 国家机构，既是国家制度内在要求的具体执行者，也是公民宪法基本权利的主要保护者。由于国家机构本身掌握有国家权力，容易造成权力的滥用和对公民权利的侵犯，因而，宪法对国家机构的组织和活动予以严格的规范是民主制度的应有之义。

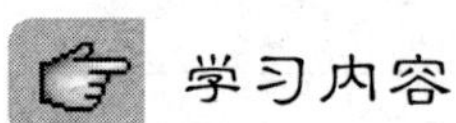

学习单元一　国家机构概述

一、国家机构的概念

（一）概念

国家机构是指统治阶级为了实现国家管理和执行统治职能而建立的各种国家机关的总和。国家机构是国家存在的物质形式。

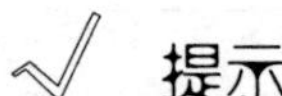

国家机构不等于具体的国家机关。

国家机构的特征有：①阶级性。国家机构是一国掌握统治权的阶级按照本阶级意志和统治的需要而建立起来的暴力机器，具有鲜明的阶级性。②历史性。国家机构伴随着国家的产生而产生，但在不同的历史时期，国家机构的组织、活动、职能是不同的，并随着国家的发展而产生变化。③强制性。国家机构的存在是统治和管理国家的需要，它具有不以人的意志为转移的强制性。④组织性。国家机构是按照一定原则和程序组织并开展活动的国家机关体系。国家机构的组织性表现在国家机构的建立、活动以及国家机关间的相互关系等方面。

（二）国家机构的分类

按照国家机构的阶级本质，可将国家机构分为剥削阶级国家的国家机构和无产阶级国家的国家机构。

按照国家机构行使的权力属性，可将国家机构分为立法机关、行政机关和司法机关。

按照国家机构权力的效力范围来看，可分为中央国家机关和地方国家机关。

二、我国国家机构的组成

根据我国《宪法》的规定，我国国家机构由国家权力机关、国家元首、国家行政机关、国家军事机关、国家审判机关和检察机关等组成。从行使权力的范围来看，可将其分为中央国家机关和地方国家机关。中央国家机关包括：全国人民代表大会、国家主席、国务院、中央军事委员会、最高人民法院和最高人民检察院。地方国家机关包括：地方各级人民代表大会、地方各级人民政府、地方各级人民法院和地方各级人民检察院以及民族自治地方的自治机关和特别行政区的各种地方国家机关。

三、我国国家机构的组织和活动原则

1. 民主集中制原则。在民主基础上的集中和在法律规范下的民主的辩证统一。它有效地保证了人民群众直接参与国家活动和一切权力属于人民的原则的实现。

2. 联系群众，为人民服务原则。一切国家机关和国家工作人员必须依靠人民支持，经常保持同人民的密切联系，倾听人民的意见和建议，接受人民的监督。

3. 责任制原则。《宪法》规定，一切国家机关必须实行工作责任制，它是指每个国家机关都要负责任。我国国家机关的责任制分为集体负责制和个人负责制两种形式。两种责任都是民主集中制在国家机关权力运行中的表现形式。

4. 精减和效率原则。我国一切国家机关实行精减的原则，实行工作责任制，实行工作人员的培训和考核制度，不断提高工作质量和工作效率，反对官僚主义。

5. 社会主义法制原则。社会主义法制原则是指国家机关必须依照宪法和法律的规定，遵循相应的程序制定法律、执行法律、遵守法律和监督法律的实施等。国家机构贯彻法制原则，就是一切国家机关的活动都按照宪法和法律办事。

我要复习！

好，本单元的基本知识点学习完了，让我们在这里来复习一下吧。

你一定要知道的（如果已掌握请打钩）：

国家机构的概念和特征 □

我国国家机构组织和活动原则 □

学习单元二 我国的中央国家机关

中央国家机关
- 全国人民代表大会及其常务委员会
- 中华人民共和国主席
- 国务院
- 中央军事委员会
- 最高人民法院
- 最高人民检察院

一、全国人民代表大会

（一）全国人民代表大会的性质、地位

根据我国《宪法》第57、58条的规定，中华人民共和国全国人民代表大会是最高国家权力机关，行使国家立法权。全国人民代表大会在整个国家机构体系中居于最高地位，其他国家机关由它产生，对它负责，受它监督。

（二）全国人民代表大会组成、任期

全国人民代表大会由省、自治区、直辖市、特别行政区和军队选出的代表组成。各少数民族在全国人大中应当有适当名额的代表。

全国人大每届任期5年。

（三）全国人民代表大会的职权

1. 修改宪法、监督宪法的实施。宪法修改的提案权由全国人大常委会或者1/5以上的全国人大代表来行使；宪法的修改需全国人大以全体代表的2/3以上多数通过。

提示

全国人大有修改宪法的权力，但没有制定宪法的权力。

2. 制定和修改基本法律。基本法律是我国法律体系中最重要的，涉及国家和人民根本利益的法律，包括刑事、民事、国家机构的和其他重要的法律。基本法律是全

国人民利益和意志的集中体现，它们只能有全国人大制定和修改。

3. 选举、决定和罢免最高国家领导人。由全国人大行使任免权的国家领导人有：①选举产生全国人大常委会委员长、副委员长、秘书长和委员；②选举产生中华人民共和国国家主席和副主席；③根据国家主席提名决定国务院总理的人选；④根据国务院总理的提名决定国务院副总理、国务委员、各部部长、各委员会主任、审计长、秘书长的人选；⑤选举中央军事委员会主席；根据中央军事委员会主席的提名决定中央军事委员会副主席和委员；⑥选举产生最高人民法院院长和最高人民检察院检察长。对以上人员，全国人大有权罢免。经全国人大主席团或3个以上代表团或1/10以上的代表提出，由主席团提请大会审议，全体代表的过半数同意通过，罢免即告生效。

4. 决定国家重大问题。全国人大享有：审查和批准国民经济和社会发展计划及计划执行情况的报告；有权批准省、自治区和直辖市的建制；决定特别行政区的设立及其制度；有权决定战争和和平等重大问题。

5. 最高监督权。全国人大对国家生活行使最高监督权。有权监督其他国家机关，除中央军事委员会只需向全国人大负责不需报告外，其他国家机关既要向全国人大负责，又要向全国人大报告工作。例如每年全国人大开会期间，人大常委会、国务院、最高人民法院和最高人民检察院向人大作的工作报告。

6. 其他应当由全国人大行使的职权。宪法规定，全国人大有权行使“应当由最高国家权力机关行使的其他职权”。这一规定能为全国人大处理一些新问题提供宪法依据，也体现了全国人大至高无上的地位。

（四）会议制度和工作程序

全国人大是合议制机关，举行会议是全国人大的工作方式。全国人大会议每年举行一次，必要时可以召开临时会议。全国人大举行会议时，选举主席团主持会议。

全国人大会议形式有预备会议、全体会议、代表团会议等。

工作程序：全国人大举行会议时，议案的通过一般要经过议案的提出、审议、表决通过和公布的程序。

（五）全国人民代表大会常务委员会

1. 性质、地位：全国人大常委会是全国人大的常设机关，是全国人大闭会期间经常行使国家权力的机关，是最高权力机关的组成部分，也是行使国家立法权的机关。

2. 组成：全国人大常委会由全国人大选举委员长1人、副委员长若干人、秘书长1人、委员若干人组成。组成人员中应当有适当名额的少数民族代表。

3. 任期：全国人大常委会每届任期与全国人大相同。委员长、副委员长连续任职不得超过两届。全国人大常委会的组成人员不得担任国家行政机关、审判机关和检察机关的职务。

4. 职权：解释宪法，监督宪法的实施；行使国家立法权及解释法律；国家生活中某些重大问题的决定权；对最高国家机关领导人员的任免权；对其他国家机关工作行使监督权；全国人大授予的其他职权。

5. 会议制度和工作程序：全国人大常委会是合议制机关，它必须以会议决定的形式行使职权。全国人大常委会每两个月举行一次会议。全国人大常委会会议分为全体会议和委员长会议两种形式。委员长会议处理全国人大常委会的重要日常工作。工作程序是指全国人大常委会举行会议时，议案和法律案的提出、审议、通过和公布的程序。

（六）全国人民代表大会的专门委员会

1. 专门委员会。专门委员会是全国人大的常设委员会，受全国人大和全国人大常委会领导。它是由人大代表选举产生、按照专业分工的工作机构，其任务是研究、审议和拟定有关议案，是协助全国人大及其常委会行使法定职权的辅助性工作机构。目前设有 9 个专门委员会，它们是：民族委员会、法律委员会、内务司法委员会、财政经济委员会、教科文卫委员会、外事委员会、华侨委员会、环境与资源保护委员会、农业与农村委员会。

2. 临时性委员会。临时性委员会是指全国人大和全国人大常委会认为必要时，可以组织关于特定问题的调查委员会。临时委员会在任务完成后随即撤销。

（七）全国人民代表大会代表

全国人民代表大会的代表是最高国家权力机关的组成人员，按照法定程序选举产生，代表全国各族人民行使国家权力、管理国家事务。

1. 代表权利。①出席全国人大会议，参与对重大问题的讨论表决；②提出议案；③提出质询案或询问；④人身特别保障权；⑤言论和表决免责权；⑥享有适当物质补助和便利的权利。

2. 代表义务。①积极参加人大的各种会议；②模范遵守宪法和法律，协助法律的实施；③保守国家秘密；④接受原选举单位和群众监督，同原选举单位和群众保持密切联系。

二、中华人民共和国国家主席

（一）性质和地位

国家主席是我国国家机构的重要组成部分，是独立的国家机关。国家主席同最高权力机关结合起来行使国家元首职权，对内对外代表国家，依法行使宪法规定的国家主席职权。

（二）产生与任期

《宪法》第 79 条第 1 款规定："中华人民共和国国家主席、副主席由全国人民代表大会选举。”

当选国家主席、副主席的条件是：①必须是具有选举权和被选举权的中华人民共和国公民；②必须年满45周岁。

国家主席、副主席每届任期同全国人大相同，任期5年，连续任期不得超过两届。

（三）职权

1. 发布命令、公布法律。国家主席根据全国人大及其常委会的决定，公布法律、发布特赦令、宣布进入紧急状态、宣布战争状态、发布动员令。

2. 任免权。国家主席根据全国人大及其常委会的决定，任免国务院总理、副总理、国务委员、各部部长、各委员会主任、审计长、秘书长。

3. 外交权。国家主席对外代表中华人民共和国，代表国家进行国事活动，接受外国使节。根据全国人大及其常委会的决定，派遣和召回驻外全权代表，批准和废除同外国缔结的条约和重要协定。

4. 荣典权。国家主席根据全国人大及其常委会的决定，授予国家勋章和荣誉称号。

宪法没有具体规定副主席的职权，但是明确规定了副主席的法律地位，即副主席协助主席工作。此外宪法对主席的继任和补选作了明确规定，即国家主席缺位将由副主席继任。主席、副主席都缺位时，由全国人民代表大会补选。补选之前的国家主席职权由全国人大常委会委员长暂时代理。

三、国务院

（一）国务院的性质与地位

国务院是中央人民政府，是最高国家权力机关的执行机关，是最高国家行政机关。国务院在全国行政机关系统中居于最高地位。由于国务院对全国人大和它的常委会负责并报告工作，所以国务院从属于最高国家权力机关。

（二）组成与任期

国务院由总理、副总理若干人和国务委员若干人、各部部长、各委员会主任、审计长和秘书长组成。

国务院每届任期5年。总理、副总理和国务委员连续任职不得超过两届。

（三）国务院的职权

根据宪法规定，国务院行使以下几个方面的职权：

1. 行政法规的制定和决定、命令的发布权。

2. 行政措施的规定权。

3. 提出议案权。

4. 对所属各部委和地方各级行政机关的领导、监督权。

5. 对全国各项行政工作的管理权。

6. 行政人员的任免、奖惩权。

7. 最高国家权力机关授予的其他职权。

（四）国务院的领导体制

国务院实行总理负责制。它是指总理对国务院工作拥有最高决策权和最后决定权，同时负有相应法律责任的制度。

内容包括：①总理领导国务院工作，副总理、国务委员协助总理工作；②国务院其他组成人员由总理提名；③总理主持召集国务院两种会议，在民主讨论基础上，由总理作出最后决定；④国务院发布的决定、命令、行政法规等，均由总理签署。

实行总理负责制，有利于提高国务院工作效率，适应其组织领导社会主义现代化建设的需要。

（五）国务院会议形式

1. 国务院全体会议，由国务院全体人员组成。全体会议一般每两个月召开一次。会议主题由总理确定，主要讨论和部署国务院的重要工作，或者通报国内形势和协调各部门的工作。

2. 国务院常务会议，由总理、副总理、国务委员、秘书长组成。常务会议一般每星期召开一次，议题由总理确定，主要讨论、决定国务院工作中的重大问题。

（六）国务院所属各部、各委员会

1. 性质与地位。国务院各部、各委员会是分管某一方面行政管理工作的国务院工作部门，受国务院的统一领导。

2. 领导体制和职权。各部、各委员会实行部长、主任负责制。根据法律和国务院的决定，部、委可以在本部门的权限内发布命令、指示和规章。

根据宪法规定，国务院设立审计机关。审计机关在国务院总理领导下，依法独立行使审计监督权，不受其他行政机关、社会团体和个人的干涉。

3. 国务院现有组成部门。十二届全国人大一次会议经表决，通过了关于国务院机构改革方案的决定。按照这个方案，撤销了铁道部、卫生部、人口与计生委，组建卫生与计划生育委员会、国家食品药品监督管理总局、国家新闻出版广播电影电视总局，重建国家海洋局和国家能源局，这次改革，国务院正部级机构减少4个，其中组成部门减少2个，副部级机构增减相抵数量不变。改革后，除国务院办公厅外，国务院设置组成部门共25个。

组成部门：中华人民共和国外交部；中华人民共和国国防部；中华人民共和国国家发展和改革委员会；中华人民共和国教育部；中华人民共和国科学技

术部；中华人民共和国工业和信息化部；中华人民共和国国家民族事务委员会；中华人民共和国公安部；中华人民共和国国家安全部；中华人民共和国监察部；中华人民共和国民政部；中华人民共和国司法部；中华人民共和国财政部；中华人民共和国人力资源和社会保障部；中华人民共和国国土资源部；中华人民共和国环境保护部；中华人民共和国住房和城乡建设部；中华人民共和国交通运输部；中华人民共和国水利部；中华人民共和国农业部；中华人民共和国商务部；中华人民共和国文化部；中华人民共和国国家卫生和计划生育委员会；中国人民银行；中华人民共和国审计署。

根据国务院组织法规定，国务院组成部门的调整和设置，由全国人民代表大会审议批准。国务院其他机构的调整和设置，将由新组成的国务院审查批准。

四、中央军事委员会

（一）性质和地位

中央军事委员会领导全国武装力量，是最高的国家军事领导机关。它由最高权力机关产生并向它负责，从属于国家最高权力机关。

（二）组成和任期

中央军事委员会由主席、副主席若干人、委员若干人组成。中央军事委员会主席由全国人大选举，副主席、委员由全国人大根据中央军委主席的提名决定任命。中央军事委员会每届任期5年。

中央军事委员会主席的任期没有连任限制的规定。

（三）领导体制

中央军事委员会实行中央军委主席负责制。中央军委主席对全国人大和全国人大常委会负责。

五、最高人民法院和最高人民检察院

（一）最高人民法院

1. 性质和任务。

（1）性质：最高人民法院是我国最高审判机关和最高审判监督机关，对全国人大及其常委会负责并报告工作。

（2）任务：负责审理各类案件，制定司法解释，监督地方各级人民法院和专门人民法院的审判工作，并依照法律确定的职责范围，管理全国法院的司法行政工作。

2. 组成和任期。

（1）组成：最高人民法院分别由院长1人，副院长、庭长、副庭长和审判员若干人组成。最高人民法院院长由全国人大选举产生，根据院长提名由全国人大常委会任命副院长、审判员、审判委员会委员。

(2) 任期：最高人民法院院长每届任期5年，连续任职不得超过两届。

(二) 最高人民检察院

1. 性质和任务。

(1) 性质：中华人民共和国人民检察院是国家的法律监督机关，最高人民检察院是最高检察机关，对全国人大及其常委会负责并报告工作。

(2) 任务：主要任务是领导地方各级人民检察院和专门人民检察院依法履行法律监督职能，保证国家法律的统一和正确实施。

2. 组成和任期。

(1) 组成：最高人民检察院由检察长1人、副检察长和检察员若干人组成。最高人民检察院的检察长有全国人大选举和罢免，副检察长、检察委员会委员和检察员由最高人民检察院检察长提请全国人大常委会任免。

(2) 任期：最高人民检察院检察长每届任期5年，连续任职不得超过两届。

我要复习!

好，本单元的基本知识点学习完了，让我们在这里来复习一下吧。

你一定要知道的（如果已掌握请打钩）：

我国中央国家机构的构成 □

我国权力机关与其他机关之间的关系 □

学习单元三 我国地方各级国家机关

地方各级国家机关：
- 地方各级人民代表大会
- 地方各级人民政府
- 地方各级人民法院
- 地方各级人民检察院
- 民族自治地方的自治机关
- 特别行政区国家机关

一、地方各级人民代表大会

(一) 性质和地位

地方各级人大是在本行政区域内设立的地方国家权力机关，是本行政区域内人民行使国家权力的机关。它们同全国人大一起构成我国国家权力机关体系。

本级的地方国家行政机关、审判机关和检察机关都由它产生，向它负责，受它监督。

（二）组成和任期

地方各级人大由选民或选举单位选出的人民代表组成。省、自治区、直辖市、自治州、设区的市、县、自治县、不设区的市、市辖区的人大每届任期5年。乡、民族乡、镇的人大每届任期5年。

（三）职权

1. 保证宪法、法律、行政法规的贯彻。

2. 决定地方性重大事务。

3. 选举和罢免本级国家机关的负责人。

4. 行使对本级人大常委会、人民政府、人民法院和人民检察院的监督权。

5. 省级、省会城市和较大的市的人大可以制定和颁布地方性法规。

6. 其他职权。

（四）县级以上人大常委会

1. 性质和地位。县以上地方各级人大常委会是本级人大的常设机关，是本级人大在闭会期间经常行使地方国家权力的机关，对本级人大负责并报告工作。

2. 组成和任期。省、直辖市、设区的市的人大常委会由本级人大在代表中选出主任1人、副主任若干人、秘书长1人和委员若干人组成。县、不设区的市、市辖区的人大常委会由本级人大在代表中选出主任1人、副主任若干人和委员若干人组成。常委会的组成人员不得担任国家行政机关、审判机关和检察机关的职务。

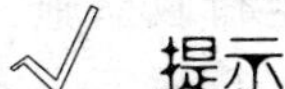

我国乡镇一级人大不设常委会。乡镇人大闭会期间由乡镇人大主席、副主席负责处理日常性工作。

常委会每届任期与本级人大相同，即均为5年。

3. 职权。

（1）保证宪法、法律、行政法规和上级人大常委会决议的遵守和执行。

（2）本行政区内重大事项决定权。

（3）监督权。

（4）人事任免权。

（5）省、自治区、直辖市，省会城市和较大的市的人大常委会可以制定和颁布地方性法规。

（6）其他有关职权。

二、地方各级人民政府

（一）性质和地位

地方各级人民政府是地方各级国家权力机关的执行机关，是地方各级国家行政机关。地方各级人民政府服从上一级国家行政机关的领导，并向上一级人民政府负责并报告工作。

全国地方各级人民政府都必须接受国务院的统一领导。地方各级人民政府对本级人大及其常委会负责并报告工作，接受工作监督。

（二）组成和任期

省、自治区、直辖市的人民政府分别由省长、副省长、自治区主席、副主席、市长、副市长和秘书长、厅长、局长、委员会主任等组成。

自治州、县、自治县、市、市辖区的人民政府分别由州长、副州长、县长、副县长、市长、副市长、区长、副区长、科长等组成。乡、民族乡、镇人民政府由乡长、副乡长、镇长、副镇长等组成。

地方各级人民政府的任期与本级人民代表大会的任期相同。

（三）职权和领导制度

1. 职权。

（1）执行和规定行政措施，发布决定和命令等。

（2）有权管理本行政区内各项行政工作。

（3）领导所属工作部门和下级人民政府的工作，并有权改变或撤销它们不适当的命令、指示和决议。

（4）依法任免、培训、考核和奖惩国家行政机关工作人员。

（5）依法保护公有制财产，保护公民合法财产，维护社会秩序，保护公民各方面的权利，保障妇女和少数民族的权利等。

（6）办理上级国家行政机关交办的其他事项。

2. 领导制度。地方各级人民政府分别实行省长、自治区主席、市长、州长、县长、区长、乡长、镇长负责制，即实行行政首长负责制，他们分别主持地方各级人民政府的工作。

（四）派出机构

省、自治区人民政府认为有必要时，经国务院批准，可以设置若干行政公署，作为它的派出机关。

县、自治县人民政府认为有必要时，经省级人民政府批准，可设立若干区公所，作为它的派出机关。

市辖区、不设区的市的人民政府，经上级人民政府批准，可以设立若干街道办事处，作为它的派出机关。

三、地方各级人民法院

（一）性质和地位

地方各级人民法院分为基层人民法院、中级人民法院、高级人民法院和专门法院。除专门人民法院外，一般属于地方国家机构的组成部分。由同级人民代表大会产生，对同级人大及其常委会负责并报告工作。同时，地方各级人民法院也是国家司法审判机关的组成部分，在最高人民法院的监督下，行使司法审判权。

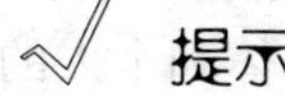

提示

最高人民法院对地方人民法院没有领导权，只有审判工作的指导和监督权。

（二）组织和审级制度

1. 组织系统。省、自治区和直辖市设高级人民法院。高级人民法院由院长1人、副院长、庭长、副庭长和审判员若干人组成。其主要审理的案件包括：法律规定由它管辖的第一审案件；下级人民法院移送审判的第一审案件；对下级法院判决和裁定不服的上诉案件和抗诉案件；人民检察院按照审判监督程序提出的抗诉案件。

省、自治区按地区（盟）设立中级人民法院，直辖市设立中级人民法院；省辖市、自治区辖市和自治州设立中级人民法院。中级人民法院由院长1人、副院长、庭长、副庭长和审判员若干人组成。其主要审理的案件包括：法律规定由它管辖的第一审案件；基层人民法院移送审判的第一审案件；对基层人民法院的判决和裁定不服的上诉案件和抗诉案件；人民检察院按照审判监督程序提出的抗诉案件。

提示

目前，全国共有32个高级人民法院（含1个解放军军事法院），409个中级人民法院，3117个基层人民法院。

县、自治县、不设区的市、市辖区设立基层人民法院。基层人民法院由院长1人、副院长和审判员若干人组成。其审理的案件包括刑事、民事和行政的第一审案件，但法律另有规定的案件除外。

专门人民法院是指根据需要设立的审理特定案件的法院。其设立不以行政区划为依据，而是按特定的组织系统或特定案件设立的审判机关。目前我国设立的专门人民法院主要有军事法院和海事法院。不服中国人民解放军军事法院一审判决的案件，可以上诉至最高人民法院。海事法院相当于地方法院的中级人民法院建制，不服其裁判的可以向高级人民法院上诉。

2. 审级制度。我国实行的审级制度是两审终审制，即凡案件经过两级人民法院审判即告终结的一种制度。但是，最高人民法院作为第一审法院审判的一切案件都是终审审判，不能上诉。

（三）审判原则

1. 依法独立审判原则。宪法规定，人民法院依照法律独立行使审判权，不受行政机关、社会团体和个人的干涉。

2. 公开审理原则。人民法院审理案件，除法律规定的特别情况外，即除涉及国家机密、个人隐私和未成年人犯罪案件外，一律公开进行。

> 提示
>
> 人民法院独立行使审判权是相对的，不是绝对的。

3. 被告有权获得辩护的原则。这是我国宪法和法律所确认的一项重要的诉讼原则。辩护权是指在诉讼过程中，被告人及其辩护人，在法庭上有权依照法律规定，从事实和法律两个方面提出证明被告人无罪、罪轻，或要求免除、减轻刑事处罚的权利。

4. 各民族公民有使用本民族语言文字进行诉讼的权利。这项重要原则是民族平等原则在司法诉讼中的充分体现，保证了各民族公民享有平等的诉讼权利和在诉讼过程中的平等地位。

5. 合议制原则。人民法院审判案件，除法律规定的简单的民事案件之外，由审判员或者审判员和人民陪审员组成合议庭进行，合议庭成员权利是平等的。

6. 回避原则。为保证诉讼活动顺利进行，使案件得到公正处理，法律明确规定了人民法院审判工作实行回避原则。

四、地方各级人民检察院

（一）性质和地位

地方各级人民检察院是地方国家机关的组成部分，也是国家法律监督机关的重要组成部分，依法独立行使法律监督权。地方各级人民检察院通过行使检察权对地方各级国家机关、国家机关工作人员和公民是否遵守宪法和法律实行监督，以保障宪法和法律的统一实施。

（二）组织和领导体制

1. 组织。地方各级人民检察院包括：省、自治区、直辖市人民检察院；省、自治区、直辖市人民检察院分院；自治州和省辖市人民检察院；县、市、自治县和市辖区人民检察院；专门人民检察院。

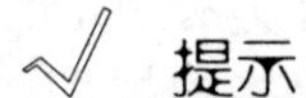

> 提示
>
> 我国专门的人民检察院只有军事检察院。

2. 领导体制。人民检察院领导体制实行双重领导原则，即各级人民检察院对本级人大及其常委会负责并报告工作，同时最高人民检察院领导地方各级人民检察院和专门人民检察院的工作，上级人民检察院领导下级人民检察院的工作。

（三）职权和工作原则

1. 职权。

（1）对叛国案、分裂国家案以及严重破坏国家的政策、法律、法令、政令统一实施的重大案件，行使检察权。

（2）对直接受理的刑事案件，进行侦查。

（3）对公安机关侦查的案件，进行审查，决定是否逮捕、起诉或者免予起诉。

（4）对其侦查活动是否合法，实行监督。

（5）对刑事案件提起公诉、支持公诉。

（6）对人民法院的审判活动是否合法，实行监督。

（7）对刑事案件的判决、裁定的执行和监所及劳改机关的活动是否合法，实行监督。

2. 工作原则。

（1）公民在适用法律上一律平等。

（2）依法独立行使检察权。

（3）依靠群众，实行专门的业务工作与群众路线相结合的方针。

（4）实事求是，重证据不轻信口供。

（5）使用本民族语言文字进行诉讼。

五、民族自治地方的自治机关

（一）民族自治地方的自治机关的界定和性质

民族自治地方的自治机关是指自治区、自治州、自治县的人民代表大会和人民政府。它们具有双重性质：一方面，它们是中央统一领导下的一级地方政权，行使一般地方国家机关的职权，其产生、任期、机构设置和组织活动原则，与一般地方国家机关相同；另一方面，自治机关依法享有自治权，在组成上，宪法和法律对此也有特殊的规定。

（二）自治机关的组成和任期

在民族自治地方的人大组成上，既要坚持人民代表大会制度的基本要求，又要贯彻民族平等和民族团结原则，体现民族自治特点。民族自治地方的人大由实行区域自治的民族的公民以及居住在本区域内的其他民族的公民按人口比例选举代表组成。除实行区域自治的民族的代表外，本区域内的其他民族也应有适当名额的代表。

民族自治地方的人大每届任期均为 5 年。民族自治地方的人大常委会中应当有实行区域自治的民族的公民担任主任或副主任；自治区主席、自治州州长、自治县县长一律由实行区域自治的民族的公民担任；人民政府所属工作部门，也要尽量配备少数民族干部。

（三）自治权

1. 根据本地区的实际情况，贯彻执行国家法律和政策。上级的决议和命令如不适合本地情况，经过批准可以变通或者停止执行。

2. 制定自治条例和单行条例。自治条例是指由民族自治地方的人大依照宪法和法律规 定制定的，有关自治机关的组织和自治权行使方面的综合性规范性文件；单行条例是指民族自治地方的人大，根据当地的政治、经济、文化和民族特点制定的，有关于某一方面具体事项的规范性文件。

3. 管理地方财政的自主权。

4. 安排和管理地方性经济建设事业的自主权。

5. 管理本地方教育、科学文化、卫生、体育事业方面的自主权。

6. 依照宪法规定，可以组织本地方维护社会治安的公安部队。

7. 使用当地通用的一种或者几种语言文字。

六、特别行政区的国家机关

（一）特别行政区的界定

特别行政区是我国的特别地方。它是指根据我国《宪法》和有关特别行政区基本法的规定，在我国领土范围内设立的，具有特殊法律地位，实行特别的政治、经济和社会制度的地方。

对特别行政区的理解：特别行政区是我国不可分割的地方行政区域，直辖于中央人民政府；特别行政区经中央立法授权，享有高度自治权；特别行政区实施的各种制度与普通地方不同。

（二）特别行政区与中央的关系

中央代表国家对特别行政区行使主权和管辖权，特别行政区是单一制的中华人民共和国不可分割的组成部分，是中央人民政府管辖下的地方政府，不能脱离中央而独立。

根据香港基本法和澳门基本法的有关规定，中央人民政府对特别行政区行使下列权力：

1. 负责管理与特别行政区有关的外交事务。

2. 负责管理特别行政区的国防。

3. 任命行政长官和主要官员。

4. 决定特别行政区进入紧急状态。

5. 解释特别行政区基本法。

6. 修改特别行政区基本法。

（三）特别行政区的国家机关

1. 特别行政区行政长官。

（1）地位：行政长官具有双重法律地位，他既是特别行政区的首长，对中央人民政府和特别行政区负责；同时又是特别行政区的行政首脑，领导特别行政区政府。

（2）产生与任期：特别行政区长官的产生办法，基本法规定，在当地通过选举或协商产生，由中央人民政府任命。行政长官任期为 5 年，均可连选连任 1 次。

（3）任职条件：年满 40 周岁；在特别行政区居住连续满 20 年并在外国无居留权的特别行政区永久性居民中的中国公民担任。

虽然澳门特别行政区基本法对行政长官的任职条件中没有关于外国居留权的限制性规定，但基本法规定："行政长官在任职期间不得具有外国居留权。"

（4）职权：①行政管理权。对特别行政区进行行政管理的基本权限，包括行政管理权和决策权。②与立法有关的职权。签署法案、公布法律、提出立法案和拒签法案的权力。③人事任免权。对特别行政区的主要官员的提名权、任免法官权和任免其他公职人员的权力。④其他职权。如中央交办事务的执行权和处理权等。

2. 特别行政区立法会。

（1）性质和地位：特别行政区立法会是特别行政区的立法机关。主要行使立法权，此外还行使基本法规定的其他职权。

（2）组成和任期：香港特别行政区立法会由在外国无居留权的香港特别行政区永久性居民中的中国公民组成。但非中国籍的香港特别行政区永久性居民和在外国有居留权的香港特别行政区永久性居民也可当选为香港特别行政区立法会议员，其中所占比率不得超过立法会全体议员的 20%。澳门特别行政区立法会议员由澳门特别行政区永久性居民担任。相比香港，澳门的立法会议员没有国籍和在外国有无居留权的限制规定。立法会议员的任期除第一届另有规定外，每届任期4年。

（3）职权：①立法权。根据基本法的规定，有权制定、修改和废除由特别行政区制定并在特别行政区实施的法律。②财政权。有权对政府的财政预算案进行审核和批准。③监督权。主要是对政府的监督。④弹劾权。在行政长官有严重违法或渎职行为而不辞职时，立法会可以进行弹劾。⑤其他职权。如接受当地居民申诉并进行处理的权力。

3. 特别行政区的司法机关。

（1）香港：根据《香港特别行政区基本法》的规定："香港特别行政区各级法院是香港特别行政区的司法机关，行使香港特别行政区的审判权。"香港特别行政区的法院由终审法院、高等法院、区域法院、裁判署法庭和其他专门法庭组成。

（2）澳门：根据《澳门特别行政区基本法》的规定，澳门特别行政区法院由初级法院（包括行政法院）、中级法院和终审法院组成。

香港和澳门都享有司法终审权，即发生在两个特别行政区的案件，中央最高人民法院没有管辖权，特别行政区终审法院的裁决就是最终裁决。

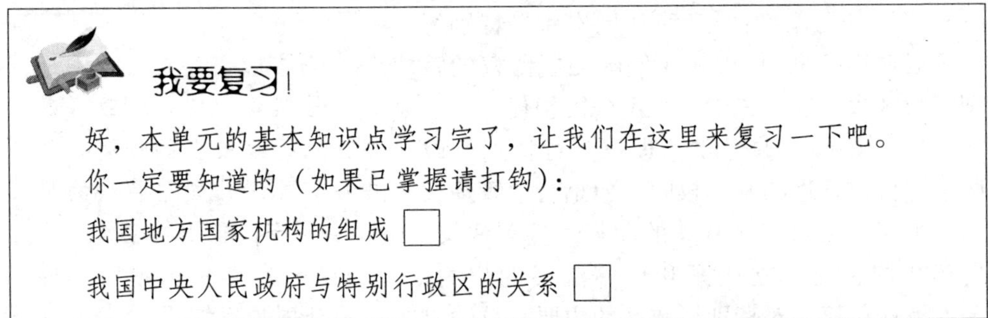

我的笔记

第八章

国家标志

导　学

1. 世界上绝大多数国家都有象征或代表本国形象的国家标志，如国旗、国徽等。我们直接或者通过各种媒介间接能够感受到其在国家对内和对外政治活动和社会活动中的影响和感染力。通过本章的学习，我们能够更加深刻地理解国家标志的重大意义，树立对国家标志的爱心和敬重。

2. 国家标志与政权组织形式、国家结构形式同属于国家形式的范畴。

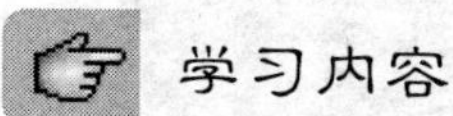

学习内容

学习单元一　国　旗

一、国旗的概念

国旗是一个主权国家的象征和标注，它通过一定的式样、色彩和图案来反映一个国家的政治特点和历史文化传统。

一个国家的国旗是该国国家主权和民族尊严的象征、是该国历史传统和民族精神的体现。国旗的图案、色彩、象征意义及使用办法，一般都由宪法和有关法律加以规定。国旗源于欧洲十字军东征（1096～1291年）中的军旗，以后通用于航海的商船上。19世纪末在占领地悬挂国旗，以示主权所有。迄今为止，全世界170多个独立国家都有自己的国旗。

二、我国的国旗

新中国成立后，中国人民政治协商会议第一届全体会议通过了关于国旗的决议案，决定以红地五星为我国的国旗。之后，1954年、1975年、1978年和1982年四部宪法均以专条规定。现行《宪法》第136条第1款规定："中华人民共和国国旗是五星红旗。"1990年6月28日七届全国人大常委会第十四次会议又通过了《中华人民共和国国旗法》，其第3条第1款规定："中华人民共和国国旗是中华人民共和国的象征和标志。"五星红旗作为我国的象征和标志，不仅在形式上区别于其他国家的国旗，而且具有深刻的政治内涵。

我国的五星红旗虽在色彩和构图方面十分简明扼要，但却内涵深刻。红色的旗面象征着革命。当五星红旗迎风飘扬的时候，展现在人们面前的不仅仅是单纯的一面红色的旗帜，而且是一幅流动的革命历史画卷。她是由无数革命先烈和仁人志士的鲜血染红的，是燃烧的革命火焰，是革命的旗帜、胜利的旗帜。五星红旗的大五角星代表中国共产党，四个小五角星代表新中国成立时的工人阶级、农民阶级、城市小资产阶级和民族资产阶级；四个小五角星呈椭圆状围绕在大五角星右侧，各有一个角尖正对着大五角星的中心，表示紧密团结在中国共产党的周围；大五角星的一个角尖正向上方，象征着中国共产党的领导坚强有力；黄色五角星象征人民内部的团结。

三、国旗的升挂与使用

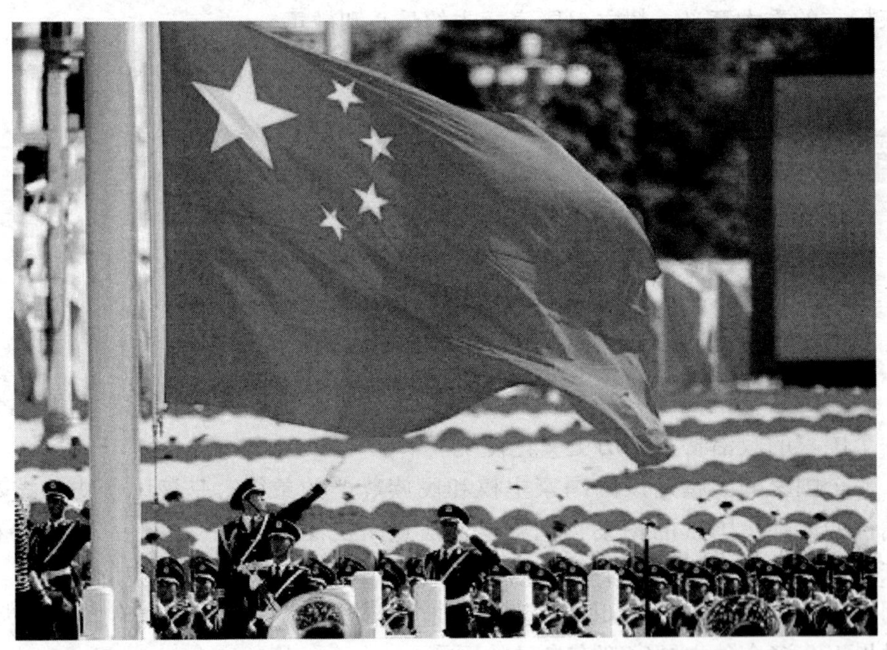

（一）升挂国旗的范围

1. 每日应当升挂国旗的机构与场所有：北京天安门广场、新华门；全国人民代表大会常务委员会、国务院、中央军事委员会、最高人民法院、最高人民检察院；中国人民政治协商会议全国委员会；外交部；出入境的机场、港口、火车站和其他边境口岸；边防、海防哨所。

2. 可以升挂国旗的场所和特定期间有：企事业组织、村民委员会、居民委员会、城镇居民院（楼）以及广场、公园等公共活动场所，有条件的可以升挂国旗；民族自治地方在民族自治地方成立纪念日和主要传统民族节日，可以升挂国旗；举行重大庆祝、纪念活动，大型文化、体育活动，大型展览会，可以升挂国旗。

国旗法规定全日制中小学除假期外，每周必须举行一次升旗仪式。

3. 应当在工作日升挂国旗的机构和场所有：国务院各部门；地方各级国家机关；中国人民政治协商会议地方各级委员会；全日制学校（除寒暑假外）。

4. 节假日应当升挂国旗的场所有：在国庆节、国际劳动节、元旦和春节期间，各级国家机关和人民团体应当升挂国旗。

（二）升挂国旗的时间

根据国旗法的规定，每天、工作日或节假日应当升挂国旗的场所，升挂国旗的时间为早晨升起，傍晚降下。对于可以升挂国旗的场所和期间的升挂国旗的时间，国旗法没有明确规定；经国旗法授权的其他机关如果规定了国旗升挂的时间，各机关应当遵守规定。

（三）升挂国旗的仪式

根据我国《国旗法》第 13 条的规定，参加升旗仪式的人应当面对国旗肃立行注目礼，向国旗致敬。举行升旗仪式时，可以奏唱国歌。

（四）关于下半旗的规定

下列人士逝世，下半旗志哀：

1. 中华人民共和国主席、全国人大常委会委员长、国务院总理、中央军事委员会主席。

2. 中国人民政治协商会议全国委员会主席。

3. 对中华人民共和国作出杰出贡献的人。

4. 对世界和平或者人类进步事业作出杰出贡献的人。

5. 在发生重大伤亡等不幸事件，或严重自然灾害造成重大伤亡时，可下半旗志哀。

四、维护国旗的尊严

尊重和爱护国旗是每个公民和组织的义务。为了维护国家的尊严，我国《国旗法》规定，“不得升挂破损、污损、褪色或者不合规格的国旗”；“国旗及其图案不得用作商标和广告，不得用于私人丧事活动”。另外，我国《刑法》中规定了侮辱国旗罪，即在公众场合故意以焚烧、毁损、涂划、玷污、践踏等方式侮辱中华人民共和国国旗的，处 3 年以下有期徒刑、拘役、管制或者剥夺政治权利。

我要复习！

好，本单元的基本知识点学习完了，让我们在这里来复习一下吧。

你一定要知道的（如果已掌握请打钩）：

我国国旗的图案构成和含义 □

我国国旗升挂和使用的规定 □

学习单元二 国 徽

一、国徽的含义

国徽是国家的象征和标志性徽章，他通过一定的图案来表现国家的自然历史文化、政治体制和民族精神和意识形态。

中华人民共和国国徽由第一届中国人民政治协商会议全国委员会第二次会议提出，后经中央人民政府委员会会议审议通过。之后为各部宪法所确认。

二、我国国徽的构成

《宪法》第137条规定："中华人民共和国的国徽，中间是五星照耀下的天安门，周围是谷穗和齿轮。"国徽用天安门作图案，表示中华人民共和国的诞生；五个五角星象征着中国共产党领导下的人民大团结；齿轮和谷穗表明我国是工人阶级领导下的工农联盟为基础的人民民主国家。

三、我国国徽的使用

1991年第七届全国人大常委会第十八次会议通过了《中华人民共和国国徽

法》。该法对我国国徽的使用作了专门规定。

（一）应当悬挂国徽的机关

县级以上各级人大常委会、县级以上各级人民政府、中央军事委员会、各级人民法院和人民检察院、外交部、国家驻外使领馆和其他外交代表机构。

> √ 提示
>
> 乡、民族乡和镇人民政府悬挂国徽的具体办法，由省、自治区、直辖市的人民政府根据实际情况决定。

（二）应当悬挂国徽的场所

北京天安门城楼、人民大会堂、县级以上各级人民代表大会及常务委员会会议厅、各级人民法院和专门人民法院审判庭、出境入境口岸的适当场所。

（三）印章应当刻有国徽图案的机构

全国人大及其常委会、国务院、中央军委、最高人民法院、最高人民检察院、县级以上各级人大常委会、县级以上各级人民政府、地方各级人民法院和人民检察院、国家驻外使领馆和其他外交代表机构。

（四）应当印有国徽图案的文书和出版物

全国人大常委会、中国国家主席和国务院颁发的荣誉证书、任命书、外交文书；中国国家主席、全国人大常委会委员长、国务院总理、中央军委主席、最高法院院长和最高人民检察院检察长以职务名义对外使用的信封、信笺、请柬等；全国人大常委会公报、国务院公报、最高人民法院公报和最高人民检察院公报的封面；国家出版的法律、法规正式版本的封面。

（五）国徽禁止使用的情况

根据《国徽法》第 10 条、第 11 条的规定，国徽及其图案不得用于：商标、广告；日常生活的陈设布置；私人庆吊活动；国务院办公厅规定不得使用国徽及其图案的其他场合。不得悬挂破损、污损或不合规格的国徽。

四、维护国徽的尊严

《国徽法》规定，一切组织和公民都必须尊重和爱护国徽。为了维护国徽的尊严，《国徽法》第 13 条还规定："在公众场合故意以焚烧、毁损、涂划、玷污、践踏等方式侮辱中华人民共和国国徽的，依法追究刑事责任；情节较轻的，参照治安管理处罚条例的处罚规定，由公安机关处以 15 日以下拘留。"

我要复习!

好，本单元的基本知识点学习完了，让我们在这里来复习一下吧。

你一定要知道的（如果已掌握请打钩）：

我国国徽的图案构成和含义 □

我国国徽使用的规定 □

学习单元三 国歌和首都

一、国歌

国歌是体现民族精神的歌曲。作为国家的象征，国歌一般由国家立法机关或政府制定或认可。各个国家由于文化、历史传统以及国家性质的不同，国歌的内容也不一样，但都体现了自己国家的尊严和民族精神。

我国的国歌是《义勇军进行曲》。《义勇军进行曲》是电影《风云儿女》的主题曲，1935 年由田汉作词、聂耳作曲。1949 年 9 月 27 日，中国人民政治协商会议第一届全体会议通过了关于国歌的决议，决定在中华人民共和国的国歌未正式确定前，以《义勇军进行曲》为代国歌。1978 年第五届人大一次会议曾对国歌进行过修改，但没有的得到广大人民的认可。1982 年根据民众的意见和要求，五届人大第五次会议通过决议，恢复《义勇军进行曲》为中华人民共和国国歌。2004 年的宪法修正案在宪法中首次明确了《义勇军进行曲》的国歌地位。

根据有关规定，在重要庆典、政治性公开集会、正式的外交场合或重大的国际性集会应当奏唱国歌。但禁止在舞会、私人婚丧吊等活动和商业活动中奏唱国歌。

二、首都

首都又称国都，是一个国家法定的中央国家机关所在地，是一个国家的政治中心。我国《宪法》规定："中华人民共和国首都是北京。"

确定北京作为我国首都是在1949年9月27日中国人民政治协商会议第一届全体会议中决定的。之后历次宪法都有明文规定。

北京作为首都的主要条件有：①优越的地理位置和自然条件。北京三面环山，东南面通向平原，离渤海150公里。北京还是重要的交通枢纽，是中原与东北、西北的交通要冲。②悠久的历史文化。北京是个历史文化名城，历史上有许多王朝在此建都，其中就有中国最后三个封建王朝——元朝、明朝和清朝。③具有光荣的革命传统。维新变法、五四运动、抗战的第一枪都发生在这里，且新中国也在此宣告成立。

经过改革开放30多年的发展，现在的北京作为首都，不仅是我国的政治中心，还是文化和经济中心，是中华人民共和国的缩影和象征，已然成为国际大都市中有着崇高地位的城市。

我要复习！

好，本单元的基本知识点学习完了，让我们在这里来复习一下吧。

你一定要知道的（如果已掌握请打钩）：

我国国歌的名称和我国宪法首次规定国歌的修正案 □

我国首都的城市名称及其优势 □

我的笔记

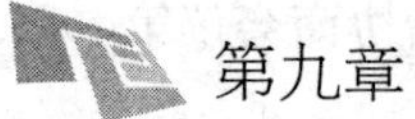

第九章

公民的基本权利与义务

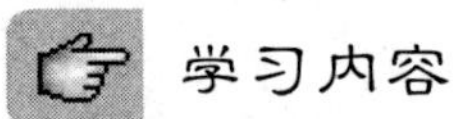

导 学

1. 公民基本权利和义务是近现代意义上宪法的重要内容，体现着宪法的基本精神。通过本章的学习，可以系统地掌握我国公民基本权利体系，进而加深对我国公民基本权利设置合理性的认识。

2. 公民基本权利与我们的现实生活紧密相连，在学习的过程中应该把所学的内容应用于对现实问题的分析。通过理论与现实之间的结合，在理解的基础上掌握所学知识。

学习内容

学习单元一 公民基本权利与义务概述

一、公民与国籍

（一）公民的概念

公民是指具有一个国家的国籍，根据该国宪法和法律享受权利、履行义务的自然人。该定义表明：①公民概念以国籍为形式要件。要成为某一国家的公民，首先要取得这个国家的国籍。一个人取得了某一国家的国籍，就成为该国家的公民。②一个人成为某国的公民，他与这个国家就形成了一定的法律关系，就可以根据该国宪法和法律的规定享受权利履行义务。享受权利并履行义务是公民概念的实质与内容。③公民是自然人。所谓自然人是因出生而取得法律资格的人，是相对于法人的法律主体。

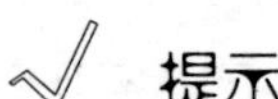

提示

在宪法学上，公民主要是与国家相对的宪法主体。

我国现行《宪法》第33条第1款规定：“凡具有中华人民共和国国籍的人

都是中华人民共和国公民。”

（二）国籍的含义和取得

1. 国籍的含义。国籍是近现代国家从法律上确认公民身份的资格标准，是一个人属于某个国家的一种法律上的身份。一个人具有了某个国家的国籍，就被认为是该国的公民，享有该国宪法法律规定的权利和履行该国宪法和法律规定的义务。

国籍反映一个人同某一特定国家的固定的法律联系，一般认为享有国籍是每个人的不容剥夺的权利。《联合国世界人权宣言》就有“人人有权享有国籍”、“任何人之国籍不容无理褫夺，亦不得否认其改变国籍的权利”的规定。国籍对于每一个人都非常重要，个人只有凭借国籍才能取得一个国家赋予公民的政治、经济权利和各种待遇，个人的权利在国际上才可获得本国的保护。

国籍是判断一个人是本国人还是外国人的唯一标准。

2. 国籍的取得。现代国家国籍法中，一般有两种国籍取得的方式：①出生国籍，即因出生而取得国籍；②继有国籍，即因加入而取得国籍。

由于各国国情的不同，对国籍的规定不尽相同。出生国籍有的采用血缘主义原则，有的采用出生地主义原则，有的采用血缘主义和出生地主义相结合的原则。国籍取得的血缘主义原则是指确定一个人的国籍以他出生时父母的国家为准，不管他出生在哪个国家。国籍取得的出生地主义原则是指一个人的国籍是以他的出生地方所属的国家为准，不管其父母属于哪个国籍。国籍取得的血缘主义和出生地主义相结合的原则，其中有些国家以血缘主义为主，出生地主义为辅；有些国家则以出生地主义为主，血缘主义为辅。

根据我国国籍法的规定，取得我国国籍有两种方式：出生国籍和继有国籍。

对于出生国籍，我国采取血缘主义和出生地主义相结合的原则予以确定：父母双方或一方为中国公民，本人出生在中国的，具有中国国籍；父母双方或一方为中国公民，本人出生在外国的，具有中国国籍，但如果父母双方或一方定居在外国的，本人出生时即具有外国国籍的，则不具备中国国籍；父母无国籍，或国籍不明，定居在中国，本人出生在中国，具有中国国籍。

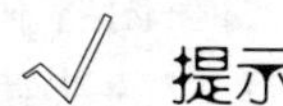

我国不承认双重国籍。一个人在拥有其他国家国籍的同时，不可能拥有我国国籍。

对于继有国籍，我国国籍法规定，当事人申请加入国籍是以继有国籍方式获得我国国籍的惟一方法。凡是出于本人自愿并愿意遵守我国宪法和法律的外国人可以加入中国国籍。申请人符合下列条件之一，便可申请取得中国国籍：①中国公民的近亲属；②定居在中国的；③有其他正当理由的。申请人取得中国国籍还必须办理相关手续。按照我国国籍法的规定，我国受理国籍申请的机关，在国内为申请人所在地的县、市公安机关；在国外为中国外交代表机关和领事机关。县、市公安机关和外交代表机关和领事机关负责对申请人是否符合法律规定的条件进行审查，经公安部批准，有关公安机关发给取得国籍证书后，申请人就具有了中国国籍。

二、公民基本权利与义务的概念

（一）权利和义务的概念

权利是指公民在宪法和法律规定的范围内，可为某种行为以及要求国家和其他公民为或不为某种行为的资格。换句话说，就是受到国家宪法和法律保障的公民以作为或不作为的方式实现某种愿望或获得某种利益的可能性。

义务是指宪法和法律规定的公民应当履行的责任，表现为国家通过法律要求公民必须为某种行为或禁止公民为某种行为。义务具有法定性、不能自由加以选择和必须履行等特点。

（二）基本权利和基本义务

公民基本权利是指公民成其为公民所不可缺少的那些权利。基本权利有以下特点：①不可缺乏性。在民主政治国家里，基本权利是作为公民的基本保障规定于宪法之中的，没有这些权利，公民就难成其为公民。②不可取代性。被称为基本权利的权利，构成一个国家权利体系的核心，是其他权利的基础，并衍生其他权利。③不可转让性。基本权利不像其他权利如债权那样可以出让，也不像物权那样可以易主。它与人终生相始终，具有不可转让性。④具有普遍性。公民基本权利是人权在主权国家的表现，国家制度不同，基本权利的范围也不相同，但基本权利在内容和形式上有许多相似之处，具有普遍性。⑤法定性。公民基本权利是人权的法律化，具有法定性的特点，且一般以宪法的形式予以表现，也被称为宪法权利。

公民基本义务是与公民基本权利相对而言的一个概念，是指公民成其为公民必须履行的那些义务。基本义务构成了其他法定义务的基础，其他法定义务是基本义务的延伸。基本义务的最终履行又有赖于其他义务的履行。公民基本义务，也称之为宪法义务。

三、公民权与人权

（一）人权的概念

2004 年的《宪法修正案》第 24 条规定，宪法第 33 条增加 1 款，作为第 3 款："国家尊重和保障人权。"第 3 款相应改为第 4 款。人权成为了我国宪法中的一个重要概念。所谓人权是作为一个人享有的权利，标志着人的生存与发展的状态。公民权是依据宪法和法律所享有的权利。公民权与人权是既有区别而又有联系的两个概念。人权是公民权的基础，公民权是人权的法律化。国家根据政治、经济、文化发展的需要通过法律的形式将人权的一部分法律化为公民权。人权概念是一个不断发展的概念，人类的生存和发展必将赋予其更加丰富的内涵，各国立法也必将随之扩大公民权利的范围。

（二）我国对人权的基本立场

新中国成立后，我国在人权保障和发展方面取得了巨大的成就。1991 年国务院新闻办公室发表了《〈中国的人权状况〉白皮书》，系统地阐述了我国在人权问题上的立场。

1. 我国承认人权、发展人权并保障人权。《〈中国的人权状况〉白皮书》在前言中指出："享有充分的人权，是长期以来人类追求的理想。从第一次提出'人权'这个伟大的名词后，多少世纪以来，各国人民为争取人权作出了不懈的努力，取得了重大成果。"1997 年 10 月和 1998 年 10 月我国政府分别签署了《经济、社会和文化权利国际公约》和《公民权利和政治权利国际公约》，积极加入到人权的国际保护行列。

2. 生存权是我国首要人权。人权的主体尽管包括个人和集体，但不论从哪一方面理解，生存权仍然是第一位。新中国成立以来，特别是实行改革开放政策以来，我国经济建设取得了举世瞩目的成就，人民的温饱问题基本解决。但温饱问题并不是生存权的全部内容，我们还需作不懈的努力。

3. 我国重视发展权。生存权和发展权是紧密相连的，生存权是发展权的基础，发展权是生存权的一种保障。从主体的角度分类，发展权包含着个体的发展权和集体的发展权。集体的发展权又突出表现为民族的发展权。我国属发展中国家，国力不强，所以争取发展权将是整个中华民族的共同心愿。

4. 我国强调人权的社会性。人是社会的人，人不可能脱离社会而独立存在，当个人的人权和集体的人权相矛盾时，个人应服从社会和集体。如我国推行的计划生育政策就属于人权社会性的突出表现，是集体人权的必然要求。

5. 在人权与主权的关系上，我国强调人权的保护虽然具有普遍性和国际性，但主要是国家的内政，只有国家主权不被侵犯，人权才能得到有效保障。

我要复习!

好，本单元的基本知识点学习完了，让我们在这里来复习一下吧。

你一定要知道的（如果已掌握请打钩）：

公民的概念 □

国籍取得的原则及我国继有国籍取得的条件 □

公民基本权利和义务的概念 □

学习单元二 公民的基本权利

根据我国宪法的规定，我国公民的基本权利可分为平等权，政治权利和自由，人身权利，批评、建议、申诉、控告、检举权和取得赔偿权，社会经济权利，社会文化权利，宗教信仰自由和婚姻自由等几类。

一、平等权

（一）平等权的概念

平等权是指公民在政治、经济和社会一切领域内依法享有同其他公民同等的权利，不因任何外在差别而予以区别对待的一种权利。平等权包括两方面的含义：①法律面前人人平等，这是平等权的固有含义；②对弱者给予特别保护，这是平等权的引申含义。

提示

平等权既是公民的一项权利，又是公民权利的一项原则，因为公民所有的权利都应当体现平等。

我国《宪法》第33条第2款规定："中华人民共和国公民在法律面前一律平等。"宪法这一规定既确立了一项重要的法制原则，也确认了公民的平等权。

（二）平等权的内容

1. 公民平等地享有宪法和法律规定的权利。所有公民都平等地享有宪法和法律赋予的权利，并在行使权利时受到平等保护。虽然宪法和法律对一些特殊主体的权利给予了特别规定，但是，这些规定并不是对平等的一种破坏，反而是为了达到真正意义上的平等。

2. 公民平等地履行宪法和法律规定的义务。公民依法平等地享有权利，也必须平等地履行义务。

3. 国家机关在适用法律时，对所有公民都应当是平等的。所有的合法权益都应平等地保护，对违法行为也应平等地予以追究。

4. 任何公民都不具有超越宪法和法律的特权。

二、公民的政治权利和自由

（一）选举权和被选举权

1. 选举权和被选举权的概念。我国《宪法》第34条规定："中华人民共和国年满18周岁的公民，不分民族、种族、性别、职业、家庭出身、宗教信仰、教育程度、财产状况、居住期限，都有选举权和被选举权；但是依照法律被剥夺政治权利的人除外。"

选举权是指按照法律规定，公民享有参加选举国家权力机关代表或者某些国家公职人员的权利。

被选举权则是指公民享有被选举为代表机关代表和某些国家公职人员的权利。选举权和被选举权是保证人民当家做主，管理国家事务的基本政治权利。

根据宪法和有关法律、法规的规定，享有选举权应同时具备三个条件：①享有选举权和被选举权的人必须是中华人民共和国的公民；②必须年满18周岁；③没有被剥夺政治权利。

2. 选举权和被选举权的内容。公民的选举权和被选举权包括三个方面内容：①公民有依照法律规定，按自己的意愿选举他人为国家权力机关代表或公职人员的权利；②公民有被选举为国家权力机关代表或公职人员的权利；③公民有罢免权，即享有选举权的公民根据法律规定的条件和程序，可以罢免不称职或违法乱纪的代表。我国宪法和选举法对公民的选举权作了必要的限制：①凡是依法被剥夺政治权利的公民没有选举权和被选举权，如危害国家安全的犯罪、判处死刑和无期徒刑的犯罪公民等都会被判处附加剥夺政治权利的刑罚，而没有选举权和被选举权；②未满18周岁的公民没有选举权和被选举权。此外，按照选举法的规定，对精神病患者在选民登记时不列入选民名单。

（二）公民的政治自由

政治自由是指公民自由发表意见，进行正当社会活动和政治活动以及参与国家管理的必不可少的一种政治权利。《宪法》第35条规定："中华人民共和国公民有言论、出版、集会、结社、游行、示威的自由。"

1. 言论自由和出版自由。言论自由是指公民有权通过各种语言形式表达自己的政治思想和观点的自由。

出版自由是指公民有权通过出版物表达和宣传自己的各种观点和思想的自由，它和其他的言论自由的区别主要在于表现形式的不同。

 **提示**

从广义上讲，言论自由应包括出版自由，出版自由是言论自由的一种形式。

言论和出版自由的内容和途径：①任何公民都有以言论和出版的方式表达思想和见解的权利；②言论自由的表现形式可以是口头的，也可利用现代传播工具；出版自由可以在出版物上自由表达；③公民不应由于某种言论或出版内容而带来不利后果，合法权益应当受到法律保护；④言论和出版自由存在法定界限，受到合理的限制。

言论和出版自由的界限：言论自由并不意味着公民可以不分场合、对象，想说什么就说什么。言论自由必须在法律许可的范围内行使。那些有害于国家和社会的言论、反对四项基本原则的言论以及侮辱他人的言论都是对言论自由的滥用，是非法的。出版自由权也不得滥用，它必须以不危害国家、社会和他人的合法权益为前提，并且要遵守有关出版方面的法律规定。

2. 结社自由。结社自由是公民依法为一定宗旨组成某种社会组织并进行团体活动的自由。根据结社的性质和组织方式，可以把结社分为两类：①营利性结社。如商业结社中的公司、集团等。这类结社受民法、商法和公司法的调整。②非营利性结社。又可将其分为政治性结社和非政治性结社。政治性结社，如政党、政治团体等；非政治性结社，如宗教、慈善、文化艺术等组织。

我国《宪法》规定，我国公民可以自由地组织各种社会公益团体、文艺工作团体、学术研究团体、宗教团体以及其他各种人民群众团体。依法成立的社团，受国家法律的保护。1998 年国务院通过的《社会团体登记管理条例》第 5 条规定，国家保护社会团体依照法律、法规及其章程开展活动，任何组织和个人不得非法干涉。

公民在行使结社自由这一自由权利时，必须遵守国家法律的规定，不得损害国家的、社会的、集体的利益和其他公民的合法的自由和权利，并且不得从事以营利为目的的经营性活动。在具体行使这一自由权时，应当经过有关业务主管部门审查同意后，向民政部门申请登记，并提供相关材料。未经核准登记而擅自以社团名义进行活动不听劝阻的，应依法解散并停止活动。

3. 集会、游行、示威自由。集会、游行、示威自由是指公民按照法律规定，享有通过集会、游行、示威等活动，发表意见、表达某种共同意愿的政治自由。集会是指聚集于露天公共场所、发表意见，表达意愿的活动；游行是指在公共道路、露天场所列队行进，表达共同意愿的活动；示威是指在露天公共场所或者公共道路上以集会、游行、静坐等方式，表达要求、抗议或者支持、声援等表达共同意愿的活动。

根据我国《宪法》和《集会游行示威法》的规定，集会、游行和示威具有以下特点：①集会、游行和示威是公民组织和参与的活动。②集会、游行和示威是在露天公共场所进行的活动。③集会、游行和示威的目的是表达某种政治意愿和诉求的活动。

国家十分重视保障公民的集会、游行、示威自由，根据我国《集会游行示威法》的规定，有关保障主要有以下几个方面：①在审批时限上予以保障。规定主管机关接到集会、游行、示威申请书后，应当申请举行日期的2日前，将许可或者不许可的决定书面通知其负责人。不许可的，应当说明理由。逾期不通知的，视为许可。②在具体措施上予以保障。对于依法举行的集会、游行、示威，主管机关应当派出人民警察维持交通秩序和社会秩序，保障集会、游行、示威的顺利进行。③通过行政复议和行政诉讼制度予以保障。集会、游行、示威的负责人对主管机关不许可的决定不服的，可在法定期限内向同级人民政府申请复议，人民政府应当在接到申请复议书之日起3日内作出决定。法律还规定，当事人不服主管机关处罚的，可以向上一级主管机关提出申请，对上一级主管机关裁决仍然不服的，可以向法院提起行政诉讼。

公民在行使集会、游行、示威自由的同时也应当依法进行，不得损害国家的、社会的、集体的利益和其他公民的合法的自由权利，不得进行非法活动或煽动犯罪。否则，应依法追究法律责任。

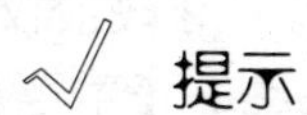

集会、游行和示威必须以和平的方式进行。

三、公民的人身权利与自由

（一）公民的人身不受伤害

人身不受伤害主要是指人的身体本身不受伤害，它是最基本的一种权利，是享受其他一切权利的基础。这一权利主要包括生命权和健康权两个方面的内容。

1. 生命权。生命权是指公民依法保全自己的生命，排除他人侵害的权利。生命权的基本内容有：①任何组织和个人都不能非法剥夺他人的生命，违反法律规定故意或过失剥夺他人生命的都要承担相应的法律责任。②公民在自己的生命受到非法侵害时，有权进行正当防卫、紧急避险和依法控告。

2. 健康权。健康权是公民依法保护其身体组织完整、维护正常生理机能的权利。健康权的基本内容有：①任何组织和个人都无权损害他人的身体健康。在我国，公民的健康权不受侵犯是绝对的，只要是损害他人身体健康的行为，一定是违法的。②公民在自己的身体健康受到非法侵害时，有权进行正当防卫、紧急避险和控告。

（二）公民的人身自由不受侵犯

人身自由是指公民依法享有人身活动自由，不受非法逮捕、拘禁和搜查的权利。《宪法》第37条规定：“中华人民共和国公民的人身自由不受侵犯。任何公民，非经人民检察院批准或决定或者人民法院决定，并由公安机关执行，不受逮捕。禁止非法拘禁和以其他方法非法剥夺或者限制公民的人身自由，禁止非法搜查公民的身体。”

人身自由权的基本内容有：①公民的人身自由不受侵犯。任何公民非经人民检察院批准或决定或者人民法院决定，并由公安机关执行，不受逮捕；禁止以非法拘禁和其他方法非法剥夺或限制公民的人身自由；禁止非法搜查公民的身体。②公民在自己的人身自由受到非法侵犯时，有权进行正当防卫、紧急避险和控告。

人身自由权的限制：任何公民都必须严格遵守国家的法律。国家机关依职权的需要对公民人身自由作必要限制时，必须遵守法定的程序。任何人侵犯公民的人身自由都应当承担相应的法律责任，如《刑法》第238条第1款规定：“非法拘禁他人或者以其他方法非法剥夺他人人身自由的，处3年以下有期徒刑、拘役、管制或者剥夺政治权利……”

（三）公民的人格尊严不受侵犯

人格是指公民作为权利和义务主体参与法律关系的自主性资格，它与公民的人身密不可分。《宪法》第38条规定：“中华人民共和国公民的人格尊严不受侵犯。禁止用任何方法对公民进行侮辱、诽谤和诬告陷害。”公民人格权主要包括：姓名权、肖像权、名誉权和荣誉权等。

1. 公民的姓名权。公民的姓名权是指公民有权决定、使用和依法改变自己的姓氏名称，其他任何人不得干涉、滥用和假冒公民的姓名。姓名权的基本内容有：①公民有权使用和变更自己的姓名。姓名权是专有的，每个公民都有权使用自己的姓名，有必要时可依一定程序改变姓氏，变更自己的名字。②任何人都无权非法使用或变更他人的姓名。③在姓名权遭受侵害时，公民有权要求对方停止侵害，有权向法院起诉追究对方的法律责任。

2. 公民的肖像权。肖像权是指公民保护自己的相貌的完整和独占自己肖像的权利。肖像权的基本内容是：①公民有权根据自己的意愿制作肖像。②公民有权独占和使用自己的肖像，未经本人同意，其他任何人都不得占有和使用其肖像。③在肖像权受到侵犯时，公民有权要求侵害人停止侵害并向法院起诉要求追究其法律责任。

3. 公民的名誉权。名誉是社会对公民在品德、声望、信誉等方面的评价。名誉权尽管不具有财产的内容，但对维护公民的人格权具有总要的意义。名誉权的基本内容有：①公民有权享有适当的名誉。社会对每个人的社会活动和人身价值都有一个评价标准，在此评价标准之下人们有权获得自己的一定的名声。因此，在我国公民都有权享有适当的名声，其他任何组织和个人都不得无根据地施加干涉。②公民有权维护其名誉不受侵犯。我国法律禁止捏造事实对他人进行诽谤、诬告陷害和使用暴力或其他手段进行侮辱，否则追究相关的法律责任。

4. 公民的荣誉权。荣誉是国家和社会组织给予公民的一种光荣称号。它是国家和社会承认的具有较大社会影响的、肯定的评价，如“劳动模范”、“战斗英雄”、“三八红旗手”、“优秀工作者”等。

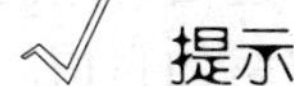

名誉是社会和他人对公民的评价，是民间的；荣誉则是国家和社会组织授予的正式称号，一般有正式的荣誉证书。

荣誉权是指公民享有和维护自己的荣誉的权利。荣誉权的基本内容是：①公民的荣誉不受非法剥夺。只有当获得荣誉的人犯有较为严重的过错，有关组织才能依规定的要求和程序予以剥夺，任何单位和个人都无权任意剥夺他人的荣誉。②公民的荣誉不受非法侵占。将别人的荣誉据为己有，就是严重的侵犯他人荣誉权的行为，为法律和社会主义道德所不容许。③公民的荣誉不受各种形式的非法影响和损害。每个公民都有维护他人荣誉的义务，禁止以任何形式抹杀或贬低他人的荣誉，否则要承担相应的法律责任。

（四）公民的住宅不受侵犯

《宪法》第39条规定：“中华人民共和国公民的住宅不受侵犯。禁止非法搜查或者非法侵入公民的住宅。”住宅不受侵犯包括下列基本内容：①任何人都不得非法入侵他人住宅。非法侵入一般是指在违背住宅主人意愿的情况下强行进入或者秘密进入的行为。②任何组织和个人都不得非法搜查他人住宅。在我国，只有公安机关、安全机关、检察机关才可以依法对特定对象的住处和有关处所进行搜查。③任何组织和个人都不得强占他人住宅。

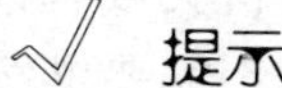

住宅不等于拥有所有权的房屋，只要是供居住生活的私密场所都可称为住宅。

根据我国法律的规定，非法入侵公民住宅应当承担法律责任。如《刑法》第245条第1款规定：“非法搜查他人身体、住宅，或者非法侵入他人住宅的，处3年以下有期徒刑或者拘役。”

（五）公民的通信自由和通信秘密受法律保护

通信自由和通信秘密是指公民通过信件、电话、电报、传真以及其他手段表达自己的意愿和想法与他人进行交流的一种人身自由。《宪法》第40条规定：“中华人民共和国公民的通信自由和通信秘密受法律的保护。除因国家安全或者追查刑事犯罪的需要，由公安机关或者检察机关依照法律规定的程序对通信进行检查外，任何组织或者个人不得以任何理由侵犯公民的通信自由和通信秘密。”

1. 公民通信自由的内容。包括：公民有选择通信手段的自由；有选择通信内容的自由；有选择通信时间的自由；有选择通信对象的自由；有要求保守通信秘密和放弃通信秘密的自由。公民的通信自由和通信秘密，要求他人不得隐匿、毁弃、拆阅或者窃听公民的信件、电话、电报等。任何组织或者个人都不得以任何理由侵犯公民的通信自由和通信秘密。《邮政法实施细则》规定，任何单位或者个人均负有保护通信自由、通信秘密和邮政安全的责任，任何单位或者个人不得利用邮政业务进行法律、法规和政策所禁止的活动。法院和检察院依法没收国内邮件、汇款、储蓄存款时，必须出具法律文书，向相关县或县级以上邮政企业、邮电管理局办理手续。没收进出口国际邮递物品应当由海关依法作出决定，并办理手续。为了保障公民通信自由不受侵犯，《刑法》第 252 条也作了规定：“隐匿、毁弃或者非法开拆他人信件，侵犯公民通信自由权利，情节严重的，处 1 年以下有期徒刑。”

2. 对通信自由和通信秘密的限制。根据《宪法》第 40 条的规定，因国家安全或者追查刑事犯罪的需要，公安机关或者检察机关依照法律规定的程序可以对通信进行检查。《刑事诉讼法》规定，侦查人员认为需要扣押被告人的邮件、电报的时候，经公安机关或者人民检察院批准，即可通知邮电机关将有关的邮件、电报提交扣押。不需要继续扣押的时候，应立即通知邮电机关。对于扣押的商品、文件、电报或者冻结的存款、汇款，经查明确定与案件无关的，应当在 3 日以内解除扣押、冻结、退还原主或者原邮电机关。

四、公民的批评、建议权，申诉、控告、检举权和取得赔偿权

《宪法》第 41 条第 1、3 款规定：“中华人民共和国公民对于任何国家机关和国家工作人员，有提出批评和建议的权利；对于任何国家机关和国家工作人员的违法失职行为，有向有关国家机关提出申诉、控告或者检举的权利。但是不得捏造或歪曲事实进行诬告陷害。由于国家机关和国家工作人员侵犯公民权利而受到损失的人，有依照法律规定取得赔偿的权利。”

（一）公民的批评、建议权

批评权是指公民对国家机关和国家工作人员工作中存在的缺点和错误，有提出意见和要求改正的权利。建议权是指公民对国家机关和国家工作人员的工作有提出建设性意见，并要求改进工作的权利。

批评权和建议权的主要区别是：批评权主要是针对是国家机关和国家工作人员在行使职权过程中存在的缺点和错误；建议权是公民为了帮助国家机关和国家工作人员更好地改进工作，提高工作质量和工作效率而提出的建设性意见。

在现实生活中行使批评权和建议权往往是一并予以行使，所以批评权和建议权可以合称为批评建议权。批评建议权行使的途径多种多样，公民既可以通过广播、电视、报纸等新闻媒体，也可以通过来信专访等方式来行使批评建议权。

（二）公民的申诉、控告和检举权

申诉权是指公民的合法权益因国家机关作出违法的决定或裁判而受到侵犯和损害，公民有向有关国家机关申述理由，要求重新处理的权利。提出行政复议、提起各种诉讼以及向监察机关和国家权力机关提出请求都属于申诉的范畴。控告权是指公民对任何国家机关和国家机关工作人员的违法失职行为，有向国家机关进行揭发和指控的权利。检举权是指公民对于违法失职的国家机关和国家工作人员，有向国家机关揭发违法犯罪、滥用职权失职、渎职的事实，要求依法追究法律责任的权利。

1. 申诉、控告和检举权的特征。包括：①申诉、控告和检举权是针对国家机关和国家工作人员违法失职的行为。②申诉、控告和检举权利的行使除了考虑国家和社会的利益之外，更直接的是为了维护公民自身的合法权益。当然其中也有不同的情形，如检举权和控告权相比较，控告是当事人为了维护自己的合法权益而提出，要求依法处理；而检举人则可能与事件有关，也可能是出于维护国家和社会利益而作出检举揭发的行为。

2. 对公民批评、建议、申诉、控告和检举权利的保障。《宪法》第 41 条第 2 款规定："对于公民的申诉、控告或者检举，有关国家机关必须查清事实、负责处理。任何人不得压制和打击报复。"《刑法》第 254 条规定："国家机关工作人员滥用职权、假公济私，对控告人、申诉人、批评人、举报人实行报复陷害的，处 2 年以下有期徒刑或者拘役；情节严重的，处 2 年以上 7 年以下有期徒刑。"

3. 对公民申诉、控告和检举权利的限制。公民申诉、控告或者是检举都应实事求是，不允许捏造或者歪曲事实进行诬告、陷害。《宪法》第 41 条规定，中华人民共和国公民对于任何国家机关和国家工作人员的违法失职行为，有向国家机关提出申诉、控告或者检举的权利，但是不得捏造或者歪曲事实进行诬告和陷害。否则应承担相应的法律责任。《刑法》第 243 条第 1、2 款规定："捏造事实诬告陷害他人，意图使他人受刑事追究，情节严重的，处 3 年以下有期徒刑、拘役或者管制；造成严重后果的，处 3 年以上 10 年以下有期徒刑。国家机关工作人员犯前款罪的，从重处罚。"

（三）公民取得国家赔偿的权利

取得赔偿权是指公民因国家机关和国家工作人员的违法失职行为侵犯了其权利而受到损失时，有依照法律规定取得国家赔偿的权利。

国家赔偿是指国家机关和国家机关工作人员，在行使职权过程中，因其行为违法而侵犯了公民、法人或者其他组织的合法权益并造成了损害，国家机关给予经济赔偿的一种法律制度，是国家承担法律责任的重要形式。国家赔偿根据侵权主体的不同可分为行政赔偿和刑事赔偿，凡是由行政机关及其工作人员在行使行政职权过程中侵权而引发的赔偿叫做行政赔偿；由行使侦查、检察、审判、监狱管理职权的机关及其工作人员在行使职权过程侵权而引发的赔偿叫做刑事赔偿。

1995年实施的《国家赔偿法》标志着我国国家赔偿制度的建立，它为公民依法取得国家赔偿权提供了有力的法律制度保障。

五、公民的社会经济权利

（一）公民的财产权

根据2004年《宪法修正案》第22条的规定，公民的合法的私有财产不受侵犯。国家依照法律规定保护公民的私有财产权和继承权。国家为了公共利益的需要，可以依照法律规定对公民的私有财产实行征收或者征用并给予补偿。可见，我国公民的财产权包括财产的所有权和继承权以及获得国家财产补偿的权利。

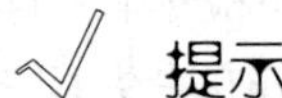

> 提示
> 公民的财产权是公民保持人格尊严的物质基础。

1. 公民的财产所有权。公民的财产所有权是指公民对其合法取得的财产享的有占有、使用、收益和处分的权利。财产所有权是公民的一项重要宪法权利，各国宪法历来都十分重视对公民财产所有权的保护。

根据宪法和有关法律的规定，我国公民的财产所有权主要包括：①公民合法收入的所有权；②公民合法的生活资料所有权；③公民合法的生产资料所有权；④公民合法财产的使用权、收益权和处分权；⑤公民其他合法财产的所有权。

2. 公民的私有财产的继承权。公民的私有财产的继承权是指公民依照法律规定承受死者遗留的合法财产的权利，是我国宪法规定的公民的一种财产权，与公民的财产所有权具有十分密切的关系。从理论上看，继承权是公民财产所有权的延伸；从法律上看继承权是宪法和法律规定的公民取得财产权的一种方式。我国《继承法》建立了较为完备的关于继承权的法律制度，它的施行对保护公民的私有财产的继承权起到了积极的作用。

3. 公民获得国家财产补偿的权利。公民获得国家财产补偿的权利是指国家为了公共利益的需要，依法对公民的合法的私有财产进行征收或者征用，如给公民造成损失，公民依法享有的获得补偿的权利。

公民获得国家财产补偿的条件包括：①合法行为和财产损失是获得财产补偿的基本构成要件。②公民获得国家财产补偿的权利是因国家合法行为对公民财产权造成的损失。③公民获得国家财产补偿主要是对公民财产的损失给予适当的补偿性救济。

（二）公民的劳动权

劳动权是指公民依法有获得劳动的机会和取得适当劳动报酬的权利。《宪法》第42条第1款规定："中华人民共和国公民有劳动的权利和义务。"劳动权是我国公民的基本权利，主要包括三个方面的内容：①公民都应有就业的机会；②公民有按其劳动的数量和质量获得相应劳动报酬的权利；③公民有获得与其劳动相适应的劳动条件和劳动保障的权利。

公民的劳动权是公民的一项最基本的社会经济权利。我国《劳动法》对公民所应享有的劳动权利及其相关权利作了详细规定，主要包括：①平等就业和选择职业的权利。②获得劳动报酬的权利。③获得劳动安全卫生保护的权利。④接受职业技术培训的权利。⑤合法权益受侵犯时提请劳动争议处理的权利。

劳动既是我国公民的权利，同时又是有劳动能力的公民的义务。每个有劳动能力的公民都要履行劳动的义务。因为只有通过每个公民的创造性劳动，国家才能繁荣富强，公民的劳动权才能够实现，所以《宪法》第42条规定，劳动是一切有劳动能力的公民的光荣职责。

（三）休息权

休息权是指有劳动能力的公民在履行劳动义务的过程中，为保护身体健康，根据国家的宪法和法律的规定，享有的休息和休养的权利。《宪法》第43条规定："中华人民共和国劳动者有休息的权利。国家发展劳动者休息和休养的设施，规定职工的工作时间和休假制度。"

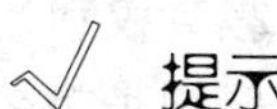

没有劳动的公民不存在法律意义上的对其休息的保障问题。

休息权有以下特点：①休息权的主体不是一般意义上的公民，而是有劳动能力且在从事劳动的公民，即劳动者；②休息权虽然与劳动权相关，但主要是与劳动的义务相对而言的一种权利。

为保护劳动者的休息权，我国《劳动法》具体规定了有关休息的制度，主要内容有：国家实行劳动者每日工作时间不超过8小时，平均每周工作时间不超过44小时的工时制度。对实行计件工作的劳动者，用人单位应当根据工时制度合理确定其劳动定额和计件报酬标准。用人单位应当保证劳动者每周至少休息1日。用人单位由于生产经营需要，经与工会和劳动者协商后可以延长工作时间，一般不超过1小时，特殊情况不超过3小时，每月累计不超36小时。实行法定休息和带薪休假制度。

（四）退休人员的生活保障权

退休人员的生活保障权是指退休后的企业事业组织的职工和国家机关工作人员依法享有的生活受国家和社会保障的权利。《宪法》第44条规定："国家依照法律规定实行企业事业组织的职工和国家机关工作人员的退休制度。退休人员的生活受到国家和社会的保障。"退休人员的生活保障权是我国公民的一项重要的社会经济权利，依照法律的规定退休、离休的人员，生活应有保障，国家和社会对此负有责任。

（五）公民物质帮助权

物质帮助权主要是指公民在特定的情况下，不能以自己的劳动获得物质生活资料，有依法从国家和社会获得生活保障，享受集体福利的一种权利。《宪法》第45条第1款规定："中华人民共和国公民在年老、疾病或者丧失劳动能力的情况下，有从国家和社会获得物质帮助的权利……"。

公民的物质帮助权主要表现在如下方面：①老年人的物质帮助权，如农村的孤寡老人可以从集体获得"五保"。②患疾病公民的物质帮助权。我国公民在患病时有从国家和社会获得物质帮助的权利。如医疗帮助、经济帮助。③其他丧失劳动公民的物质帮助权。主要表现为残疾人的物质帮助权。如因公致残的，公民有从原单位获得终身物质救济的权利。

六、公民的文化教育权利

公民的社会文化权利是指公民依照宪法规定参与社会文化活动和享有文化利益方面的一系列基本权利的总称。根据我国宪法的规定，公民的文化权利主要包括公民的受教育权和公民的科学研究、文艺创作和从事其他文化活动的自由。

（一）公民的受教育权

公民的受教育权是指公民达到一定年龄并具备可以接受教育的智力时，有进各种学校或通过其他教育设施和途径学习科学文化知识的权利。《宪法》第46条规定："中华人民共和国公民有受教育的权利和义务。国家培养青年、少年、儿童在品德、智力、体质等方面全面发展。"

受教育权是我国宪法赋予公民的一项基本的文化教育权利，是公民享受其他文化教育权的前提和基础。按照宪法和有关法律的规定，公民的受教育权的内容主要包括：①学龄前儿童有接受学前教育的机会；②适龄儿童有接受初等教育的权利，以及在完成初等教育后，符合一定条件的公民有接受中等教育、高等教育的机会；③成年人有继续接受教育的权利，在职职工有接受培训和专业教育的机会；④公民可从社会力量以及私人举办的教育机构接受教育；⑤公民还可以从其他各种合法途径接受思想教育、道德教育、文化教育、纪律教育和法制教育等。

按照我国宪法的规定，受教育既是公民的权利，又是公民的义务，是权利与义务相一致的具体表现。我国公民在享受教育权的同时，又要履行受教育的义务，只有这样，公民才能正确行使受教育权。

（二）公民进行科学研究、文艺创作和其他文化活动的自由

《宪法》第47条规定："中华人民共和国公民有进行科学研究、文学艺术创作和其他文化活动的自由。国家对于从事教育、科学、技术、文学、艺术和其他文化事业的公民的有益于人民的创造性工作，给以鼓励和帮助。"根据宪法这一规定，我国公民享有进行科学研究的自由，从事文化艺术创作的自由和从事其他文化活动的自由。

提示

社会的进步与发展依赖于社会成员文化素质的整体提升。

公民有进行科学研究的自由，是指公民依照法律规定，有权对任何一个感兴趣的科学问题进行研究，根据自己的研究，提出和坚持自己的学术见解，对学术问题进行自由讨论。

公民有从事文学艺术创作的自由，是指按照法律的规定，公民可以自由充分地发挥自己的文学艺术创作才能，根据自己的兴趣，创作各种形式的文学艺术作品。如诗歌、小说、散文、电影、电视等。

公民有从事其他文化活动的自由，是指公民有依法从事文学艺术创作以外的其他文化活动的自由，包括体育活动和其他各种文化娱乐活动等。

公民进行科学研究、文艺创作和其他文化活动必须在宪法和法律允许的范围内，不得损害社会和公共利益，有益于人民群众的身心健康。

七、公民的宗教信仰自由

宗教信仰自由，是指公民依法享有信仰或不信仰宗教的自由。宗教信仰自由作为一项基本权利，主要包括以下内容：①公民有信仰宗教的自由，也有不信仰宗教的自由；②有信仰此种宗教的自由，也有信仰彼种宗教的自由；③有信仰同一宗教不同教派的自由；④有过去不信仰宗教而现在信仰宗教的自由，也有过去信仰宗教而现在不信仰宗教的自由。宗教信仰自由意味着任何国家机关、社会团体和个人，不得强制公民信仰宗教或者不信仰宗教。

我国宪法关于公民有宗教信仰自由的规定，是尊重客观事实，从实际情况出发的。《宪法》第36条第1、2款规定："中华人民共和国公民有宗教信仰自由。任何国家机关、社会团体和个人不得强制公民信仰宗教或不信仰宗教，不

得歧视信仰宗教的公民和不信仰宗教的公民。”

公民在行使宗教信仰自由的权利时，不得利用宗教进行破坏社会秩序、损害公民身体健康、妨碍国家教育制度的活动，不得进行封建迷信活动，否则将承担相应的法律责任。在我国，宗教团体和宗教事务不受外国势力支配，这是我国宗教自治的基本原则。

八、公民的婚姻自由权

《宪法》第49条规定，婚姻受国家的保护，禁止破坏婚姻自由。这是我国公民婚姻自由权的宪法依据。婚姻自由作为一项公民的基本权利，是指公民依照法律的规定自由缔结婚姻，不受其他人强制和干涉的权利。

（一）结婚自由

结婚又称婚姻的成立，是男女公民依法确定夫妻关系的法律行为。结婚自由是指男女公民依法确定夫妻关系，完全基于双方的自愿，不受任何一方或任何第三者的强迫和干涉。我国《婚姻法》规定的结婚的条件和程序，是公民行使结婚自由权的准则和法律保障。

（二）离婚自由

离婚是夫妻双方依法解除婚姻关系的法律行为。离婚自由是指作为婚姻关系双方当事人的公民有权要求解除婚姻关系，并依法定条件和程序解除婚姻关系，不受对方或任何第三者强迫和干涉的自由。我国《婚姻法》规定的离婚的条件和程序，是公民正确行使离婚自由权的准则和法律保障。

（三）复婚自由

复婚是指离婚后男女双方自愿恢复夫妻关系的法律行为。复婚自由是指男女双方有权要求恢复夫妻关系，不受任何第三者强迫和干涉的自由。我国《婚姻法》第35条规定：“离婚后，男女双方自愿恢复夫妻关系的，必须到婚姻登记机关进行复婚登记。”

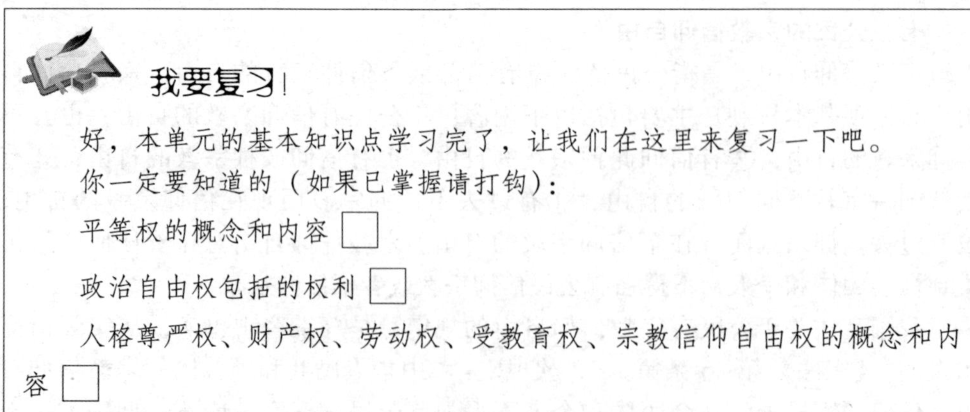

学习单元三　公民的基本义务

我国宪法在规定公民的基本权利和自由时，也规定了公民必须承担的相应义务，体现了权利和义务一致的原则。我国宪法规定公民的基本义务主要表现在如下几方面。

一、公民维护国家的统一和民族的团结的义务

《宪法》第52条规定："中华人民共和国公民有维护国家统一和全国各民族团结的义务。"

> **提示**
> 权利可以放弃，但义务必须履行。

维护祖国的统一，主要是指：①维护国家领土的完整，任何公民都不得破坏、变更或以其他各种形式肢解国家领土；要同一切分裂国家领土，破坏领土完整的行为作斗争。②维护国家主权的统一。中华人民共和国中央人民政府是我国唯一的合法的政府，不允许任何公民分裂国家主权，搞地方独立。③维护国家主权不被分割。不允许任何人以任何方式把国家主权割让给外国，同时反对任何外国势力干涉我国内政。

维护全国各民族的团结，是指公民有责任维护各民族之间的和睦、平等、合作和融洽的民族关系。具体要做到：①要实现民族平等，保证各民族在政治、经济、文化、社会生活等方面享有平等的权利；禁止对任何民族的歧视和压迫，禁止破坏民族团结和制造民族分裂的行为；反对大汉族主义和地方民族主义。②要认真落实党和国家的民族政策，贯彻执行民族区域自治制度，帮助少数民族加速发展经济文化建设事业，促进各民族的共同繁荣，为民族平等和民族团结奠定坚实的基础。

二、公民遵守宪法和法律、保守国家秘密、爱护公共财产、遵守劳动纪律、遵守公共秩序、尊重社会公德的义务

（一）公民有遵守宪法和法律的义务

宪法和法律是我国广大人民意志和利益的体现。公民必须遵守宪法和法律，是我国宪法规定的公民必须履行一项基本义务。公民必须遵守宪法和法律，意味着一切公民都必须以宪法和法律作为自己的活动准则，平等地享有宪法和法律赋予的权利，平等地承担宪法和法律规定的义务，任何人都不得有超越宪法和法律的特权，一切违反宪法和法律的行为，都必须依法予以追究。

（二）公民有保守国家秘密的义务

国家秘密是指关系到国家的安全和利益，依照法律规定，在一定时间内只限于一定范围的人员知悉的事项。根据保密法的规定，保密的范围一般有：国家事务的重大决策中的秘密事项、国防建设和武装力量活动中的秘密事项、外交和外事活动中的秘密事项以及对外承担保密义务的事项、科学技术中的秘密事项、维护国家安全活动和追查刑事犯罪中的秘密事项以及其他应当保密的事项。保护国家秘密，是关系到维护国家的安全和利益、关系到改革开放和国家建设事业的顺利进行的大事，一切公民都有保守国家秘密的义务。

（三）公民有爱护公共财产的义务

公共财产是指社会主义全民所有的财产和劳动群众集体所有的财产。《宪法》第12条规定："社会主义的公共财产神圣不可侵犯。国家保护社会主义的公共财产。禁止任何组织或者个人用任何手段侵占或破坏国家的和集体的财产。"公民爱护公共财产的义务主要包括：①自己不损害公共财产；②自己不浪费公共财产；③当公共财产遭受人为的或者自然的破坏或侵害时，任何公民都有维护公共财产的责任，同损害和浪费公共财产的行为作斗争。

（四）公民有遵守劳动纪律的义务

劳动纪律不仅包括生产过程中的纪律，而且还包括一切机关、团体所应遵守的各种工作纪律。劳动纪律是维护正常生产秩序的主要行为规范，是人们进行共同生产劳动和工作的必要条件之一，劳动纪律既保证劳动义务的履行，又保证劳动权利的实现，所以遵守劳动纪律是公民的一项重要义务。

（五）公民有遵守公共秩序的义务

公共秩序是指统治阶级按照自己的意志和利益建立起来的，要求人们在社会生活中为维护公共事业和集体利益所必须遵守的行为规范。包括：社会秩序、生产秩序、工作秩序、教学科研秩序以及人民群众的生活秩序。公共秩序是公民进行正常的社会生活的必要条件。公民遵守公共秩序对维护社会的安定，保证社会生活的正常进行有重要作用。我国法律禁止扰乱和破坏公共秩序的行为，对于那些严重破坏公共秩序的行为，将给予相应的法律制裁。

（六）公民有尊重社会公德的义务

社会公德是指一个社会里全体居民为了维护正常生活秩序所必须共同遵守的最起码的道德准则。社会公德包括两大方面的内容：①人们在一些事关重大的社会关系、社会生活和社会交往中，应当遵守的并往往由国家提倡认可的道德规范；②在公共生活中所形成的起码的公共生活准则，如尊重他人、诚实守信等。我国提倡的社会公德，集中体现为《宪法》第24条规定的"五爱"即爱祖国、爱人民、爱劳动、爱科学、爱社会主义。

三、公民维护国家的安全、荣誉和利益的义务

《宪法》第54条规定："中华人民共和国公民有维护祖国的安全、荣誉和利

益的义务，不得有危害祖国的安全、荣誉和利益的行为。”国家的安全包括国家的领土、主权不受侵犯；国家的各项秘密得以保守，社会秩序不被破坏。国家的荣誉包括国家的尊严不被侵犯，国家的信誉不受损害；国家的荣誉不受玷污；国家的名誉不受侮辱。国家的利益包括国家的政治、经济、外交、军事等多方面内容，它是全国人民共同利益的体现。维护祖国的安全就是要保卫祖国免受外国的侵略和威胁。维护祖国的荣誉就是要在国际交往中维护国家的尊严，不得有损害国家荣誉的言行，并敢于同各种损害祖国荣誉的言行作斗争。维护国家的利益就是要把国家的利益摆在首位，正确处理国家、集体和个人三者之间的利益关系。

四、公民保卫祖国、依法服兵役和参加民兵组织的义务

《宪法》第55条规定：“保卫祖国、抵抗侵略是中华人民共和国每一个公民的神圣职责。依照法律服兵役和参加民兵组织是中华人民共和国公民的光荣义务。”我国《兵役法》也规定，我国公民不分民族、职业、家庭出身、宗教信仰和教育程度，都有依照法律规定服兵役的义务。公民依法服兵役和参加民兵组织，是公民履行保卫祖国，抵抗侵略的神圣职责的重要途径；是建立一支保卫祖国主权独立、领土完整和维护和平的强大的人民武装力量的需要。

我国现行的兵役制度是以义务兵役制为主体的义务兵与志愿兵相结合，民兵与预备役相结合的兵役制度。我国公民依法服兵役和参加民兵组织的义务可分为服现役的义务和服预备役义务两大类，具体表现为：符合条件的公民必须依法应征；现役士兵和军官必须依法忠实履行自己的职责；现役士兵和军官服役期满后，符合条件的，应依法转预备役；符合条件的公民必须参加民兵组织或进行预备役登记；服预备役的人员必须进行军事训练；高等学校和初级中学的学生就学期间必须接受基本的军事训练；符合条件的公民必须响应和遵守国家的战时兵员动员等。

五、公民依法纳税的义务

《宪法》第56条规定：“中华人民共和国公民有依照法律纳税的义务。”税收是国家为了满足社会的共同需要，凭借国家权力，按照国家法律规定的标准，强制地、无偿地取得财政收入的一种分配关系。税收具有强制性、无偿性、固定性特征。新中国成立以来，税收一直是国家财政收入的重要来源之一，现在税收占国家财政收入的90%左右，对实现国家财政收支平衡具有举足轻重的作用。同时，税收又是我国用来调节生产、流通、分配和消费的重要经济杠杆。我国税收取之于民，用之于民，其最终目的是不断改善和提高人民的物质和文化生活。因此，我国公民应自觉地履行依法纳税的义务。

六、公民其他方面的义务

我国宪法规定的公民的基本义务除以上列举的外，还包括：夫妻双方有实行计划生育的义务；父母有抚养教育未成年子女的义务，成年子女有赡养扶助父母的义务，受教育的义务和劳动的义务等。

我要复习！

好，本单元的基本知识点学习完了，让我们在这里来复习一下吧。

你一定要知道的（如果已掌握请打钩）：

维护祖国统一义务的内容 □

公民爱护公共财产义务的内容 □

学习单元四　我国公民基本权利和义务的特点

一、公民权利和自由的广泛性

我国公民基本权利和自由的广泛性主要表现在两个方面：

1. 依照宪法和法律的规定享有权利和自由的主体是公民中的多数人，而不是少数人。以选举权和被选举权为例，在成年公民中，除了极个别被剥夺政治权利的公民以外，我国绝大多数成年公民享有选举权和被选举权。即使被剥夺政治权利的公民和人身自由受到限制的人，也依法享有一定的权利和自由。

提示

我国的公民基本权利和义务是建立在现实国情基础上的。这是我国公民基本权利和义务的优点。

2. 公民享有权利和自由的内容是丰富的。根据我国经济和社会发展的实际情况，宪法赋予公民享有政治、经济、文化等各个方面的权利和自由。因此，公民享有的不是一个方面的权利，而是多方面的权利和自由。随着我国经济和社会的发展，人们文化水平的不断提高，公民的权利和自由的范围还会继续扩大，公民将会享有更加广泛的权利和自由。

二、公民权利和自由的现实性

我国公民权利和自由的现实性可以从两个方面认识：

1. 宪法在规定公民权利和自由的时候，应遵循实事求是的立法原则，充分考虑我国社会主义初级阶段政治、经济、文化发展的实际水平，在此基础上实事求是地确认公民的权利和自由。

2. 公民权利自由的现实性还体现在宪法上的权利和自由通过普通法律和物质条件能够转换成现实生活中的权利和自由。宪法是国家根本大法，宪法所规定的权利和自由具有原则性，需要有普通法律将宪法权利具体化和专门化，从而具有权利实现的可操性。比如，行使选举权要由选举法，行使劳动权要有劳动法，行使教育权要有教育法等。我国现在基本上制定了与宪法权利和自由配套的法律、法规，为公民行使权利和自由提供了有力的法律武器。

三、公民权利和义务的平等性

公民权利和义务的平等性表现为两个方面：

1. 公民权利和义务是对等的。任何公民都平等地享有宪法和法律规定的权利和自由，同时应平等地履行宪法和法律规定的义务。在我国，公民不分民族、性别、出身、职业、宗教信仰、教育程度、财产状况和职位的高低，都一律平等享有宪法和法律规定的权利，履行宪法和法律规定的义务，国家反对任何组织和个人有超越宪法和法律以外的特权，维护公民权利和义务的平等性。

2. 公民权利和义务的平等性，还表现为国家行政机关和司法机关在适用法律上一律平等。任何公民的合法权利和利益都应受法律保护；任何公民的违法犯罪行为，都应依法追究其责任。

四、公民权利和义务的一致性

我国公民权利和义务的一致性，具体表现在以下四个方面：

1. 公民享有权利，同时应履行义务。《宪法》第33条第4款十分强调："任何公民享有宪法和法律规定的权利，同时必须履行宪法和法律规定的义务。"

2. 权利和义务是相互依存的，是一个事物的两个方面。例如，宪法规定父母有抚养未成年子女的义务，成年子女有赡养扶助父母的义务。在这一宪法规范中父母和子女之间互有权利和义务，父母对子女抚养是一种义务，而子女接受父母的抚养就是一种权利；成年子女赡养父母是一项义务，父母接受成年子女的赡养又是一种权利。由此可以看出，义务的履行就是权利的实现，权利的享有必然会产生义务的履行。

3. 公民的某些权利和义务彼此结合在一起，使权利本身具有权利义务的双重性。例如，宪法规定公民有劳动的权利和义务，公民有受教育的权利和义务。所以，劳动和教育既是权利，又是义务，是权利与义务科学的结合。

4. 权利和义务在运作过程中相互促进、相辅相成。公民享受广泛的权利和自由，就可以激发人民群众的建设社会主义国家的热忱和劳动创造的积极性，更好地尽职尽责。国家经济文化发展，人民生活水平提高，又会进一步丰富和保障公民权利和自由的享有。在倡导权利本位理念的同时，要大力倡导积极自觉履行义务的思想，应当把履行义务看做是享有权利的一部分，是享有权利和自由的应有之义。

我要复习！

好，本单元的基本知识点学习完了，让我们在这里来复习一下吧。

你一定要知道的（如果已掌握请打钩）：

公民权利和自由的广泛性的主要表现 □

公民权利和义务的一致性的主要表现 □

我的笔记

第十章

基层群众性自治组织

导　学

1. 通过本章内容的学习，正确认识我国基层群众性自治组织的历史发展、设置、组织、主要任务以及与基层政权的关系，掌握基层群众性自治组织的性质、地位和作用。

2. 深刻认识基层群众自治组织设立对我国人民当家做主、行使国家事务管理权和推进民主政治建设的重大意义。

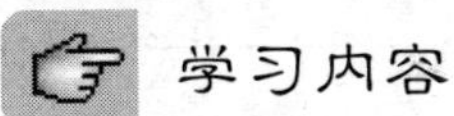

学习内容

学习单元一　基层群众性自治组织概述

一、基层群众性自治组织的概念和特点

（一）概念

我国现行宪法首次出现基层群众自治组织这一概念。根据宪法和相关法律，结合我国城乡基层谁组织建设的实际情况，基层群众自治组织是指依照有关法律规定，以城乡居民（村民）一定的居住地为纽带和范围设立，并由居民（村民）选举产生的成员组成的，实行自我管理、自我教育、自我服务的社会组织。

> **提示**
>
> 基础群众性自治组织不属于国家机构，但也不同于普通的社会组织。

（二）特点

1. 自治性。基础群众性自治组织是具有自治性质的社会组织，既不隶属于其他任何社会组织，也独立于各级国家机关。基层群众性自治组织与基层政权机关之间的关系不是上下级的行政领导关系，而是指导、帮助和监督的关系。

2. 民主性。基层群众性自治组织是人民群众管理基层社会事务的重要组织形式。该组织由居民或村民直接选举产生。基层群众性自治组织进行工作行使职权不具有国家强制力，其工作以民主的方式进行，不得强迫命令，决定问题要采取少数服从多数的原则。

3. 基层性。基层群众性自治组织是我国社会的最基层、与群众直接联系的组织，其基础性的特点主要表现在它是在我国居民群众中所建立的。其存在于基层社区，且处理的事务也与群众生活直接相关。

二、基层群众性自治组织与基层政权机关的关系

《宪法》第111条第1款规定："……居民委员会、村民委员会同基层政权的相互关系由法律规定。"基础政权是指我国不设区的市、市辖区、乡、民族乡、镇的政权；政权机关包括人民代表大会和人民政府。基层群众性自治组织同基层政权的相互关系，是基层群众性自治组织在实现居民（村民）自治过程中与基层政权组织在行使职权的过程中所发生的关系，包括基层群众性自治组织同基层人民代表大会的相互关系和同基层人民政府的相互关系。

（一）基层群众性自治组织同基层人大的相互关系

从基层群众性自治组织方面看，二者的关系主要表现为：

1. 基层群众性自治组织，要严格遵守和贯彻基层人民代表大会及其常委会的决议和决定。基层人民代表大会是基层国家权力机关，其在职权范围内通过和发布的决议和决定，在本行政区域内具有普遍的约束力，一切国家机关、社会团体和组织以及公民都应严格遵守和贯彻执行。基层群众性自治组织应该在遵守和贯彻基层人大决议和决定的前提下，开展有关自治活动。

> 基层人民代表大会是基层的权力机关，其决议和决定具有法律效力。

2. 基层群众性自治组织，可以依法参与有关基层人民代表大会的活动。基层群众性自治组织参与有关基层人大的活动，主要有：①协助选举组织的选举工作；②帮助基层人民代表大会加强同其代表的联系；③帮助基层人大代表联系本地区的选民；④为本地区选民向基层人民代表大会和基层人大代表反映意见和要求提供帮助。

3. 基层群众性自治组织可以向基层人民代表大会反映居民（村民）的意见和要求。基层群众性自治组织既可以通过本地的人大代表向基层人民代表大会反映意见和要求，也可以自己的名义向基层人民代表大会反映本自治组织辖区内居民或村民的共同意见和要求。

从基层人民代表大会方面看，二者的关系主要表现为：

1. 基层人民代表大会要依法对基层群众性自治组织进行监督，保证宪法、法律、法规以及有关决定、决议在基层群众性组织内实施。其中最主要的是对《城市居民委员会组织法》和《村民委员会组织法》的实施情况，包括基层群众性自治组织的设立、基层群众性组织的组成人员的选举、居民公约和村规民约等是否合法进行监督检查，对违法事件和行为予以取缔，保障上述两个组织法的实施。

2. 基层人民代表大会要帮助基层群众性自治组织开展自治活动。基层群众性自治组织依法开展自治活动是实施《城市居民委员会组织法》和《村民委员会组织法》的关键，帮助基层群众性自治组织开展自治活动是基层人民代表大会的重要职责。基层人民代表大会一方面对基层人民政府进行监督，督促它们依法对基层群众性自治组织的工作给予指导、支持和帮助；另一方面要对基层人民政府和其他有关机关和组织干预和妨碍基层群众性自治组织依法进行群众自治的活动予以取缔，为基层群众性自治组织创造良好的开展群众自治的环境。

（二）基层群众性自治组织同基层人民政府的相互关系

《城市居民委员会组织法》第2条第2款规定：“不设区的市、市辖区的人民政府或者它的派出机关对居民委员会的工作给予指导、支持和帮助。居民委员会协助不设区的市、市辖区的人民政府或者它的派出机关开展工作。”第20条规定：“市、市辖区的人民政府有关部门，需要居民委员会或者它的下属委员会协助进行的工作，应当经市、市辖区的人民政府或者它的派出机关同意并统一安排。市、市辖区的人民政府的有关部门、可以对居民委员会有关的下属委员会进行业务指导。”《村民委员会组织法》第5条规定：“乡、民族乡、镇的人民政府对村民委员会的工作给予指导、支持和帮助，但是不得干预依法属于村民自治范围内的事项。村民委员会协助乡、民族乡、镇的人民政府开展工作。”

从以上规定可以看出，基层群众性自治组织与基层人民政府的相互关系有两个方面的内容：①基层人民政府与基层群众性自治组织的指导与被指导的关系；②基层群众性自治组织对基层人民政府的协助与被协助的关系。它表明：其一，基层群众性自治组织不是隶属于基层政府的下级行政机关，基层政府或其派出机关不应对其采取直接的行政命令；其二，基层政府有责任对基层群众性自治组织的工作给予指导，但这种指导不具有法律上的拘束力（它强调的是基层政治政府具有指导的责任），基层群众性自治组织可以根据自己的需要有选择地接受和采纳；其三，基层群众性自治组织虽有责任协助基层人民政府或其派出机关或基层人民政府有关部门进行工作，但应以与其自治性相适应为前提。

我要复习！

好，本单元的基本知识点学习完了，让我们在这里来复习一下吧。

你一定要知道的（如果已掌握请打钩）：

基层群众性自治组织的概念和特征 □

基层群众性自治组织与基层人民代表大会之间的关系 □

基层群众性自治组织与基层政府之间的关系 □

学习单元二　居民委员会

一、居民委员会的设置

（一）居民委员会设置的原则

依照《城市居民委员会组织法》第6条第1款的规定，根据居民居住状况，便于居民自治是设立居民委员会的原则。居民自治是居民委员会的本质，居民委员会的设立必须以实现居民自治为目的。

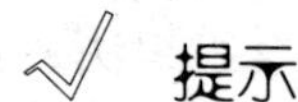

提示

居民委员会是在城镇居民聚居区设立的基层群众性自治组织。

便于居民自治主要包括：便于居民参与管理居住地的公共事务；便于居民加强与居民委员会的联系；便于居民享受居住地的公共服务。

（二）居民委员会设置的范围

居民委员会的范围是指设立居民委员会的住户范围，亦即居民委员会所辖的居民户数。《城市居民委员会组织法》规定的居民委员会的范围为100～700户。

（三）居民委员会设置的机关

《城市居民委员会组织法》第6条第2款规定："居民委员会的设立、撤销、规模调整，由不设区的市、市辖区的人民政府决定。"这表明，居民委员会的设置是一种国家行为，由城市基层政府代表国家来进行。

二、居民委员会的组织

（一）居民委员会的组成、产生、任期

1. 居民委员会的组成：由居民委员会由主任、副主任和委员5～9人组成。多民族居住地区，居民委员会中应当有人数较少的民族的成员。

2. 居民委员会的产生：居民委员会的组成人员，由选举产生。年满 18 周岁的本居住地区的居民，没有被剥夺政治权利的享有居民委员会组成成员的选举权和被选举权。居民委员会的组成人员既可以由本居住地区全体有选举权的居民选举产生，也可以由每户派代表选举产生，还可以由每个居民小组选举代表 2～3 人选举产生。

3. 居民委员会的任期：居民委员会每届的任期为 3 年，其成员可以连选连任。

（二）居民委员会的工作方式、原则和有关组织

1. 工作方式：居民委员会进行工作，应当采取民主的方法，不得强迫命令。

2. 工作原则：居民委员会决定问题，采取少数服从多数的原则；居民委员会的成员应当遵守宪法、法律、法规和国家的政策；办事公道；热心为居民服务。

3. 下属组织：居民委员会根据需要可以设人民调解、治安保卫、公共卫生等委员会。居民委员会成员可以兼任上述下属委员会的成员。居民较少的居民委员会可以不设下属的委员会，由居民委员会的成员分工负责有关工作。居民委员会还可以分设若干居民小组，小组长由居民小组推选。

（三）居民会议和居民公约

居民会议是由居民委员会辖区范围内 18 周岁以上的居民组成的居民自治的民主决策机构。居民委员会向居民会议负责并报告工作，凡涉及全体居民利益的重大问题，居民委员会必须提请居民会议讨论决定。居民会议有权撤销和补选居民委员会成员。居民应当遵守居民会议的决议。

居民会议由居民委员会召集和主持。有 1/5 以上的 18 周岁以上的居民、1/5 以上的户或者 1/3 以上的居民小组提议，应当召集居民会议。

居民公约由居民会议讨论制定，报不设区的市、市辖区的人民政府或者它的派出机关备案，由居民委员会监督执行。居民应当遵守居民公约。居民公约的内容不得与宪法、法律、法规和国家的政策相抵触。

（四）居民委员会的经费来源

居民委员会办理本居住地区公益事业所需的费用，经居民会议讨论决定，可以根据自愿原则向居民筹集，也可以向本居住地区的受益单位筹集，但是必须经受益单位同意，收支账目应当及时公布，接受居民监督。

居民委员会的工作经费和来源，居民委员会成员的生活补贴费的范围、标准和来源，由不设区的市、市辖区的人民政府或者上级人民政府规定并拨付；经居民会议同意，可以从居民委员会的经济收入中给予适当补助。居民委员会的办公用房，由当地人民政府统筹解决。

三、居民委员会的任务

根据宪法的规定，居民委员会的任务是办理本居住地区的公共事务和公益事业，调解民间纠纷，协助维护社会治安，并且向人民政府反映群众的意见、要求和提出建议。《城市居民委员会组织法》将居民委员会的任务具体列举为以下几个方面：

1. 宣传宪法、法律、法规和国家的政策，维护居民的合法权益，教育居民履行依法应尽的义务，爱护公共财产，开展多种形式的社会主义精神文明建设活动。

2. 办理本居住地区的公共事务和公益事业。

3. 调解民间纠纷。

4. 协助维护社会治安。

5. 协助人民政府或者它的派出机关做好与居民利益有关的公共卫生、计划生育、优抚救济、青少年教育等项工作。

6. 向人民政府或者它的派出机关反映居民的意见、要求和提出建议。

此外，居民委员会还应对编入居民小组的被依照法律剥夺政治权利的人进行监督和教育。

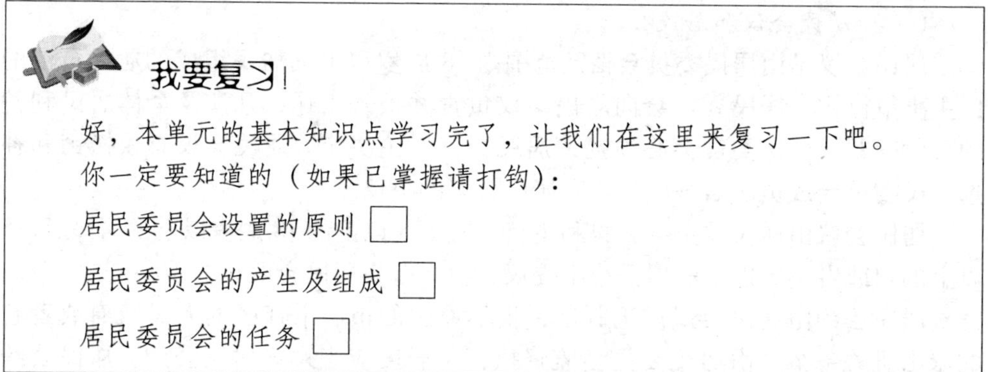

我要复习！

好，本单元的基本知识点学习完了，让我们在这里来复习一下吧。

你一定要知道的（如果已掌握请打钩）：

居民委员会设置的原则 □

居民委员会的产生及组成 □

居民委员会的任务 □

学习单元三　村民委员会

一、村民委员会的设置

（一）村民委员会设置的原则

根据《村民委员会组织法》的规定，村民委员会设置的原则是根据村民居住状况、人口多少，便于群众自治。此外，村民委员会的设置还应遵守经村民会议讨论同意的原则。村民委员会的设置虽然是有关国家机关的职权，但由于村民委员会是一个群众性自治组织，其目的是要实行群众自治，只有经过村民会议同意后依法设置，它才有广泛的群众基础，才能真正成为群众自治的组织形式。

提示

村民委员会是在农村居民聚居区设立的基层群众性自治组织。

（二）村民委员会设置的范围

村民委员会的设置的范围有三种情况：①村民委员会一般设在自然村；②自然村较小，人口不多的，可以由几个自然村联合设立村民委员会；③范围较大，人口较多的自然村，可以设立几个村民委员会。

（三）村民委员会设置的机关

村民委员会设置的机关是指有权批准设立村民委员会的机关。根据《村民委员会组织法》第3条第2款规定，村民委员会的设置包括村民委员会的设立、撤销、范围调整，其机关是县级人民政府。村民委员会的设置，先由乡、民族乡、镇的人民政府提出，经村民会议讨论同意后，报县级人民政府批准。

二、村民委员会的组织

（一）村民委员会的组成、产生和任期

1. 村民委员会的组成。村民委员会由主任、副主任和委员会共3~7人组成。村民委员会成员中，妇女应当有适当的名额，多民族村民居住的村应当有人数较少的少数民族的成员。

2. 村民委员会的产生。村民委员会主任、副主任和委员由村民直接选举产生，除依照法律规定被剥夺政治权利的人外，凡年满18周岁的村民都有选举权和被选举权。

3. 村民委员会的任期。村民委员会每届任期3年，其成员可以连选连任。本村1/5以上有选举权的村民可以要求罢免村民委员会成员，罢免村民委员会成员须经有选举权的村民过半数通过。

（二）村民委员会的工作方式、原则和有关机构

1. 工作方式。村民委员会进行工作，应当坚持群众路线，充分发扬民主，认真听取不同意见，不得强迫命令，不得打击报复。

2. 工作原则。村民委员会决定问题的时候，采取少数服从多数的原则；村民委员会成员应遵守宪法、法律、法规和国家政策；办事公道；热心为村民服务。村民委员会成员不脱离生产，根据情况，可以给予适当补贴。村民委员会实行村务公开制度。

3. 下属组织。村民委员会根据需要设人民调解、治安保卫、公共卫生等委员会。村民委员会成员可以兼任下属委员会的成员。人口少的村的村民委员会

可以不设下属的委员会，由村民委员会成员分工负责人民调解、治安保卫、公共卫生等工作。村民委员会还可以分设村民小组，小组长由村民小组会议推选。

（三）村民会议和村规民约

村民会议是村民群众自治的最高组织形式，由本村18周岁以上的村民组成。召开村民会议应当有本村18周岁以上村民的过半数参加，或者有本村2/3以上的户的代表参加，必要时，可以邀请本村的企业、事业单位和群众团体派代表参加会议。村民委员会向村民会议负责并报告工作。村民会议每年审议村民委员会的工作报告，并评议村民委员会的工作。村民会议由村民委员会召集，有1/10以上的村民提议，应当召集村民会议。涉及全村村民利益的问题，村民委员会必须提请村民会议讨论决定，方可办理。村民会议有权撤换和补选村民委员会的成员。

村规民约是具有公约性质的规范文件。它由村民会议制定，报乡、民族乡、镇的人民政府备案，由村民委员会监督、执行。村规民约不得与宪法、法律和法规相抵触。它具有群众性、合法性、针对性和规范性等特点，是实行村民自治，进行自我管理、自我教育的重要形式。

三、村民委员会的任务

《村民委员会组织法》对村民委员会的任务作了规定，概括如下：

1. 宣传宪法、法律、法规和国家的政策，教育和推动村民履行法律规定的义务，爱护公共财产，维护村民的合法权利和利益，发展文化教育、普及科技知识、促进村和村之间的团结、互助，开展多种形式的社会主义精神文明建设活动。

2. 办理本村的公共事务和公益事业，调解民间纠纷，协助维护社会治安，向人民政府反映村民的意见、要求和提出建议。

3. 协助乡、民族乡、镇的人民政府开展工作。

4. 支持和组织村民依法发展各种形式的合作经济和其他经济，承担本村生产的服务和协调工作，促进农村生产建设和社会主义市场经济的发展。

5. 尊重集体经济组织依法独立进行经济活动的自主权，维护以家庭承包经营为基础、统分结合的双层经营体制，保障集体经济组织和村民、承包经营户、联户或者合伙的合法的财产权和其他合法的权利和利益。

6. 依照法律规定，管理本村属于村民集体所有的土地和其他财产，教育村民合理利用自然资源，保护和改善生态环境。

7. 多民族居住的村，村民委员会应当教育和引导村民加强民族团结，互相帮助，互相尊重。

8. 村民委员会实行村务公开制度，应当保证公布内容的真实性，并接受村民的查询。

此外，村民委员会还应当协助有关部门，对被依法剥夺政治权利的村民进行教育、帮助和监督。

我要复习！

好，本单元的基本知识点学习完了，让我们在这里来复习一下吧。

你一定要知道的（如果已掌握请打钩）：

村委员会设置的范围 □

村委员会的产生及组成 □

村民会议的地位 □

村委员会的任务 □

我的笔记

参考文献

【以作者姓氏拼音为序】

[1] [英] 沃尔特·白芝浩:《英国宪法》,夏彦才译,商务印书馆2005年版。
[2] 费巩:《比较宪法》,法律出版社2007年版。
[3] [美] 斯科特·戈登:《控制国家——西方宪政的历史》,应奇等译,江苏人民出版社2001年版。
[4] [德] 迪特儿·格林:《现代宪法的诞生、运作和前景》,刘刚译,法律出版社2010年版。
[5] 何华辉:《比较宪法学》,武汉大学出版社1988年版。
[6] 韩大元:《外国宪法》,中国人民大学出版社2000年版。
[7] [美] 汉密尔顿等:《美国宪法原理》,严欣淇译,中国法制出版社2005年版。
[8] [英] K. C. 惠尔:《现代宪法》,翟小波译,法律出版社2006年版。
[9] 焦洪昌主编:《新编宪法学》,北京师范大学出版社2011年版。
[10] 蒋碧昆主编:《宪法学》,中国政法大学出版社2012年版。
[11] 李希昆、刘运亚主编:《宪法学》,重庆大学出版社2007年版。
[12] 林来梵:《从宪法规范到规范宪法——规范宪法学的一种前言》,法律出版社2001年版。
[13] 林来梵:《宪法学讲义》,法律出版社2011年版。
[14] 刘茂林:《中国宪法导论》,北京大学出版社2009年版。
[15] [日] 芦部信喜:《宪法》,林来梵等译,北京大学出版社2006年版。
[16] [英] 杰弗里·马歇尔:《宪法理论》,刘刚译,法律出版社2006年版。
[17] [荷] 亨克·范·马尔塞文、格尔·范·德·唐:《成文宪法——通过计算机进行的比较研究》,陈云生译,北京大学出版社2007年版。
[18] 萨孟武:《宪法新论》,中国方正出版社2006年版。
[19] [德] 卡尔·施米特:《宪法学说》,刘锋译,上海人民出版社2005年版。
[20] [德]卡尔·施密特:《宪法的守护者》,李君韬、苏慧婕译,商务印书馆2008年版。
[21] 童之伟主编:《宪法学》,清华大学出版社2008年版。

[22] 魏定仁主编:《宪法学》，北京大学出版社 2005 年版。
[23] 文正邦主编:《宪法学教程》，法律出版社 2005 年版。
[24] 王世杰、钱端升:《比较宪法》，商务印书馆 1999 年版。
[25] 王广辉:《比较宪法学》，北京大学出版社 2007 年版。
[26] 吴家清、杜承铭主编:《宪法学》，科学出版社 2008 年版。
[27] 汪太贤主编:《中国宪法学》，法律出版社 2011 年版。
[28] 许崇德、韩大元:《宪法学（外国部分)》，高等教育出版社 1996 年版。
[29] 徐秀义、韩大元主编:《现代宪法原理》，中国人民公安大学出版社 2001 年版。
[30] 肖泽晟:《宪法学——关于人权保障与权力控制的学说》，科学出版社 2003 年版。
[31]《宪法学》编写组:《宪法学》，高等教育出版社、人民出版社 2011 年版。
[32] 赵宝云:《西方五国宪法通论》，中国人民公安大学出版社 1994 年版。
[33] 周叶中:《宪法》，高等教育出版社、北京大学出版社 2000 年版。
[34] 张庆福主编:《宪法学基本理论》，社会科学文献出版社 1994 年版。
[35] 张知本:《宪法论》，中国方正出版社 2004 年版。
[36] 张千帆:《宪法学导论——原理与应用》，法律出版社 2004 年版。
[37] 张千帆:《宪法学讲义》，北京大学出版社 2011 年版。
[38] 朱福惠主编:《宪法学新编》，法律出版社 1999 年版。